AI 데이터 품질관리 가이드라인 v3.5

제3권

# 생성형AI 데이터 품질관리 가이드 v2.0

LIM, LMM, 합성데이터를 중심으로

과학기술정보통신부, 한국지능정보사회진흥원, 한국정보통신기술협회

Jinhan M&B

CONTENTS

## Ⅰ 개요

**제 1 장 추진 배경 및 목적 ········· 07**
1. 추진 배경 ········· 07
2. 목적 ········· 10

**제 2 장 품질관리 가이드라인 구성 ········· 11**
1. 제 3 권 생성형 AI 데이터 품질관리 가이드 구성 ········· 11

**제 3 장 생성형 AI 데이터 이해 ········· 13**
1. 생성형 AI 란 ········· 13
2. 생성형 AI 데이터 특성 ········· 26
3. 생성형 AI 데이터 생애주기 ········· 31

**제 4 장 생성형 AI 데이터 품질관리 이해 ········· 32**
1. 생성형 AI 데이터 품질관리 원칙 ········· 32
2. 생성형 AI 데이터 구축과정 ········· 33
3. 생성형 AI 데이터 품질관리 범위 ········· 39
4. 생성형 AI 데이터 품질검사 활동 ········· 42

## Ⅱ 생성형AI 데이터 품질관리 체계

**제 1 장 품질관리 프레임워크 ········· 45**
1. 품질관리 프레임워크 구성 ········· 45

**제 2 장 품질관리 프로세스 및 산출물 ········· 53**
1. 준비/계획 단계(100) ········· 53
2. 구축 단계(200) ········· 57
3. 운영·활용 단계(300) ········· 79
4. 단계별 산출물 ········· 81

## Ⅲ 생성형AI 주요기술


**제 1 장 이미지 캡셔닝 기술 ······ 85**

1. 이미지 캡셔닝 개요 ······ 85
2. 이미지 캡셔닝 방식 ······ 86
3. 이미지 캡셔닝 모델 ······ 96
4. 이미지 캡션 품질 ······ 114

**제 2 장 생성형 AI 주요 모델 및 기술 ······ 125**

1. 텍스트 분야 기술 ······ 125
2. 이미지 분야 기술 ······ 132
3. 멀티모달 분야 기술 ······ 138
4. 도메인 특화 기술 ······ 140


## Ⅳ 부록


**부록 1. 품질관리 지표 기준 ······ 145**

1. 품질관리 지표 ······ 145
2. 구축공정 적정성 품질관리 지표 ······ 152
3. 데이터 적합성 품질관리 지표 ······ 157
4. 가공데이터 정확성 품질관리 지표 ······ 178
5. 학습모델 적합성 품질관리 지표 ······ 189

**부록 2. 품질지표 설정 가이드 ······ 201**

1. 다양성 품질지표 설정 가이드 ······ 201
2. 구문 정확성 품질지표 설정 가이드 ······ 207
3. 의미 정확성 품질지표 설정 가이드 ······ 209
4. LLM 품질지표 설정 가이드 ······ 215
5. LMM 품질지표 설정 가이드 ······ 216
6. 합성데이터 품질지표 설정 가이드 ······ 218
7. 유효성 품질지표 설정 가이드 ······ 221

I

# 개 요

제1장 추진 배경 및 목적

제2장 품질관리 가이드라인 구성

제3장 생성형AI 데이터 이해

제4장 생성형AI 데이터 품질관리 이해

# 제1장 추진 배경 및 목적

## 1 추진 배경

● **생성형AI 발전 배경**

- 생성형AI는 방대한 데이터 구축, 클라우드·AI 반도체와 같은 컴퓨팅 자원의 발전, 고도화된 알고리즘(Algorithm)을 기반으로 발전
  - 전 세계 디지털 데이터의 양이 크게 증가하고 딥러닝(Deep Learning)의 성과와 AI 학습을 위한 데이터 라벨링(Data Labeling) 자동화 시도 등으로 대규모 학습데이터가 구축
  - 생성형AI 모델의 개발과 운영, 그리고 다수 이용자들의 요청 처리 과정에는 대용량의 컴퓨팅 자원이 필요, 이러한 요구를 클라우드 컴퓨팅(Cloud Computing) 자원이 지원
  - 데이터 처리량이 늘어나면서 인공 신경망 모델의 크기와 복잡도가 증가하고, 학습과 추론 과정에서 대규모 데이터 처리와 높은 연산 성능, 에너지 효율을 제공하는 AI 전용 반도체 등장
  - AI 학습 알고리즘에서 특히 트랜스포머(Transformer) 모델이 자연어처리 생성형AI 성장의 토대가 됨

| 구분 | 주요 내용 |
|---|---|
| 방대한 데이터 | • 전 세계적인 디지털 데이터 규모 증가<br>• AI 학습을 위한 대규모 학습데이터 구축 |
| 컴퓨팅 자원 발전 | • 효율적이고 빠른 연산이 가능한 AI 반도체 개발 |
| 고도화된 알고리즘 | • 트랜스포머, GAN과 같은 고도의 알고리즘 개발 및 적용 |

〈표 Ⅰ-1〉 생성형AI 발전 배경

출처: 초거대AI 한눈에 보기, 국회도서관장 이명우 저자

- **생성형AI 데이터 구축 중요성 증대**
  - 모든 분야의 AI 도입 확산과 기술 발전을 선도할 수 있는 대규모 데이터 확보 및 민간 데이터 구축사업 추진
  - 글로벌 빅테크 기업들의 생성형AI 투자 및 모델 공개 등으로 생성형AI 산업 급성장에 따라 생성형AI 데이터를 구축하여 민간에 개방함으로써 AI 산업 생태계 활성화 및 지원 필요
  - 국가 차원의 생성형AI 지원 흐름에 발맞춰 '생성형AI 경쟁력 강화 방안' 전략 수립 및 데이터 확충 지원
  - 생성형AI의 환각 현상, 편향성 등 역기능이 발생하는 주요 원인은 정제되지 않은 데이터, 영어권 위주의 데이터 학습이 주요 원인으로 국가별 언어의 특성을 살린 양질의 데이터 확보 필요
  - 다양한 오픈소스 기반 생성형AI 모델 개방 및 서비스를 통해 생성형AI에 관한 기술의 발전
  - 생성형AI 데이터의 수요 증가로 생성형AI 데이터 구축 과제 증가에 따라 체계적인 품질관리 정책 마련 필요

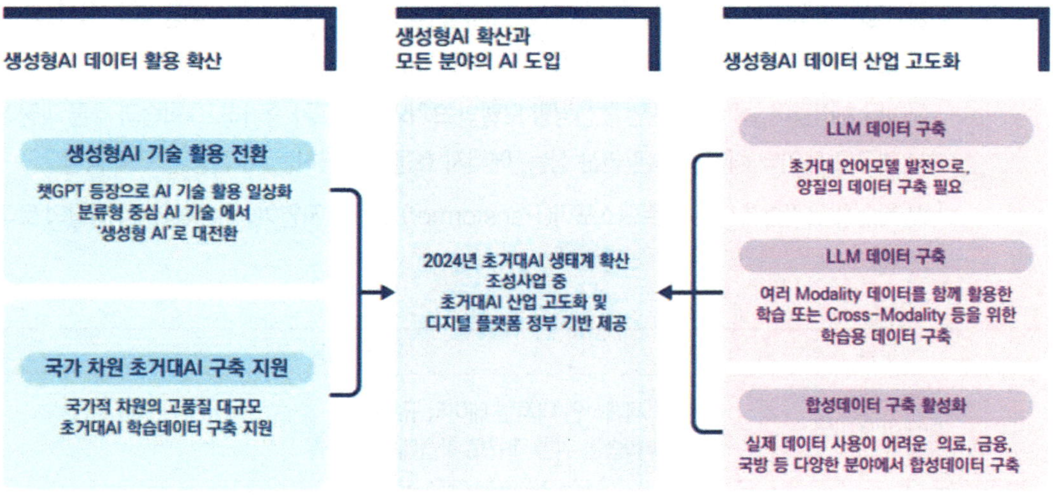


[그림 Ⅰ-1] 생성형AI 데이터 구축 배경

● **생성형AI 데이터 품질관리 체계 수립 필요**

- 생성형AI 데이터 관점의 품질관리 역량 확보를 위한 품질관리 방법 및 절차의 체계적 접근 필요
- 생성형AI 데이터는 기존의 지도학습용 데이터와 다른 고유의 특징 보유
  - 생성형AI 데이터는 고품질·대규모 학습데이터 구축 필요
  - 생성형AI 데이터는 자기지도학습(Self Supervised Learning)으로 사전학습을 수행하여 기존의 지도학습 데이터와 달리 라벨링이 없거나 부분적으로 수행
  - 다양한 모달리티 데이터를 활용하는 생성형AI 모델 증가로 각 데이터 유형에 특화된 품질기준 및 관리방안 필요
  - 공정 단계별로 구축되는 지도학습용 데이터와 달리 생성형AI 학습 과정은 사전학습된 기반 모델(Foundation Model)을 다양한 방법으로 반복하여 조정하는 구축 절차를 수행

- 생성형AI 데이터 구축을 위한 별도의 품질관리 체계 및 구체적인 가이드 제시 필요

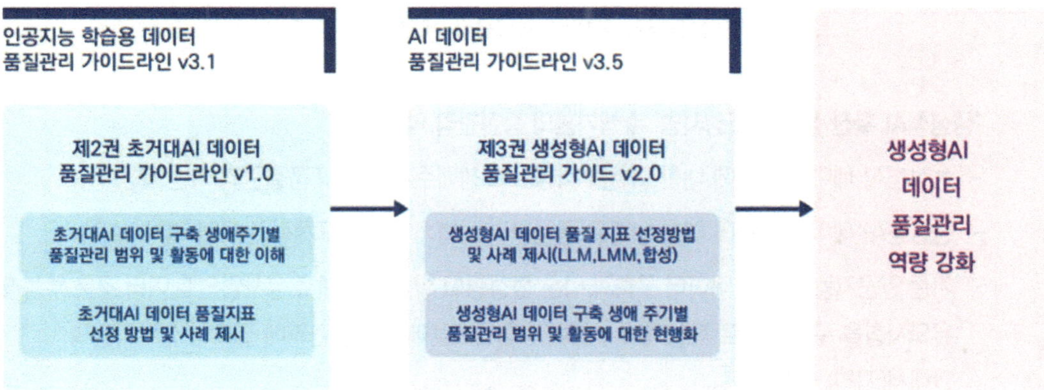


[그림 Ⅰ-2] 생성형AI 데이터 품질관리 체계 수립 필요성

● **생성형AI 데이터 품질관리를 위한 가이드를 새롭게 정의**

- 2024년 초거대AI 데이터 구축 품질관리 경험과 산업계·학계의 인공지능 및 품질관리 전문가 의견을 반영하여 "생성형AI 데이터 품질관리 가이드" 배포

## 2 목적

- **생성형AI의 본격적인 활용·확산에 따라 AI 제품, 서비스 및 기술개발에 활용 가치가 높은 생성형AI 데이터 구축 및 개방, 응용서비스 개발 관련 데이터의 수요 증가가 예상되므로 고품질의 데이터를 효과적으로 관리하기 위해 구체적인 품질관리 방안을 포함한 생성형AI 데이터 품질관리 가이드를 별도로 작성**

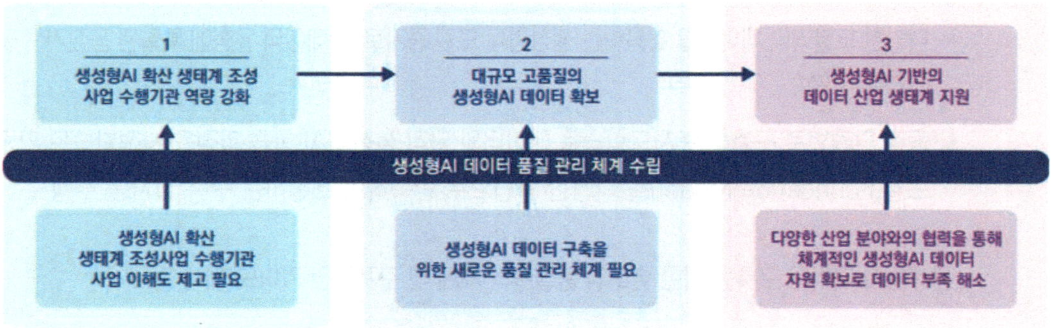


[그림 Ⅰ-3] 생성형AI 데이터 품질관리 체계 수립 배경 및 목적

- **'생성형AI 확산 생태계 조성사업' 수행기관의 품질관리 역량 강화**
  - 생성형AI 데이터 특성에 대한 이해를 바탕으로 생애주기 전반의 품질관리 기준 제공
  - 생성형AI 데이터 구축에 대한 일관된 품질관리 방법 및 기준, 구체적인 사례 제시
  - 기존 인공지능 학습용 데이터 구축과 다른 생성형AI 확산 생태계 조성사업의 데이터 구축 특성 및 유의사항을 구체적으로 작성하여 수행기관 담당자들에게 품질관리에 필요한 실무차원의 안내서(지침) 역할 제공
- **대규모·고품질의 '생성형AI 데이터' 구축 및 개방**
  - 구체적인 사례에 기반한 품질관리 방법 및 절차의 모범사례를 제시하여, 품질관리 항목을 도출하고 품질관리 프로세스를 체계화하여 고품질의 생성형AI 데이터 확보
- **생성형AI 기반의 데이터 산업 생태계 지원**
  - 공공기관뿐만 아니라 민간 기업에서의 생성형AI 데이터 구축 수요에 따른 체계적인 데이터 자원을 확보하여 AI 데이터 부족 문제를 해소하고 국내 기업, 기관 등의 AI 도입 지원
  - 개발에 대한 진입장벽 완화를 위해 품질관리 방법과 절차에 대한 가이드 및 사례가 부족함에 따라 생성형AI 데이터 품질관리 가이드를 통해 공공 및 민간의 생성형AI 데이터 산업 생태계를 지원

# 제2장 품질관리 가이드라인 구성

- **'AI 데이터 품질관리 가이드라인 v3.5' 구성**
  - 『제1권 AI 데이터 품질관리 가이드 v3.5 (부제: 품질관리 프레임워크 중심)』,
    『제2권 AI 데이터 구축 가이드 v3.5 (부제: 구축 사례 중심)』,
    『제3권 생성형AI 데이터 품질관리 가이드 v2.0 (부제: LLM, LMM, 합성데이터 중심)』
  - 본 책자는 『제3권 생성형AI 데이터 품질관리 가이드 v2.0』으로 해당 구성 내용 기술

## 1 제3권 생성형AI 데이터 품질관리 가이드 구성

- **Ⅰ. 개요**
  - 생성형AI 데이터 구축 전반과 데이터 품질관리에 대한 이해
- **Ⅱ. 생성형AI 데이터 품질관리 체계**
  - '품질관리 프레임워크'를 통한 단계별 프로세스와 품질관리 활동 및 산출물 등을 체계적으로 구성
  - 1-Cycle 자가점검 프로세스와 주요 점검항목 수록
  - 합성데이터 구축 체계 수록
- **Ⅲ. 생성형AI 데이터 주요기술**
  - 이미지 캡셔닝 방식과 모델, 이미지 캡션 품질의 이미지 캡셔닝 기술 수록
  - 최신 트렌드를 반영한 생성형AI 주요 모델 및 기술 수록
- **Ⅳ. 부록**
  - 생성형AI 데이터 품질지표 정의 및 구성과 LLM, LMM, 합성데이터의 신규 품질지표 수록
  - 사업수행기관의 데이터 특성별 품질지표 선정을 위한 방향성 제시

| 목 차 | 제 목 | 소 제 목 |
| --- | --- | --- |
| Ⅰ. 서론 | 제1장 추진 배경 및 목적 | 1. 추진 배경 |
| | | 2. 목적 |
| | 제2장 품질관리 가이드라인 구성 | 1. 제3권 생성형AI 데이터 품질관리 가이드 구성 |
| | 제3장 생성형AI 데이터 이해 | 1. 생성형AI란 |
| | | 2. 생성형AI 데이터의 특성 |
| | | 3. 생성형AI 데이터 생애주기 |
| | 제4장 생성형AI 데이터 품질관리 이해 | 1. 생성형AI 데이터 품질관리 원칙 |
| | | 2. 생성형AI 데이터 구축과정 |
| | | 3. 생성형AI 데이터 품질관리 범위 |
| | | 4. 생성형AI 데이터 품질검사 활동 |
| II. 생성형AI 데이터 품질관리 체계 | 제1장 품질관리 프레임워크 | 1. 품질관리 프레임워크 구성 |
| | 제2장 품질관리 프로세스 및 산출물 | 1. 준비/계획단계(100) |
| | | 2. 구축단계(200) |
| | | 3. 운영·활용단계(300) |
| | | 4. 단계별 산출물 |
| III. 생성형AI 주요기술 | 제1장 이미지 캡셔닝 기술 | 1. 이미지 캡셔닝 개요 |
| | | 2. 이미지 캡셔닝 방식 |
| | | 3. 이미지 캡셔닝 모델 |
| | | 4. 이미지 캡션 품질 |
| | 제2장 생성형AI 주요 모델 및 기술 | 1. 텍스트 분야 기술 |
| | | 2. 이미지 분야 기술 |
| | | 3. 멀티모달 분야 기술 |
| | | 4. 도메인 특화 기술 |
| Ⅳ. 부록 | 부록 1. 품질관리 기준 | 1. 품질관리 지표 |
| | | 2. 구축공정 적정성 품질관리 지표 |
| | | 3. 데이터 적합성 품질관리 지표 |
| | | 4. 가공데이터 정확성 품질관리 지표 |
| | | 5. 학습모델 적합성 품질관리 지표 |
| | 부록 2. 품질지표 설정 가이드 | 1. 다양성 품질지표 설정 가이드 |
| | | 2. 구문 정확성 품질지표 설정 가이드 |
| | | 3. 의미 정확성 품질지표 설정 가이드 |
| | | 4. LLM 품질지표 설정 가이드 |
| | | 5. LMM 품질지표 설정 가이드 |
| | | 6. 합성데이터 품질지표 설정 가이드 |
| | | 7. 유효성 품질지표 설정 가이드 |

〈표 Ⅰ-2〉 제3권 생성형AI 데이터 품질관리 가이드 구성

# 제3장 생성형AI 데이터 이해

## 1 생성형AI란

### 1.1 생성형AI

#### 1.1.1 생성형AI의 개념

- 텍스트나 이미지, 음성 등을 생성하는 데 특화된 인공지능으로 '생성(Generative)'이란 AI에게 일일이 지시하거나 학습시키지 않아도, AI가 스스로 이용자가 요구하는 바를 만들어 내는 범용 AI를 의미
  - 새로운 정보, 콘텐츠 또는 데이터를 생성하고 구축하는 능력을 가지고 있으며, 과거의 데이터를 기반으로 예측, 창조, 모델링 등을 통해 새로운 결과를 도출하거나 문제를 해결

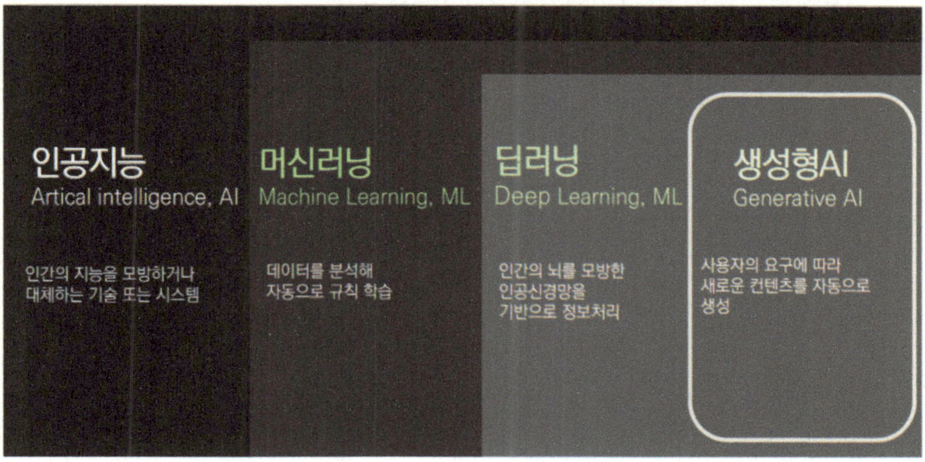


[그림 Ⅰ-4] 생성형AI 개념도

출처: https://news.skhynix.co.kr/post/all-around-ai-1

### 1.1.2 생성형AI 개발

- 생성형AI 개발은 기반모델(Foundation Model)이라고 하는 생성형AI 모델을 구축하고 파인 튜닝(Fine-Tuning) 등의 과정을 통해 여러 업무와 서비스에 적용을 가능케 함
  - 기반 모델(Foundation Model)은 대규모 데이터를 자기지도학습(Self-Supervised Learning) 방식으로 사전 학습하여, 다양한 환경에 적용될 수 있도록 함
  - 기반 모델(Foundation Model)의 확장성으로 인해 생성형AI는 여러 산업과 사회 분야에서 AI의 영향력을 확장하고 변화시키는 잠재력을 지님

### 1.1.3 생성형AI의 활용 분야

- 생성형AI는 텍스트, 이미지, 음악, 영상 등 다양한 미디어 형식에서 고유의 생성 능력을 발휘하여, 인공지능의 새로운 패러다임을 제시하고 있으며 기술의 발전과 응용 확대를 통해 앞으로 더욱 다양한 산업 분야로의 확장을 기대
  - 텍스트 생성: GPT-4를 비롯한 거대 언어모델(LLM)은 인간 수준의 텍스트 생성 능력을 보여주며, 창작, 번역, 코딩 등 다양한 분야에서 활용되고 있음
  - 이미지 생성: Stable Diffusion, DALL·E 2 등은 텍스트 설명만으로도 고품질의 이미지를 생성하며, 디자인, 예술 분야에서 새로운 가능성 제시
  - 음악 생성: MusicLM과 같은 모델은 텍스트 설명이나 멜로디를 기반으로 새로운 음악을 작곡하며, 음악 산업에 변화가 진행되고 있음
  - 영상 생성: VideoGPT와 같은 모델은 텍스트 설명이나 이미지 시퀀스를 기반으로 영상을 생성하며, 영화, 게임 등 다양한 분야에서 활용될 가능성 확대

## 1.2 생성형AI의 주요 모델

### 1.2.1 거대 언어 모델(LLM)

- 거대 언어 모델(LLM, Large Language Model)은 자연어처리 분야에서 사용되는 모델로, 대규모의 텍스트 데이터를 학습하여 더 높은 성능의 언어 이해와 생성 능력을 갖춘 AI모델을 제공
  - 많은 양의 데이터를 기반으로 학습되며, 다양한 주제와 문맥에서 자연스러운 언어 생성을 가능하게 하고, 이는 대화 시스템, 기계 번역, 요약, 질의응답 등 다양한 자연어 처리 작업에 유용하게 사용

| 특성 | 설명 |
|---|---|
| 매개변수의 규모 | • 다수의 매개변수를 가지고 있어 복잡한 언어 패턴을 학습하고 더욱 정교한 작업을 수행할 수 있음 |
| 방대한 양의 데이터 학습 | • 웹 페이지, 책, 논문 등 인터넷상의 방대한 양의 텍스트 데이터를 학습하여 폭넓은 지식을 습득함 |
| 다양한 언어 지원 | • 다양한 언어의 텍스트 데이터를 학습하여 번역, 요약 등 다국어 지원이 가능 |
| 문맥 이해능력 | • 문맥을 파악하여 상황에 맞는 응답을 생성 가능 |
| 창의적인 텍스트 생성 | • 새로운 아이디어를 제시하거나 창의적인 글쓰기 생성 가능 |
| 지속적인 학습 | • 새로운 데이터를 지속적으로 학습하여 성능을 향상시킴 |

〈표 Ⅰ-3〉 거대 언어 모델(LLM, Large Language Model)의 특성

출처: https://www.databricks.com/kr/glossary/large-language-models-llm

### 1.2.2 거대 멀티모달 모델(LMM)

- 거대 멀티모달 모델(LMM, Large Multimodal Model)은 텍스트, 이미지, 음성 등 두 가지 이상의 유형의 데이터를 이해하고 연관 지어 처리할 수 있는 대규모 인공지능 모델
  - LMM은 멀티모달 데이터를 사전학습하고, 명령어 조정(Instruction Tuning)이나 맥락 내 학습(In-Context Learning) 등의 기법을 통해 활용
  - 주요 예시로는 시각-언어 모델(VLM, Vision Language Model)이 있으며, 이를 통해 시각 질의응답, 이미지 캡셔닝, 비디오 요약, 텍스트 기반 이미지 생성 등의 작업을 수행할 수 있음

| 특성 | 설명 |
|---|---|
| 범용성 | • 다양한 분야에 적용될 수 있는 범용적인 모델로, 다양한 분야에 활용 가능 |
| 다양한 모달리티 통합 | • 텍스트, 이미지, 음성뿐만 아니라, 비디오, 센서 데이터 등 다양한 형태의 데이터를 통합하여 학습 |
| 복잡한 패턴 학습 | • 단순한 패턴뿐만 아니라, 데이터 간의 복잡한 상호작용과 의미를 학습하여 더욱 정확하고 심층적인 이해 가능 |

| 특성 | 설명 |
|---|---|
| 높은 표현력 | • 다양한 모달리티의 정보를 효과적으로 결합하여 더욱 풍부하고 정확한 표현 생성 |
| 새로운 작업 학습 능력 | • 기존에 학습하지 않은 새로운 작업에 대해서도 적응력이 뛰어나며, 적은 양의 데이터로 빠르게 학습 가능 |

〈표 I-4〉 LMM(거대 멀티모달 모델)의 특성

### 1.2.3 소형 거대 언어 모델(sLLM)

- **소형 거대 언어 모델(sLLM, small Large Language Model)은 거대 언어모델의 파라미터 수를 줄여, 모델 경량화를 통해 경제성과 실용성을 강화한 AI모델**
  - 출현 배경: LLM의 예시로 ChatGPT는 하드웨어 관련 비용만 하루 운영비용이 약 70만 달러 정도 발생하는데, 이런 비용 문제를 해결하기 위해 sLLM 모델이 등장
  - 소형 모델이라도 미세조정 및 고품질 데이터를 이용한 학습이 중요하며, 많은 기업들이 최적화된 맞춤형 경량 모델을 구축하고 있음

출처: 초거대 AI 운영비용에 관한 컨설팅 기업 세미애널리시스(SemiAnalysis)의 보고서

| 특성 | 설명 |
|---|---|
| 경량화 및 효율성 | • sLLM은 파라미터 수와 모델 크기를 크게 줄여, 메모리 사용량과 저장 공간 요구사항을 낮춤<br>• 연산량이 줄어들어, CPU나 GPU와 같은 하드웨어 자원 소모가 적고 모바일 기기나 임베디드 시스템 등 자원이 제한된 환경에서 활용하기에 적합 |
| 빠른 학습 및 추론 속도 | • 경량화된 구조 덕분에 학습 및 추론 속도가 향상되어, 실시간 응답이 필요한 애플리케이션(예: 챗봇, 실시간 번역)에서 활용 |
| 응용 범위의 다양성 | • 특정 도메인이나 업무에 최적화된 sLLM을 개발함으로써, 특화된 언어 처리 작업에서 높은 효율성과 성능을 달성 가능<br>• 소형 모델은 클라우드 서버에 의존하지 않고도 로컬 환경에서 실행할 수 있어, 사용자 데이터의 프라이버시 보호 및 네트워크 지연 문제를 최소화함 |
| 실시간 및 저전력 운영 | • 빠른 추론 속도와 낮은 연산 요구 덕분에, 전력 소모가 적음 |
| 개발 및 배포 용이성 | • 모델 크기가 작아 업데이트와 유지보수가 비교적 간편하며, 다양한 플랫폼에 이식 및 적용 용이<br>• 경량화된 모델은 클라우드 비용 절감에도 기여하여, 경제적인 AI 솔루션 구축이 가능 |
| 성능과 정확성의 균형 | • 최신 압축 및 최적화 기술을 통해 거대 모델과 유사한 언어 이해 및 생성 능력을 유지할 수 있도록 설계 |

〈표 I-5〉 sLLM(소형 거대 언어 모델)의 특성

### 1.2.4 온디바이스AI 모델

- **온디바이스AI 모델은 클라우드나 외부 서버에 의존하지 않고 사용자의 기기 내부에서 직접 AI 연산을 수행하는 모델**
  - 기기 자체에서 정보를 수집하고 연산을 수행하고 기기 내부에서 AI 기능을 구현하여 제한된 컴퓨팅 자원과 메모리에서 효율적으로 작동하도록 설계
  - 온디바이스AI의 경우 성능의 한계가 존재하며, 간단한 연산을 위주로 진행하고 그 이상의 것들은 데이터 센터에서 처리
  - 클라우드 기반 AI에 대해 지속 거론되는 정보보안 측면에서의 한계점을 극복하고, 외부 통신 없이 기기 내부에서 AI 시스템을 구동하기 때문에 이용자가 빠른 속도로 결과물을 얻을 수 있는 장점을 보유

[그림 Ⅰ-5] 온디바이스AI 개념도

### 1.2.5 버티컬AI(Vertical AI)

- **버티컬(Vertical, 수직적)AI란, 특정 산업 및 분야에 맞춰진 특정 데이터를 활용하는 것에 중점을 두고 도메인의 심층적인 지식을 학습하는 기술**
  - 기존의 LLM은 다양한 데이터를 학습하여 범용성을 제공했지만, 버티컬AI는 특정 산업의 심층 지식에 맞추어 학습함
  - LLM은 범용성에 비해 인간의 역량을 뛰어넘는 깊이가 부족한 상황이며, 이런 깊이를 채우는 것이 바로 버티컬AI로 기존 범용 LLM과 달리, 특정 산업이나 분야에 특화되고 맞춤형 솔루션으로 각 산업의 디지털 전환을 가속화하고 있음
  - 한국지능정보사회진흥원(NIA)는 버티컬AI가 각 산업의 특화된 문제를 해결하고, 기업의 경쟁력을 강화하는 핵심 기술로 자리 잡고 있다고 분석

| 특성 | 설명 |
|---|---|
| 산업 최적화 | • 특정 산업 분야의 요구사항과 데이터를 기반으로 개발되기 때문에 해당 산업이나 업무 분야의 특수한 특성과 문제를 고려하여 학습되며, 그 분야에서 가장 효과적으로 작동할 수 있도록 설계됨 |

| 특성 | 설명 |
|---|---|
| 문제 해결과 혁신 | • 해당 산업 분야에서 발생하는 문제를 해결하고 새로운 혁신을 이끌어내기 때문에 기존에는 불가능하거나 어려웠던 작업을 가능하게 하고, 새로운 비즈니스 모델과 서비스를 발굴함 |
| 다양한 산업 분야 적용 | • 의료, 제조, 금융, 물류 등 다양한 산업 분야에 적용될 수 있으며, 각 분야의 고유한 요구사항과 데이터에 맞게 개발되기 때문에 효율성 향상, 비용 절감, 위험관리 등 다양한 측면에서 경쟁력을 강화할 수 있고, 각 산업 분야의 특정 문제를 해결하고 최적의 성과를 달성하는데 기여할 수 있음 |
| 전문성 및 정확성 | • 해당 산업 분야의 전문성을 갖추고 있어, 특정 분야의 데이터와 규칙을 더욱 깊게 이해하고 활용할 수 있으며, 이를 바탕으로 높은 정확성과 신뢰성을 갖춘 솔루션을 제공할 수 있음 |

〈표 I -6〉 버티컬AI의 특성

출처: 버티컬AI로의 변화 및 과제 (NIA, 한국지능정보사회진흥원, 2024)
https://www.nia.or.kr/site/nia_kor/ex/bbs/View.do?cbIdx=39485&bcIdx=27241&parentSeq=27241
https://news.mt.co.kr/mtview.php?no=2024102317220470605

## 1.3 주요 학습 방식

### 1.3.1 지도 학습(Supervised Learning)

- 지도 학습은 데이터와 그에 해당하는 라벨(Label)을 이용하여 모델을 학습하는 머신러닝의 한 방법으로 라벨의 형식에 따라 분류(Classification)와 회귀(Regression)로 분류

① 분류기법: 입력 데이터를 특정 클래스 또는 그룹의 구성원으로 식별하기 위해 알고리즘에 이산 값을 예측하도록 요청하고 데이터 패턴을 학습해 새 데이터를 적절한 범주로 분류하는 기법

② 회귀기법: 입력 변수와 연속형 출력 변수 간의 관계를 학습하는 과정으로, 데이터 패턴이나 가설적 실험, 인과관계의 모델링 등을 기반으로 출력값을 예측하는 기법

### 1.3.2 비지도 학습(Unsupervised Learning)

- 비지도 학습은 사람의 감독 없이 데이터를 통해 학습하는 머신러닝의 한 유형으로 지도 학습 기법과 달리 정답없이 패턴이나 구조를 스스로 찾아내는 방식으로 동작
  - 비지도 학습 기법은 특정 결과를 예측하려고 하지 않고 데이터 세트 내의 패턴을 발견하려고 시도함
  - 비지도 학습은 지도 모델을 학습하기에 충분한 출력이나 예제 데이터가 없는 문제에 유용한 접근 방식으로 라벨이 부족한 데이터에 유용한 접근 방식

출처: https://c3.ai/introduction-what-is-machine-learning/unsupervised-learning/

### 1.3.2.1 비지도 학습의 특성

- 라벨링이 없는 데이터를 이용하여 클러스터링 알고리즘을 통해 학습하는 방법으로, 복잡하고 대량의 데이터에서 숨겨진 패턴·구조 등을 찾는데 유용한 방법
  - 비구조적이고 복잡하며 대규모 데이터를 처리하는 데 유용하며, 데이터의 숨겨진 관계, 구조, 유사성을 파악하는 것을 주요 목표로 함

### 1.3.2.2 비지도 학습모델 주요 알고리즘

- 클러스터링
  - 비지도 학습에는 정답 데이터, 라벨링 데이터와 분류기준(클래스 혹은 카테고리)이 없기 때문에 클러스터링을 통해 분류작업을 수행
  - 클러스터링은 데이터 내 유사한 특성을 가진 항목들을 그룹으로 묶는 작업을 의미하며, 분류기준(클래스 또는 카테고리)이 사전에 정의되지 않은 데이터 분석에 적합

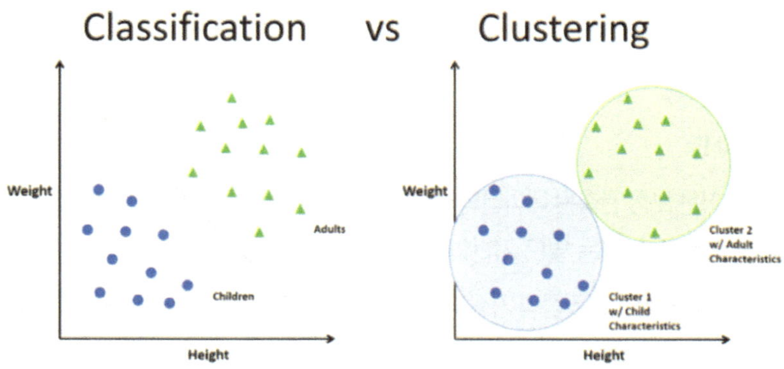


[지도 학습의 Classification] [비지도 학습의 Clustering]

[그림 Ⅰ-6] 비지도 학습 클러스터링

- 클러스터링은 비 계층적, 계층적 군집 분석으로 구성

| 구분 | 세부 항목 |
|---|---|
| 비계층적 군집 분석<br>(Non-Hierarchical Clustering) | ① 중심 기반(Center-based) : K-means |
| | ② 밀도 기반(Density-based) : DBSCAN |
| ③ 계층적 군집 분석(Hierarchical Clustering) | |

〈표 Ⅰ-7〉 클러스터링 분류

① K-Means

- 데이터를 K개의 클러스터로 그룹화하는 비지도 학습 알고리즘으로, 데이터 포인트 간의 거리 기준으로 그룹을 형성
- 클러스터의 중심점(Centroid)을 가지고, 클러스터를 할당하거나 중심점을 업데이트하는 방식으로 작동

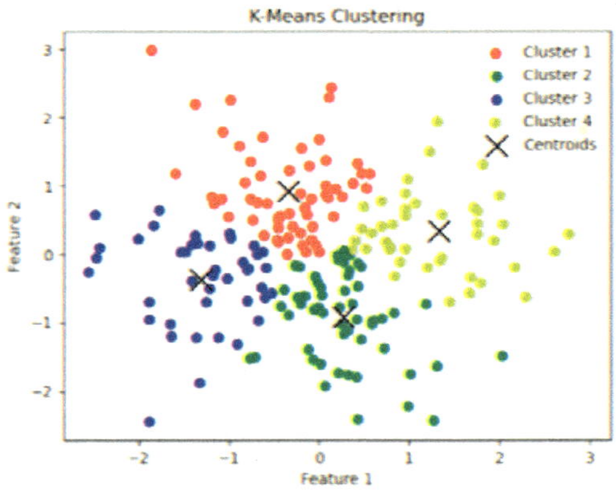


[그림 Ⅰ-7] K-Means Clustering

출처: https://datapilots.tistory.com/103

② DBSCAN

- DBSCAN은 보통 관측된 데이터의 범위에서 많이 벗어난 값인 이상치(노이즈)가 있는 대규모 데이터에 적용할 수 있는 밀도 기반의 클러스터링
- 밀도 기반의 군집 알고리즘의 가장 대표적인 알고리즘이며 K-Means 알고리즘이 적용되지 못하는 문제를 해결 가능

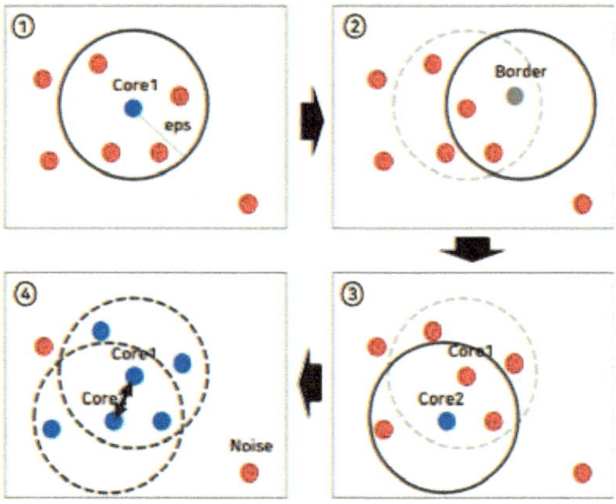


[그림 Ⅰ-8] DBSCAN

출처: https://github.com/kloud80/urban-data-mining/blob/master/09%20Clustering/014%20%ED%81%B4%EB%9F%AC%EC%8A%A4%ED%84%B0%EB%A7%81.pdf

③ 계층적 클러스터링

- 데이터를 계층적으로 클러스터링하는 알고리즘
- 계층적 클러스터링은 거리가 짧은 데이터를 그룹으로 묶는 방법
- 데이터 포인트들을 계층적인 구조로 묶는 알고리즘으로 마치 가계도를 그리듯이, 가장 가까운 데이터끼리 먼저 묶고, 그 묶음들을 다시 더 큰 묶음으로 합치는 방식으로 진행됨

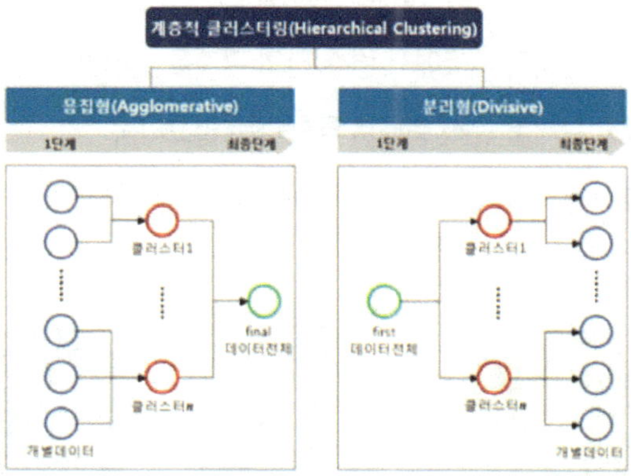


[그림 I -9] Hierarchical 알고리즘

출처: https://velog.io/@i-zro/ml-clustering

- 차원 축소(Dimensionality Reduction)

- 고차원 데이터를 저차원 공간으로 변환하여 시각화하거나 노이즈를 제거하는 알고리즘
- 차원 축소는 특정 데이터 세트의 기능 또는 차원이 너무 많을 때 사용되는 기법으로, 데이터 입력 횟수를 관리 가능한 크기로 줄이면서 데이터 세트의 무결성을 최대한 보존함

① PCA(Principal Component Analysis)

- 데이터의 분산이 가장 큰 방향을 찾아 차원을 축소하는 알고리즘
- 차원 축소는 많은 정보 속에서 가장 중요한 요소가 뭔지를 알게 해주는 방법

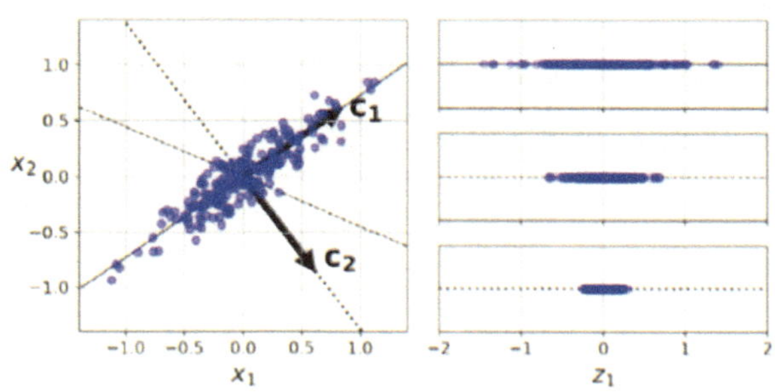


[그림 I -10] Principal Component Analysis

출처: https://jinger.tistory.com/entry/%EA%B8%B0%EA%B3%84-%ED%95%99%EC%8A%B5-9-Unsupervised-Learning-Techniques

② T-SNE(T-Stochastic Neighbor Embedding)

- 고차원 데이터의 국소적인 구조를 보존하면서 저차원 공간으로 매핑하는 알고리즘
- 데이터 탐색 및 고차원 데이터 시각화를 위한 비지도 비선형 차원 감소 기술로 비선형 차원 감소는 알고리즘을 통해 직선으로 분리할 수 없는 데이터를 분리할 수 있다는 것을 의미

③ 연관 규칙 학습(Association Rule Learning)

- 연관 규칙은 특정 데이터 세트에서 변수 간의 관계를 발견하기 위한 규칙기반 학습 방법
- 데이터 항목 간의 관계를 규칙 형태로 추출하는 알고리즘
- 둘 이상의 거래, 사건에 포함된 항목들의 관련성을 파악하는 탐색적 데이터 분석 기법

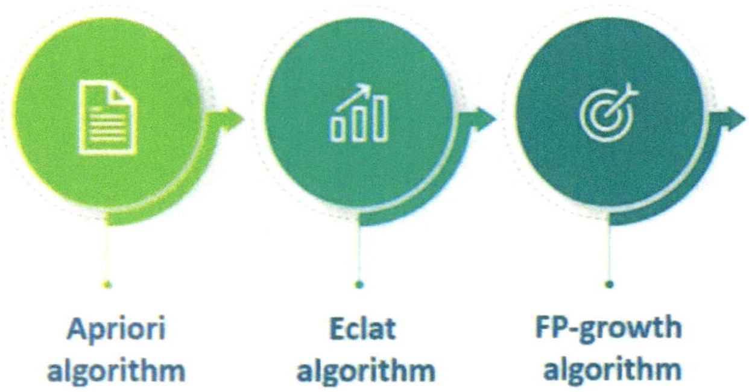


[그림 Ⅰ-11] 연관 규칙 학습 세부 분류

출처: https://www.ibm.com/kr-ko/topics/unsupervised-learning
https://charmingham.tistory.com/144, https://wendys.tistory.com/169

- Apriori: 후보 항목을 생성하고 지지도와 신뢰도를 계산하여 규칙을 추출하는 알고리즘
- FP-growth: 빈번한 항목 집합을 효율적으로 찾는 알고리즘
- Eclat: Eclat 알고리즘은 Equivalence Class Transformation의 약자로, Apriori 알고리즘이 그래프의 Breadth-First Search를 모방하여 수평적으로 작동하는 반면, ECLAT 알고리즘은 그래프의 Depth-First Search와 마찬가지로 수직적으로 작동

④ 이상 감지 모델(Anomaly Detection Model)

- 이상 감지(Anomaly Detection) 알고리즘은 데이터셋에서 변칙적인 것이나 이례적인 것을 감지하여, 사기 거래, 하드웨어 결함 등을 발견하는데 유용한 모델

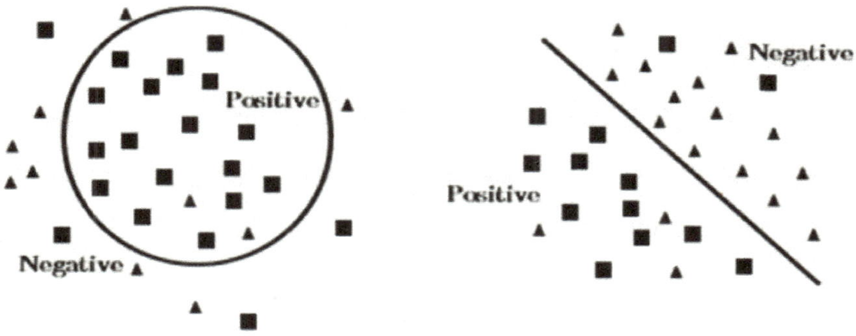


[Anomaly Detection] [Classification]

**[그림 Ⅰ-12] 이상 감지와 분류의 차이**

출처: https://datanetworkanalysis.github.io/2020/02/05/understanding_outlier1

⑤ 잠재 변수 모델(Latent Variable Model)

- 데이터가 매우 복잡하여 학습이 어려운 상황에서 데이터셋에서 불량(Noise) 데이터를 제거하고 차원 축소(Dimensionality Reduction) 기법을 통해 데이터 단순화하여 학습을 용이하게 함
- 즉, 데이터가 엄청나게 복잡한 경우에는 데이터를 통한 학습이 어려울 수 있는데, 우선 '불량(Noisy)' 데이터를 제거하여 단순화함으로써 학습을 용이하게 하고, 데이터에서 의미 있는 인사이트를 찾을 수 있게 함

출처: https://www.appier.com/ko-kr/blog/a-simple-guide-to-unsupervised-learning

### 1.3.3 강화 학습(Reinforcement Learning)

- **강화 학습은 에이전트가 환경과 상호 작용하며 보상을 최대화하는 행동을 학습하는 방법**
  - 주어진 환경 안에 정의된 에이전트(Agent)가 현재의 상태(State)를 인식하여, 선택 가능한 행동(Action) 중 보상(Reward)을 최대화하는 행동 혹은 행동 순서를 선택하는 방법을 학습

#### 1.3.3.1 강화 학습의 특성

- 강화 학습의 에이전트(Agent)는 주어진 환경(Environment)에서 특정 행동(Action)을 수행
- 각 행동의 결과로 새로운 상태(State)가 생성되며, 이에 대해 보상(Reward)이 주어짐
- 모델은 보상을 최대화할 수 있는 최적의 행동을 탐색하며 학습을 진행

[그림 Ⅰ-13] 강화 학습의 에이전트-환경 상호작용 루프

#### 1.3.3.2 강화 학습 모델 주요 알고리즘

- 강화 학습에서 에이전트(Agent) 역할을 하는 AI모델은 가치 기반(Value-Based), 정책 기반(Policy-Based), 그리고 모델 기반(Model-Based)으로 구분되며 가치기반 에이전트로 Q-learning, DQN(Deep Q-Network)이 있고, 정책 기반 에이전트로는 PPO(Proximal Policy Optimization), REINFORCE와 같은 모델로 구성

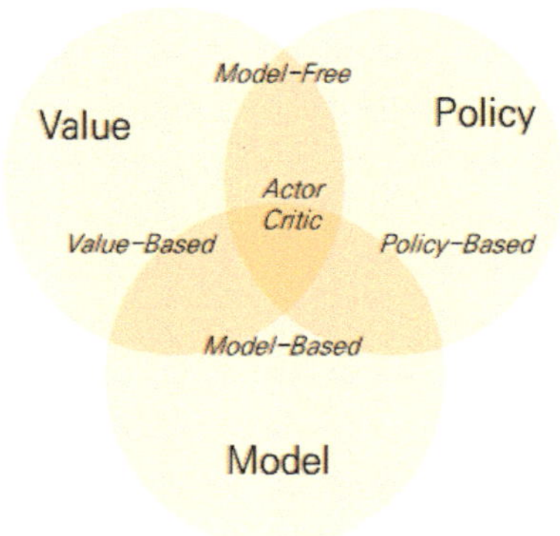


[그림 Ⅰ-14] 강화 학습 모델

### 1.3.4 적응 학습(Adaptation Learning)

- 사전에 훈련된 AI모델을 새로운 작업이나 데이터에 맞게 미세조정하는 학습
  - 특정 도메인의 데이터나 특수한 작업 요구사항에 맞게 모델을 미세조정

| 기법 예시 | 설명 |
| --- | --- |
| 미세조정<br>(Fine-Tuning) | 모델의 모든 파라미터를 미세조정하는 방법으로, 새로운 데이터에 대한 적응력이 뛰어나지만 과적합의 위험 존재 |
| 특징추출<br>(Feature Extraction) | 사전학습 모델의 특징추출 부분을 고정하고 새로운 분류기반 학습하는 방법으로 계산량이 적고 과적합의 위험이 낮음 |
| 전이학습<br>(Transfer Learning) | 소스 도메인에서 학습된 지식을 타겟 도메인으로 전달하는 방법으로 다양한 형태의 적응 학습을 포함함 |

〈표Ⅰ-8〉 적응 학습의 주요 기법 예시

# 2 생성형AI 데이터 특성

## 2.1 생성형AI 데이터 개요

- 수천억 ~ 수조 개의(GPT-3는 1750억 개, GPT-4는 약 1조 개 이상) 매개변수를 가진 생성형AI 모델을 학습시키기 위해 적어도 수십에서 수백억 단어로 구성된 대규모 학습용 데이터
  - 생성형AI는 대규모 학습데이터와 생성형 매개변수를 활용하여 사전 학습된 기반 모델(Foundation Model)을 다양한 방식으로 적응 학습(Adaptation Learning)하여 특정 작업이나 요구에 맞게 성능을 향상

- 멀티모달 학습을 위한 이미지 캡션, 음성 등 다양한 유형의 데이터 포함
  - 이미지와 캡션 데이터를 이용하여 이미지 생성모델, 비주얼 언어모델(VLM) 등에 활용
  - 거대 멀티모달 모델(LMM)의 경우 텍스트, 이미지, 음성 등 두 가지 이상 유형의 데이터를 동시에 사용하여 일반적으로 구축목적에 따라 다양한 유형 및 소스로 구성된 복합 데이터셋을 활용

- 사전 학습된 기반모델(Foundation Model)을 대상으로 특정 임무 수행 또는 성능 향상을 위해 미세조정(Fine-Tuning)과 강화 학습을 수행하도록 구축된 라벨링/비라벨링 데이터
  - 처음부터 새롭게 구축(From Scratch)하거나, 사전 학습된 기반모델을 미세조정(Fine Tuning)하기 위한 라벨링되지 않은 데이터 포함
  - 기반모델의 대화 성능 향상을 위한 지도학습형 미세조정(SFT, Supervised Fine-Tuning)을 위해 정답이 포함된 질의응답(QA) 데이터 포함
  - 생성형AI 모델의 답변 성능을 높이기 위해, 답변에 대한 순위(점수)를 라벨링한 리워드 데이터 및 강화 학습 수행을 위한 질문데이터 포함

- 학습(Training)/검증(Validation)/테스트(Test) 데이터를 정해진 비율로 분배할 수 없거나, 검증 및 테스트 목적에 부합하는 별도의 데이터를 사용하기 때문에 유효성 검증용 데이터를 별도로 마련하는 경우 존재

## 2.2 생성형AI 데이터 품질관리

- 생성형AI 데이터 품질관리(Quality Management)
  - 생성형AI 데이터 품질은 생성형AI 학습에 필요한 데이터가 사용자에게 유용한 가치를 제공할 수 있는 수준으로 확보된 정도를 의미
  - '생성형AI 데이터의 품질을 확보하는데 필요한 조직, 절차, 품질 기준, 품질관리 방법이나 활동 등을 정의하여 점검하고 조치하는 일련의 활동'으로 정의

- 생성형AI와 데이터 품질(Quality)의 상관관계
  - 생성형AI 기술은 텍스트, 이미지, 음악, 영상 등 다양한 미디어에서 혁신적인 결과물을 제공함에 따라, 기반이 되는 데이터의 품질의 중요성 증대
  - 데이터 품질이 높을수록 AI가 학습한 정보가 정확하고 편향 없이 신뢰할 수 있는 결과로 이어지며, 반대로 부정확하거나 불완전한 데이터는 다양한 문제 발생을 일으킬 수 있음

| 상관관계 | 설명 |
|---|---|
| 데이터 품질의 중요성 증대 | • 핵심 역할: 생성형AI 시대에서는 데이터가 AI모델의 학습 및 출력 결과에 직접적인 영향력을 미침<br>• 정확성 및 완전성: 데이터의 정확성과 완전성이 보장되어야 모델이 올바른 정보를 학습하고, 신뢰성 높은 결과를 제공할 수 있음 |
| 잘못된 데이터가 미치는 부정적 영향 | • 부정확하거나 편향된 데이터: 거대 언어 모델(LLM)이 부정확, 편향, 혹은 불완전한 정보를 학습할 경우, 이로부터 생성되는 출력 또한 잘못되거나 편향된 결과물로 문제를 일으킬 수 있음<br>• 출력 결과의 왜곡: 부적절한 데이터는 AI가 잘못된 결론이나 부정확한 정보를 사용자에게 제공하게 만들어, 전체 시스템의 성능 저하로 이어짐 |
| 신뢰성 저하 및 시장 경쟁력 약화 | • 신뢰성 저하: 데이터 품질문제가 지속되면 생성형AI 애플리케이션의 신뢰성과 효과성이 떨어지며, 이는 사용자들의 채택과 만족도에 부정적인 영향을 끼침<br>• 시장 경쟁력 약화: 신뢰할 수 없는 결과물은 기업이나 서비스의 브랜드 가치 하락 및 시장 경쟁력 약화로 이어질 수 있음 |
| 법적 준수 및 규제 측면에서의 중요성 | • 규제 강화: 현재 AI 규제가 점차 강화되고 있는 상황에서, 데이터 품질관리는 법적 준수를 위한 필수 요소로 부각되고 있음<br>• 위험 관리: 고품질 데이터를 확보하고 체계적으로 관리함으로써 법적 문제 및 규제 리스크를 사전에 예방할 수 있음 |

〈표 Ⅰ-9〉 생성형AI와 데이터 품질의 상관관계

## 2.3 합성데이터

- 실제 데이터(Real Data)와 통계적 특성이 유사하여, 실제 데이터 분석결과와 유사한 결과를 얻을 수 있도록 새롭게 생성해 낸 가상의 데이터
  - 개인정보보호, 보안등의 사유로 실제 데이터의 활용이 어렵거나, 활용할 수 있는 데이터의 양이 부족한 경우에 주로 활용되며 실제 데이터와 유사할수록 활용 가치가 높음

[그림 I -15] GAN이 만든 합성데이터 예시

### 2.3.1 합성데이터의 특성

- 가상 생성: 실제 데이터와 유사한 특징을 가지도록 설계되었지만, 실제 데이터가 아닌 가상으로 생성된 데이터
- 데이터 증강: 실제 데이터가 부족하거나 다양성이 떨어질 때, 합성데이터를 생성하여 데이터 증강
- 개인정보보호: 가상의 데이터로 개인정보 유출 위험 최소화
- 특정 조건 생성: 실제 환경에서 구하기 어려운 특정 조건의 데이터 생성 가능
- 비용 효율성: 실제 데이터 수집 시 발생되는 비용과 시간을 절약할 수 있음
- 유연성: 필요에 따라 다양한 종류의 데이터 생성 가능
- 재현성: 동일한 조건에서 동일한 데이터를 반복적으로 생성할 수 있음

### 2.3.2 합성데이터의 활용 시 이점

| 이점 | 설명 |
|---|---|
| 재현성 | • 동일 통계적 특성을 가진 데이터를 반복적으로 다수 생성할 수 있음 |
| 안전성 | • 민감한 정보가 포함되어 데이터 활용에 우려가 있는 경우, 합성데이터를 생성하여 안전하게 활용 가능 |
| 비용 효율성 | • AI 학습에 필요한 대규모 데이터를 직접 구축하는 것보다 실제 데이터와 합성데이터를 적절하게 섞어 구성할 경우, 비용면에서 저렴할 수 있음 |
| AI모델 성능 향상 | • 클래스의 불균형, 학습데이터 다양성 부족 등 실제 데이터가 부족한 경우, 합성데이터를 통해 부족한 데이터를 추가하여 고도화된 모형 구축 가능 |
| 법적 제약 해소 | • 합성데이터는 분석 등 2차 목적의 데이터 활용에 대한 법적 제약(추가 동의, 보호조치 등)을 해소하는 방법의 하나로 활용 가능 |
| 프라이버시와 유용성의 균형 | • 합성데이터는 프라이버시 보호와 데이터 유용성 간의 상충(Trade-off) 관계를 극복할 수 있는 해결책이 될 수 있음 |

〈표 Ⅰ-10〉 합성데이터 활용 시 이점

출처: 합성데이터 생성 참조모델 개발 사례소개, 개인정보보호위원회

### 2.3.3 합성데이터 생성모델

① GAN(Generative Adversarial Networks): 가짜데이터를 생성하는 생성자(Generator)와 가짜데이터를 판별하는 구분자(Discriminator)로 구성된 AI모델이 서로 대립하며 각각의 성능을 개선해나가는 방식으로 학습해가며 최적의 합성데이터를 생성함

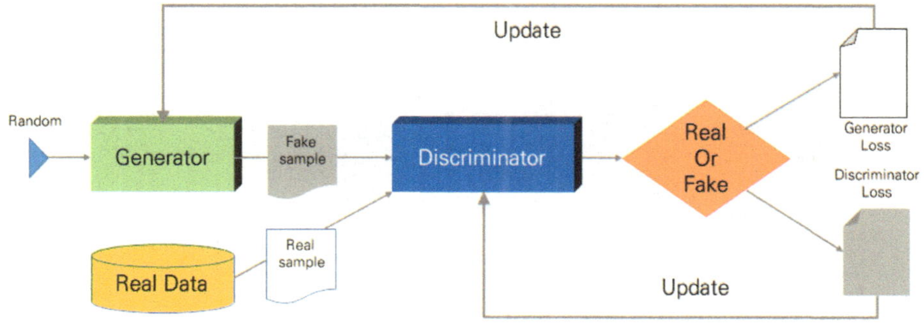


[그림 Ⅰ-16] 합성데이터 GAN 모델

② Stable Diffusion: 텍스트를 이미지로 변환(Text-to-Image)하여 이미지를 생성하는 대표적인 생성모델로, 원본 이미지의 확률 분포를 랜덤하게 샘플링하여 노이즈를 더하거나 제거하는 과정을 학습하면서 합성데이터 생성

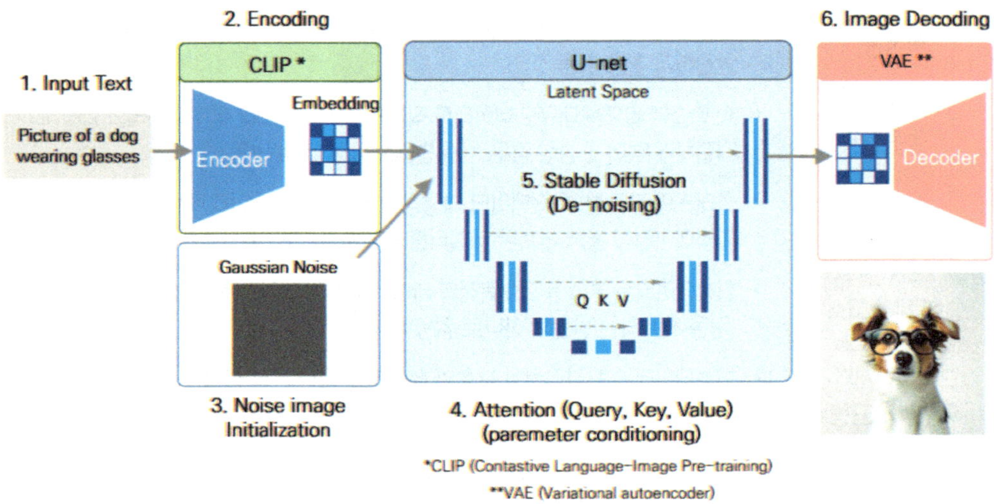


[그림 I -17] Stable Diffusion 모델

출처: https://towardsdatascience.com/stable-diffusion-using-hugging-face-501d8dbdd8

③ SH-GAN(Spectral Hint GAN): 고해상도 합성 이미지를 생성할 수 있는 모델로, 이미지 분석 및 진단의 정확성을 향상시킬 수 있는 강점을 제공
고해상도의 이미지는 구조와 특징을 더욱 세밀하게 분석할 수 있도록 더 정밀한 정보를 제공하며, 이는 다양한 도메인에서 중요한 시각적 통찰력을 제공

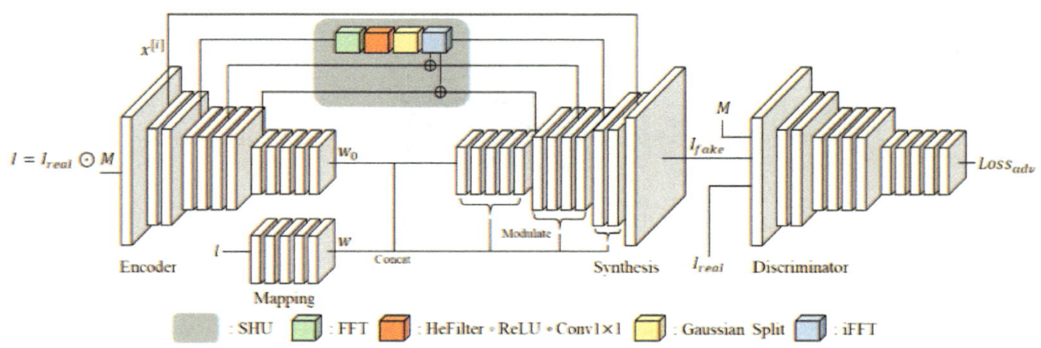


[그림 I -18] SH-GAN 모델

출처: https://github.com/SHI-Labs/SH-GAN

# 3 생성형AI 데이터 생애주기

## 3.1 생성형AI 데이터 생애주기

- 생성형AI 데이터의 생애주기는 준비·계획, 구축, 학습, 운영·활용 영역으로 구분되며 인공지능 학습용 데이터 생애주기를 기준으로 진행

- 생성형AI 데이터 생애주기 특징
  - 구축 단계와 학습 단계에 이르기까지 지도 학습, 비지도 학습, 강화 학습이 병렬·반복적으로 수행되며, 반복적인 개선과정을 통한 다양한 형태의 데이터를 사용하는 것이 기존 인공지능 학습용 데이터 구축 생애주기와 다른 생성형AI 데이터 구축 생애주기의 특징임
  - 데이터 유형에 따라 데이터 정제 후 구축된 원천데이터를 가공단계를 거치지 않고 학습 가능

  ※ 여기서 의미하는 원천데이터는 모델 학습절차에 따라 '사전 학습용 데이터', '강화 학습용 데이터' 등의 역할을 하는 데이터를 포괄하여 표현

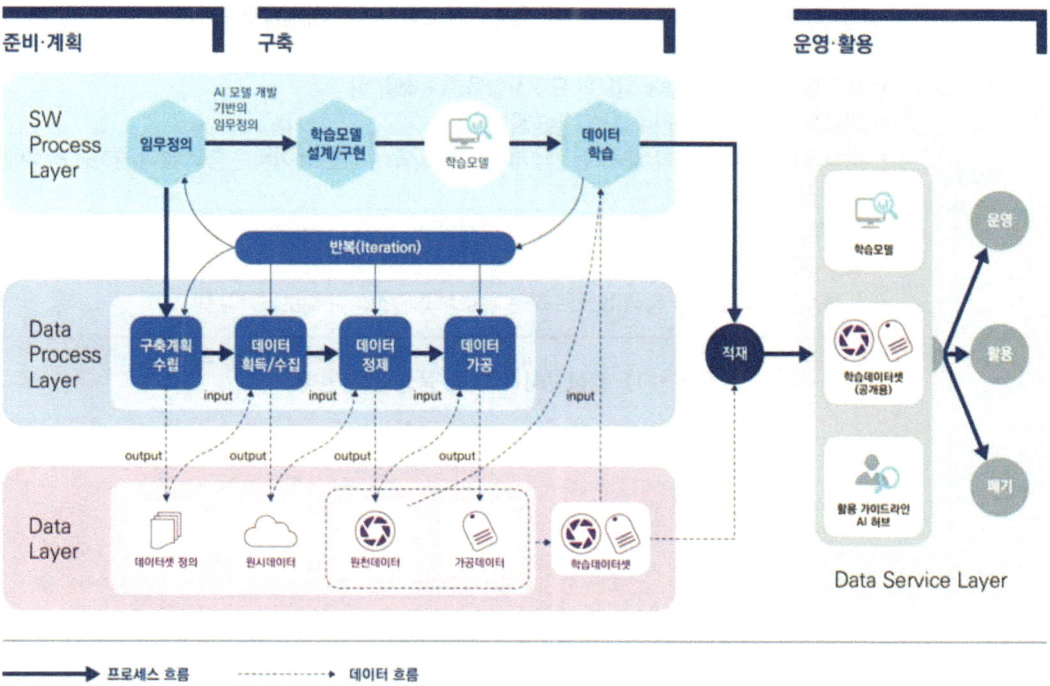


※ 생성형AI 데이터 생애주기는 기본 인공지능 학습용 데이터 생애주기의 과정을 기준으로 진행

[그림 Ⅰ-19] 생성형AI 데이터 생애주기

# 제4장

# 생성형AI 데이터 품질관리 이해

## 1 생성형AI 데이터 품질관리 원칙

- 생성형AI 데이터의 품질관리 원칙을 크게 데이터 품질확보를 위한 관리체계인 '품질관리 측면'과 데이터 자체가 확보해야 할 원칙을 나열한 '데이터 측면'으로 구분하여 제시

| 구 분 | 원 칙 |
| --- | --- |
| 품질관리 측면 | • 생성형AI 데이터의 모든 생애주기의 품질을 보장해야 함<br>• 상시 지속적인 생성형AI 데이터의 품질개선 진행이 필요<br>• 데이터 품질관리를 위한 조직을 구성하고, 정해진 역할과 책임에 따라 수행<br>• 조직의 품질관리 역량을 확보하도록 품질관리 교육 등 지원체계를 확보 필요 |
| 데이터 측면 | • 생성형AI 모델의 학습에 필요한 요구사항을 충족해야 함<br>• 법률적 제약 없이 누구나 활용 가능해야 함<br>• 학습목적에 부합하도록 획득/수집되어야 하며, 획득/수집한 데이터는 중복 없이 원하는 목적에 따라 정제되어야 함<br>• 생성형AI 데이터의 편향성 및 유해성이 정제되어야 하며, 의미적인 정확성 및 사실성이 확보되어야 함<br>• 생성형AI 학습모델을 통해 목표로 하는 유효성과 안정성이 확보되어야 함 |

〈표 I -11〉 생성형AI 데이터 품질관리 원칙

# 2 생성형AI 데이터 구축과정

## 2.1 생성형AI 데이터 구축과정

- 생성형AI 데이터의 구축 방법은 기반모델의 종류 및 지시 미세조정 방법에 따라 다양하지만, 기본적으로 구축계획 수립, 데이터 획득/수집, 정제, 가공, 학습의 순서를 "반복"하면서 데이터셋을 구축

- '구축계획 수립'부터 '데이터 학습'까지의 단계별 구축과정은 기존의 지도학습용 데이터 구축과정과 유사하나, 데이터 특성에 따라 원천데이터가 별도의 가공 없이 바로 학습에 활용될 수도 있음
- 데이터 가공단계에서는 데이터 특성 및 유형에 따른 가공 기준을 적용하여 데이터셋을 구축하고 학습에 활용

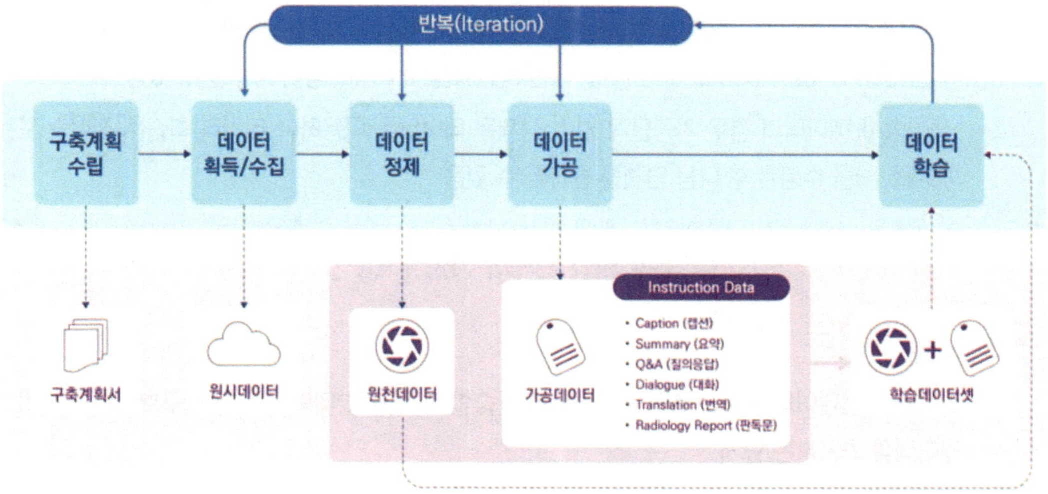


[그림 Ⅰ-20] 생성형AI 데이터 구축과정

### 2.1.1 구축계획 수립 단계

- 생성형AI 데이터의 구축목적을 명확하게 정의하고 구축목적에 맞는 AI모델 임무, 데이터 구축 수량 및 방법, 절차, 품질관리계획 등을 구체적으로 설계하는 활동
- 구축계획서에는 '구축 개요', '데이터 구축', '품질 자가점검 계획' 등 구축목적의 일치성과 일관성 확보를 위한 세부내용을 작성하고, 사업공고문의 요구사항을 반영하여 명확하고 구체적으로 작성 필요

### 2.1.2 데이터 획득/수집 단계

- **학습에 필요한 데이터를 직접 획득 수집하여 원시데이터를 확보하는 단계**
  - 법률적 제약이 없도록 목적에 따른 '원시데이터'를 확보하는 활동 수행
  - 데이터 수집 시에는 다양성 품질 만족을 위해 데이터가 일부 범주에만 편향되지 않도록 수집 필요
  - 데이터 정제 및 가공 단계에서 데이터 유실률을 고려하여 수집량을 여유 있게 수집 필요

### 2.1.3 데이터 정제 단계

- **획득/수집한 원시데이터를 학습에 필요한 형식이나 크기로 맞추고, 데이터 중복 및 불필요한 데이터를 제거(예: 댓글 등에 포함된 구어체, 비속어 등 제거)**

  ※ NIA의 초거대AI 학습용 데이터 구축사업은 저작권을 확보할 수 없는 데이터를 사용할 수 없기 때문에 웹 크롤링 등을 수행 시, AI허브 정책에 맞는 권리확보 필요

  - 원시데이터에 포함된 개인정보 비식별화, 민감정보 처리 등의 과정을 통해 '원천데이터' 확보
  - 이 단계에서 확보된 '원천데이터'는 라벨링이 부여되지 않은 상태로 생성형AI의 경우 자기 지도 학습(Self Supervised Learning)을 통한 사전학습 및 미세조정에 사용할 수 있음
  - 생성형AI 데이터의 경우 가공단계 없이 정제된 데이터를 이용하여 데이터 학습(사전학습 또는 미세조정)을 수행한 후 다음 단계를 반복할 수 있음

  ※ 과제의 성격에 따라 사전학습된 기반모델(Foundation Model)을 미세조정(Fine Tuning)하거나, 새롭게 구축(From Scratch)하는 방식으로 직접 사전학습을 수행할 수 있음

### 2.1.4 데이터 가공 단계

- **정제된 원천데이터를 AI모델이 효과적으로 학습할 수 있도록 데이터 유형과 구축목적에 따라 데이터를 가공하는 단계**
  - 데이터 가공 단계는 생성형AI 모델의 성능을 결정하는데 매우 중요한 단계로 잘 가공된 데이터는 데이터의 질을 향상시켜 모델의 성능 극대화에 기여

### 2.1.5 데이터 학습 단계

- **'학습 데이터셋'을 이용하여 사전에 정의된 생성형AI 모델을 학습시키고, 사전학습된 모델의 성능을 향상시키거나 보정하는 활동을 수행하는 단계**
  - 학습모델에 따라 성능평가 결과가 영향을 미침으로, 알고리즘 적정성 평가 단계에서 알맞은 학습모델 선택 필요

### 2.1.6 데이터 구축 및 학습 반복

- 생성형AI 학습유형에 따라 데이터 학습조정, 데이터 가공, 모델 학습평가 단계의 일부를 수행하거나 반복하면서 학습용 데이터셋을 구축하고 생성형AI 모델을 효과적으로 학습함
  - 생성형AI 모델의 학습 과정은 데이터 유형에 따라 반복적인 학습과 최적화 과정을 거치며, 이에 따라 각기 다른 전처리 작업이 수행되므로 데이터 구축 및 학습절차의 구체화가 필요

| 학습유형 | 설명 | 사용 데이터 | 비고 |
|---|---|---|---|
| 사전학습<br>도메인 학습 | 원천데이터(말뭉치, 이미지, 음성, 비디오 등 다양한 데이터 유형)를 사용하여 새롭게 구축(From Scratch)하고 기반모델* 도메인 학습 | 비라벨링<br>데이터 | 공통 |
| 지도 미세조정<br>(SFT) | 정련된 질의응답셋으로 지도 미세조정(SFT)** 학습 | 질의응답셋 | RLHF,<br>Self-Instuct |
| 보상모델 | 답변 우선순위 데이터로 보상모델(RM) 학습 수행<br>DPO의 경우 보상모델 생성하지 않고 우선순위 데이터로 최종모델 학습 | 답변 우선<br>순위 | RM |
| 강화 학습 | 질문 데이터셋과 SFT모델, RM모델을 활용하여 강화 학습 수행 | 질문데이터 | RLHF, DPO |

*기반모델(Foundation Model): 특정 작업을 위해 더욱 특화된 모델을 개발하는데 출발점이 되는 사전학습모델
**미세조정(Supervised Fine-Tuning): 파인튜닝은 기존 AI모델을 기반으로 이미 학습된 모델의 가중치를 미세하게 조정시켜 학습하는 방법

〈표 Ⅰ-12〉 적응 학습(Adaptation Learning) 유형별 반복 학습 사례

## 2.2 합성데이터 구축 과정

- 합성데이터 구축 과정
  - 합성데이터 구축은 데이터 획득/수집 단계에서 리얼데이터를 수집하고, 양질의 시드데이터를 선별한 후 합성데이터를 생성하는 과정으로 진행
  - 생성된 합성데이터는 데이터 정제단계에서 품질을 점검하여 품질목표를 달성한 데이터를 원천데이터로 활용

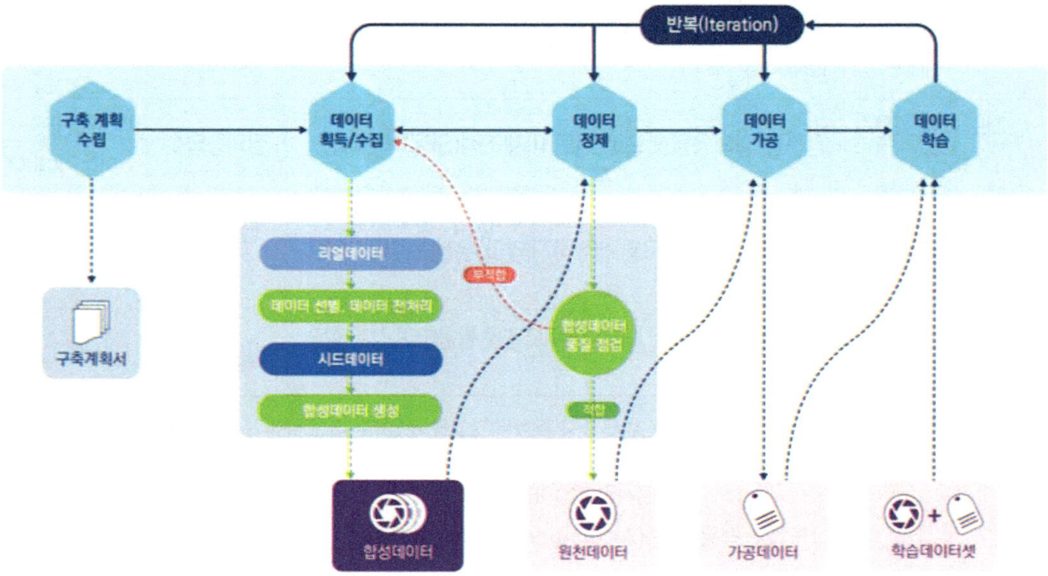


[그림 Ⅰ-21] 합성데이터 구축과정

- 리얼데이터(실제데이터): 합성데이터 생성을 위한 원본데이터로, 전처리 없이 데이터 목적에 맞게 수집된 원초적인 데이터
- 시드데이터: 리얼데이터에서 합성데이터를 생성하기 위해 양질의 데이터를 선별하고, 개인식별정보를 비식별화하며, 이미지 크기 조정 및 픽셀 정보를 보완하는 등 전처리를 거친 데이터
- 합성데이터: 시드데이터를 사용하여 비가역적 알고리즘을 적용한 모델을 통해 생성된 가상의 데이터

### 2.2.1 구축계획 수립 단계

- **생성형AI 데이터의 구축목적을 명확하게 정의하고 구축목적에 맞는 합성데이터 생성과정 설계**
  - 합성데이터 생성 체크리스트 사전 확인 후 절차 수립
  - AI모델 임무, 데이터 구축 수량 및 방법, 절차, 품질관리계획 등을 구체적으로 설계하는 활동
  - 구축계획서에는 '구축 개요', '데이터 구축', '품질 자가점검 계획' 등 구축목적의 일치성과 일관성 확보를 위한 세부내용을 작성하고, 특히 사업공고문의 요구사항을 명확하고 구체적으로 작성

### 2.2.2 데이터 획득/수집 단계

- **합성데이터의 데이터 획득/수집 단계는 ① 데이터 획득/수집, ② 합성데이터 생성준비, ③ 합성데이터 생성의 과정으로 3단계로 진행**

① 데이터 획득/수집

- 합성데이터 생성을 위한 준비 단계로 합성데이터의 활용 목적 및 범위를 설정하여 합성데이터 생성 체크리스트를 기준으로 리얼데이터(실제데이터) 수집 실행
- 리얼데이터의 개인식별 및 추론 위험성이 있는 정보 포함 여부를 확인하고, 활용 진행 시 적용되는 관련 법률 및 조항 검토

※ 관련 법률 – 개인정보보호법, 생명윤리법, 신용정보법, 기타

② 합성데이터 생성준비

- 수집한 리얼데이터(실제데이터)로 합성데이터 생성을 위한 데이터의 다양성을 고려하여 선별하고 선별된 데이터에 대해 개인정보 비식별화, 이미지 사이즈 표준화, 노이즈 제거, 메타데이터 처리, 합성에 필요하지 않은 영역 삭제 등 전처리 절차 수행 거쳐 양질의 데이터 선별하여 시드데이터 생성

③ 합성데이터 생성

- 원본데이터로 되돌릴 수 없는 비가역적 알고리즘을 사용하여, 시드데이터로 합성데이터를 생성 (합성데이터 생성 체크리스트 참조)
- 생성된 합성데이터에 대하여 개인 식별자 및 특이값, 위험성 점검, 다양성 분포, 합성 상태 등 합성 결과 검토
- 생성된 합성데이터 후처리 (메타데이터 복원, 품질보완, 합성 상태 확인 등)

### 2.2.3 데이터 정제 단계

- **생성된 합성데이터의 품질을 점검하는 단계**
  - 생성된 합성데이터를 통해 원본데이터의 개인정보를 식별 추론될 위험성이 있는지 검사(안전성)
  - 생성된 합성데이터가 원본의 성능을 발휘할 수 있는지 평가(유용성)
  - 합성데이터 품질검증은 '유용성/안전성' 달성 여부를 검사하여 품질 미달성인 합성데이터는 삭제 후 생성과정 재진행
  - 생성된 합성된 데이터는 수행기관 자체 적정성 심의 검사를 진행하여 최종 원천데이터로 사용할 합성데이터를 확정
  - 합성데이터의 허가된 범위 내에서 활용되도록 관리

### 2.2.4 데이터 가공 단계

- **정제과정을 거친 합성데이터를 AI모델이 효과적으로 학습할 수 있도록 데이터 유형과 구축목적에 따라 데이터를 가공하는 단계**
  - 데이터 가공단계는 생성형AI 모델의 성능을 결정하는 데 매우 중요한 단계로 잘 가공된 데이터는 데이터의 질을 향상시켜 모델의 성능 극대화에 기여

### 2.2.5 데이터 학습 단계

- **'학습 데이터셋'을 이용하여 사전에 정의된 생성형AI 모델을 학습시키고, 사전학습된 모델의 성능을 향상시키거나 보정하는 활동을 수행하는 단계**
  - 학습모델에 따라 성능평가 결과가 영향을 미침으로, 알고리즘 적정성 평가 단계에서 알맞은 학습모델 선택 필요
  - 데이터 학습 유효성 평가를 위한 정확도, 정밀도, 재현율 등 성능지표 확인

### 2.2.6 데이터 구축 및 학습 반복

- **데이터 학습/조정, 데이터 가공, 모델학습/평가 단계의 일부를 수행하거나 반복하면서 학습용 데이터셋을 구축하고 생성형AI 모델을 효과적으로 학습함**

## 3 생성형AI 데이터 품질관리 범위

- **구축 프로세스 품질관리**
  - 데이터 획득/수집, 데이터 정제, 데이터 가공, 데이터 학습 구축과정에서 데이터 품질보장을 위해 품질관리 활동 수행 여부를 모니터링하고, 발견된 문제점을 보완
- **구축 데이터 품질관리**
  - 구축사업을 통해 생성되는 원시데이터, 원천데이터, 가공데이터 등 데이터 자체의 품질을 검사하고, 발견된 오류를 개선하는 활동
- **개방데이터 품질관리**
  - AI-Hub에 적재된 데이터를 대상으로 운영·활용 단계에서 학습용 데이터셋의 품질을 지속적으로 향상시키는 활동을 수행하고, 민간에 개방한 학습데이터의 품질에 개선의견이 제기되는 경우, 이에 적극적으로 대응 및 조치하는 품질관리 활동
- **구축 프로세스, 구축 데이터, 개방데이터 품질관리 영역별 세부수행 내용**

| 단 계 | 품질관리 영역 | 수행 내용 |
|---|---|---|
| 준비·계획 단계<br>/구축 단계 | 구축 프로세스 | • 구축사업에 참여하는 사업수행기관이 자체적으로 품질관리 수행<br>• 구축 중인 데이터셋에 대한 품질 개선의견이 제기된 경우, 사업수행기관이 품질개선 활동 직접 수행 |
| | 구축 데이터 | |
| 운영·활용<br>단계 | 개방데이터 | • AI-Hub를 통해 개방된 데이터의 개선사항을 도출하여 고품질의 데이터를 지속적으로 유지 및 운영하기 위해 구축사업에 참여한 사업수행기관과 사업관리기관이 함께 품질관리 활동 수행<br>• 사업관리기관은 사용자로부터의 데이터 품질에 대한 개선의견을 검토하고, 해당 데이터를 구축한 사업수행기관에 품질개선을 요청하며, 사업수행기관은 이를 반영하여 품질개선 수행 |

〈표 Ⅰ-13〉 품질관리 영역별 수행 내용

- **데이터 보안**
  - 생성형AI는 잘못된 정보, AI모델 악용, 유사 AI모델 서비스 빙자, 데이터 유출, 플러그인 취약점, 확장 프로그램 취약점, API 취약점 등의 보안 위협 존재
  - 생성형AI 데이터의 안전한 사용을 위해 잠재적인 위험을 최소화하고 올바른 활용을 위하여 준비·계획 단계, 구축 단계, 운영·활용 단계까지 전 공정에 걸쳐 보안 위협을 최소화하기 위한 적극적인 보안대책 수립 및 수행 필수

| 대표 보안 위협 | 주요 원인 | 가능한 보안 위협 |
|---|---|---|
| 잘못된 정보 | • 편향<br>• 최신 데이터 학습 부족<br>• 환각(Hallucination) 현상 | • 사회적 혼란 조장<br>• 고위험 의사 결정<br>• 잘못된 의사 결정 유도 |
| AI모델 악용 | • 적대적 시스템 메시지<br>• 잘못된 AI모델의 사용 | • 피싱 이메일 및 인물 도용<br>• 사이버 보안 위협 코드 작성<br>• 대화형 서비스를 악용한 사이버 범죄 커뮤니티 활성화<br>• 사회 공학적 영향<br>• 가짜 뉴스 생성<br>• 딥페이크 등 잘못된 합성 |
| 유사 AI모델 서비스 빙자 | • 유사 악성 서비스 접근 유도 | • 스쿼팅 URL 및 확장 프로그램<br>• 가짜 애플리케이션 |
| 데이터 유출 | • 데이터 합성 과정의 문제<br>• 과도한 훈련데이터 암기 문제<br>• 대화 과정에서 개인정보 및 민감정보 작성 | • 훈련데이터 유출<br>• 데이터 불법 처리 우려<br>• 기밀 유출<br>• 대화 기록 유출<br>• 데이터베이스 해킹 및 회원 추론 공격 |
| 플러그인 취약점 | • AI모델의 적용 범위 확장<br>• 안전성 확인 미흡<br>• 해커 공격 범위 확장<br>• 취약점이 있는 서비스와 연결 | • 새로운 도메인에서의 모델 오작동<br>• '에이전트'화 된 AI모델의 악용<br>• 멀티모달 악용 |
| 확장 프로그램 취약점 | • 확장 프로그램 내부의 악성 서비스 설치<br>• 서비스 제공 업체의 보안 조치 미흡 | • 개인정보 수집<br>• 시스템 공격<br>• 호스팅 서버 및 스토리지 시스템 위협 |
| API 취약점 | • 미흡한 API 키 관리<br>• 데이터와 명령 사이의 불분명한 경계 | • API 키 탈취<br>• 악의적인 프롬프트 주입 |

〈표 Ⅰ-14〉 AI 기술의 대표적 보안 위험

출처: 생성형AI 활용 보안 가이드라인(2023년, 국가정보원)

- 미국 국립표준기술연구소(National Institute of Standards and Technology, NIST)는 AI 시스템의 위험성 관리를 통해 잠재적인 유해성을 최소화하고 긍정적인 영향을 극대화하기 위해 「2020 국가 AI 이니셔티브법」에 의거하여 'AI 위험관리 프레임워크'를 발표
- AI 시스템을 설계·개발·배포·사용하는 조직의 AI 시스템 위험성 관리와 신뢰·책임감 있는 AI 시스템 개발 및 사용을 목표로 하며, AI 시스템과 관련된 잠재적 피해 예시와 신뢰할 수 있는 AI 시스템의 특징 제시

| 특징 | 주요 내용 |
|---|---|
| 유효성 및 신뢰성 | • AI 시스템이 의도한 요구사항을 실패없이 수행하는지에 대한 지속적인 테스트와 모니터링을 통해 정확성, 강건성을 확인하여 유효성과 신뢰성 확보 |
| 안전성 | • AI 시스템은 사람의 생명, 건강, 재산, 또는 환경에 위험이 없도록 안전 위협의 종류, 심각도에 따른 리스크 관리가 필요 |
| 보안 및 복원성 | • 의도된 공격을 피하고, 방어하며 복구하는 보안능력과 예상하지 못한 사건이 발생한 이후 정상 기능으로 돌아갈 수 있는 복원성 필요 |
| 책임과 투명성 | • 투명성은 AI 시스템과 결과물 정보를 해당 시스템 사용자가 적절한 수준으로 접근하여 이용하는 것으로 이때 책임성은 투명성을 전제로 확보 가능 |
| 설명 및 해석 가능성 | • AI 시스템이 작동하는 메커니즘 설명과 설계 목적에 따른 결과물에 대한 해석이 가능하도록 도움이 되는 정보 제시 가능 |
| 개인정보보호 강화 | • AI 시스템 설계, 개발, 배포 시 익명성, 기밀성, 통제 등과 같은 개인정보보호 기준 제시 필요 |
| 공정성 -유해편견 관리 | • 시스템적 편향, 통계적 편향, 인지적 편향 등 3가지 범주의 편향성 관리와 통제 필요 |

**〈표 I -15〉 미국 'AI 위험관리 프레임워크'의 신뢰할 수 있는 AI 시스템 특징과 주요 내용**

출처: National Institute of Standards and Technology. (2023.1).
Artificial Intelligence Risk Management Framework (AI RMF 1.0), 12-18.
글로벌 과학기술정책정보 서비스. (2023.1.26). 미국, 인공지능 리스크 관리 프레임워크(AI RMF 1.0) 발표

## 4 생성형AI 데이터 품질검사 활동

- **사업수행기관(주관기관 및 참여기관)의 품질관리 담당자는 구축공정별 품질관리를 위해 아래와 같은 절차에 따라 품질검사 및 개선절차를 수행함**

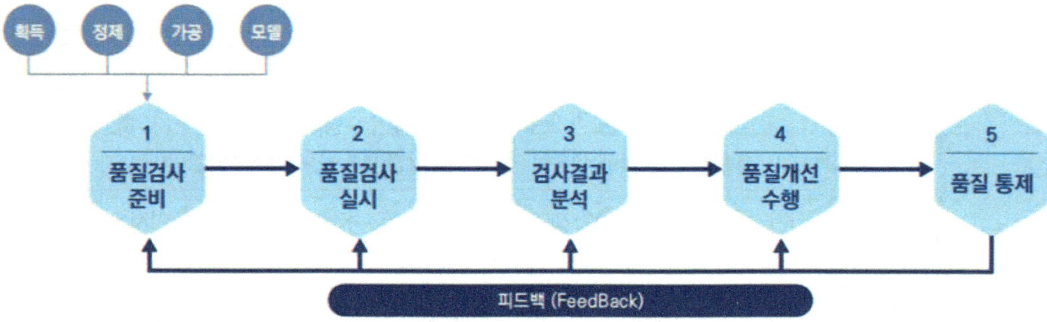


[그림 I -22] 생성형AI 데이터 품질검사 절차

- **품질관리 담당자는 아래의 세부 수행 내용을 참고하여 생성형AI 데이터의 품질을 확보할 수 있도록 관리**

| 번호 | 품질검사 수행 절차 | 수행 내용 |
|---|---|---|
| 1 | 품질검사 준비 | • 원시데이터, 원천데이터, 가공데이터 등의 검사대상을 선정하고 데이터 품질 수준에 대해 부합하는 상태인지를 판단하기 위한 품질검사 계획 수립 |
| 2 | 품질검사실시 | • 정의된 검사대상에 대해 준비성, 완전성, 유용성, 기준 적합성, 다양성, 유사성, 유해성, 합성데이터 유용성, 합성데이터 안전성, 구문 정확성, 의미 정확성, 유효성 등의 품질관리 지표에 대해 체크리스트와 같은 검사기법을 적용하여 품질검사실시 |
| 3 | 검사 결과 분석 | • 품질검사 결과를 바탕으로 주요 품질문제를 식별하고 문제의 근본적 원인을 파악하여 품질문제를 해결하기 위한 개선 기회를 도출하는 단계 |
| 4 | 품질개선수행 | • 품질문제 해결을 위해 개선계획 및 방안을 정의하고 우선순위를 결정하며, 결정된 우선순위에 따라 데이터 보정, 추가 작업 등 개선 영역별 품질개선 활동 수행 |
| 5 | 품질통제 | • 개선 수행 결과의 확인 및 점검을 통해 품질문제 재발 방지 및 고품질 데이터를 유지하기 위한 품질관리 활동 수행 단계 |

〈표 I -16〉 품질검사 수행절차별 수행 내용

II

# 생성형AI 데이터 품질관리 체계

제1장 품질관리 프레임워크

제2장 품질관리 프로세스 및 산출물

# 제1장

# 품질관리 프레임워크

## 1 품질관리 프레임워크 구성

- **생성형AI 데이터의 품질확보를 위한 프레임워크는 '준비·계획, 구축, 운영·활용'의 3단계로 구분되며, 구성요소는 다음과 같음**

| 조 직 | 구 분 | 내 용 |
|---|---|---|
| - | 단계 | • 준비·계획, 구축, 운영·활용 3단계 사업 단계 |
| 사업수행 기관 | 프로세스 | • 데이터 준비·계획, 획득/수집, 정제, 가공, 학습, 운영·활용 단계까지 사업의 모든 단계와 관련된 프로세스 |
| | 산출물 | • 사업수행 프로세스별 활동을 통해 생산되는 데이터 및 문서 등 산출물 |
| | 품질관리 활동 | • 사업수행 단계별 품질관리 활동에 대한 정의<br>• 사업수행 일정별로 수행하는 자가점검 활동<br>• 제3자 품질검증 활동 정의 |

〈표 Ⅱ-1〉 생성형AI 데이터 품질관리 프레임워크 구성 항목

- **합성데이터의 경우, 합성데이터 품질관리 프레임워크로 분리하여 수록**

## 1.1 품질관리 프레임워크 프로세스 정의

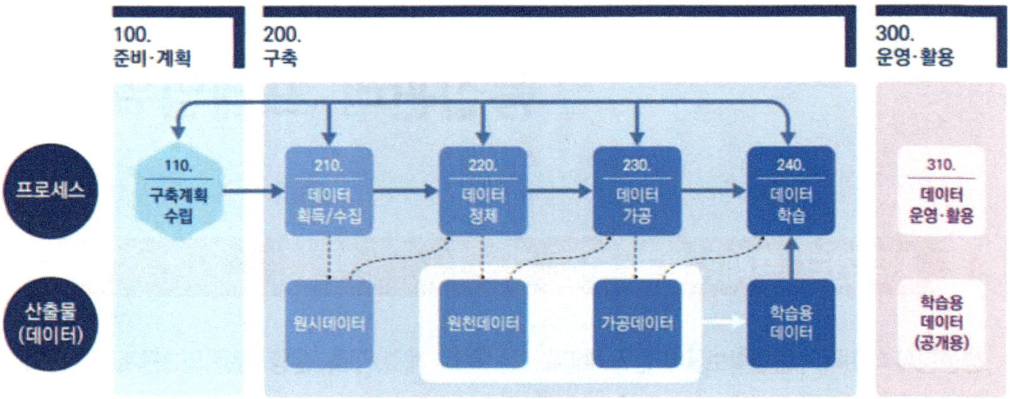


※ 생성형AI 데이터 품질관리 프레임워크는 인공지능 학습용 데이터 품질관리 프레임워크를 기반으로 진행
- 합성데이터의 경우 별도의 프레임워크 수록

[그림 II-1] 생성형AI 품질관리 프레임워크 프로세스 및 데이터 산출물

| 단 계 | 프로세스 | 프로세스 정의 |
|---|---|---|
| 100.<br>준비·계획 | 110.<br>구축계획 수립 | • 구축 목적의 일치성과 일관성 확보를 위한 구체적 계획 수립<br>• 사업수행기관의 컨소시엄 간 업무와 역할 정의<br>• 품질지표 및 목표, 품질점검 기준 수립단계 |
| 200.<br>구축 | 210.<br>데이터 획득/수집 | • 데이터 획득/수집에 대한 프로세스 및 원시데이터에 대한 품질관리<br>• 생성형AI 데이터를 획득/수집하는 단계로 원시데이터를 생성 |
| | 220.<br>데이터 정제 | • 데이터 정제에 대한 프로세스 및 원천데이터 품질관리<br>• 데이터 획득/수집 프로세스에서 생성된 원시데이터 중복제거, 비식별화 등의 정제 작업을 진행하는 단계로 정제 작업을 수행한 원천데이터 생성<br>• 데이터 유형에 따라 특정 원천데이터는 데이터 가공단계를 거치지 않고 사전학습/미세조정 학습에 사용 |
| | 230.<br>데이터 가공 | • 데이터 가공에 대한 프로세스 및 데이터 품질관리<br>• 구축목적과 사전에 정의된 가공 프로세스에 따라 데이터를 학습할 수 있는 형태로 가공하는 단계<br>• 데이터 가공은 정제 데이터에 기반하되, 필요에 따라 별도로 획득/수집, 정제 프로세스를 반복 수행함 |
| | 240.<br>데이터 학습 | • 데이터 학습에 대한 프로세스 및 학습용 데이터 품질관리<br>• 학습 데이터셋을 이용하여 학습시키고 학습된 AI모델의 성능을 보정<br>• 생성형AI 데이터는 필요에 따라 데이터 학습을 반복 |
| 300.<br>운영·활용 | 310.<br>데이터 운영·활용 | • 데이터 개방을 위해 개방 전 점검 활동 수행<br>• AI-Hub에 적재되어 개방되는 학습용 데이터에 대한 품질관리<br>• 개방용 데이터 운영 및 활용지원을 위한 하자 및 유지보수 단계 |

〈표 II-2〉 생성형AI 데이터 품질관리 프레임워크 프로세스 정의

## 1.2 합성데이터 품질관리 프레임워크 프로세스 정의

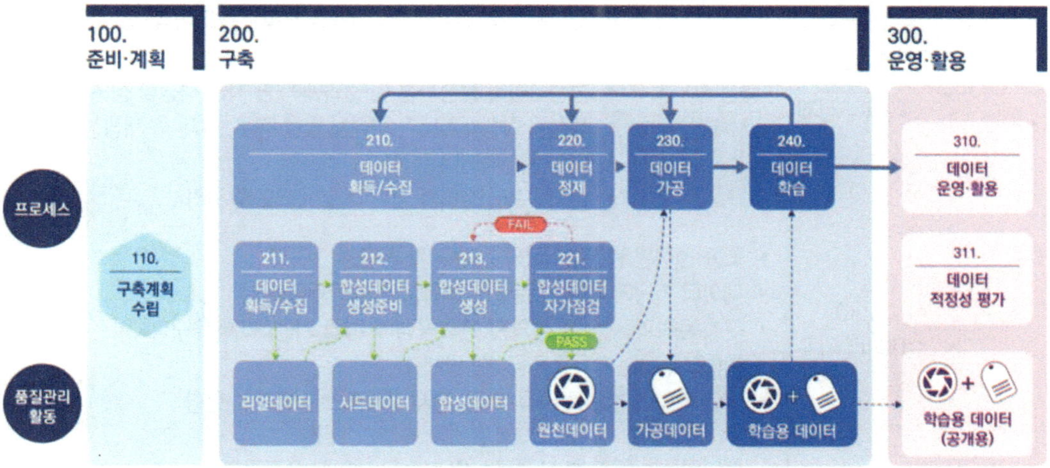


※ 합성데이터의 경우, 시드데이터와 합성데이터 구분하여 제출

※ 시드데이터: 합성데이터 생성을 위한 데이터로 리얼데이터에 대해 전처리(이미지 사이즈, 해상도 등)와 개인식별 정보 비식별화, 클래스 분포 등 고품질의 합성생성을 위한 데이터 선별 및 전처리 된 데이터

**[그림 Ⅱ-2] 합성데이터 품질관리 프레임워크 프로세스 및 데이터 산출물**

<table>
<tr><th>단 계</th><th>프로세스</th><th colspan="2">프로세스 정의</th></tr>
<tr><td>100.<br>준비·계획</td><td>110.<br>구축계획<br>수립</td><td colspan="2">• 구축목적의 일치성과 일관성 확보를 위한 구체적 계획 수립<br>• 사업수행기관의 컨소시엄 간 업무와 역할 정의<br>• 품질지표 및 목표, 품질점검 기준 수립단계<br>• 합성데이터 생성절차 수립</td></tr>
<tr><td rowspan="3">200.<br>구축</td><td rowspan="3">210.<br>데이터<br>획득/수집</td><td>211.<br>데이터<br>획득수집</td><td>• 합성데이터 생성에 필요한 데이터 준비 단계로 리얼데이터 (실제데이터)를 수집하는 단계<br>• 리얼데이터의 개인식별 위험 및 법률 조항 검토 (개인정보보호법, 생명윤리법, 신용정보법, 기타 등)</td></tr>
<tr><td>212.<br>합성데이터<br>생성준비</td><td>• 고품질의 합성데이터 생성을 위해, 데이터의 다양성을 고려하여 리얼데이터를 선별하고 선별된 데이터에 대해 개인정보 비식별화, 이미지 사이즈 표준화, 노이즈 제거, 메타데이터 처리, 합성에 필요하지 않은 영역 삭제 등 전처리 절차 수행 거쳐 시드데이터 생성</td></tr>
<tr><td>213.<br>합성데이터<br>데이터 생성</td><td>• 합성데이터 생성 프로세스<br>• 비가역적 생성 알고리즘 사용<br>• 기능, 목적에 부합되도록 합성데이터를 생성하는 단계<br>• 합성 결과 검토 (생성된 합성데이터에 대하여 개인 식별자 및 특이값, 위험성 점검, 다양성 분포, 합성 상태 등)<br>• 생성된 합성데이터 후처리<br>- 메타정보 복원, 합성데이터 품질개선 (색 보정, 정규화 등)</td></tr>
</table>

| 단 계 | 프로세스 | 프로세스 정의 | |
|---|---|---|---|
| | 220.<br>데이터 정제 | 221.<br>합성데이터<br>자체평가 | • 생성된 합성데이터에 대한 유용성, 안전성 검증 프로세스<br>• 합성된 데이터가 안전성/유용성이 확보된 데이터인지 검증하는 단계<br>• 합성데이터 생성과정 및 결과에 대한 자체 적정성 심의<br>• 생성된 합성데이터가 적절치 않을 경우, 삭제 후 재생성<br>• 최종 합성데이터 선정<br>• 합성데이터의 허가 범위 내 활용되도록 관리 |
| | 230.<br>데이터 가공 | • 최종 선정된 합성데이터의 데이터 가공 진행<br>• 데이터 가공에 대한 프로세스 및 가공데이터 품질관리<br>• 구축목적과 사전에 정의된 구축공정에 따라 가공데이터를 구축하여 학습할 수 있는 형태로 가공하는 단계<br>• 필요에 따라 별도로 획득/수집, 정제 프로세스를 반복 수행함 | |
| | 240.<br>데이터 학습 | • 데이터 학습에 대한 프로세스 및 학습용 데이터 품질관리<br>• 데이터 정제단계의 원천데이터와 데이터 가공단계의 데이터 묶음으로 구성된 학습 데이터셋을 이용하여 학습시키고 학습된 AI모델의 성능을 보정하는 단계<br>• 생성형AI 데이터는 필요에 따라 데이터 학습을 반복 | |
| 300.<br>운영·활용 | 310.<br>데이터<br>운영·활용 | • 데이터 개방을 위해 개방 전 점검 활동 수행<br>• AI-Hub에 적재되어 개방되는 학습용 데이터에 대한 품질관리<br>• 개방용 데이터 운영 및 활용 지원을 위한 하자 및 유지보수 단계 | |

〈표 II-3〉 생성형AI 합성데이터 품질관리 프레임워크 프로세스 정의

## 1.3 생성형AI 프로세스별 품질관리 활동

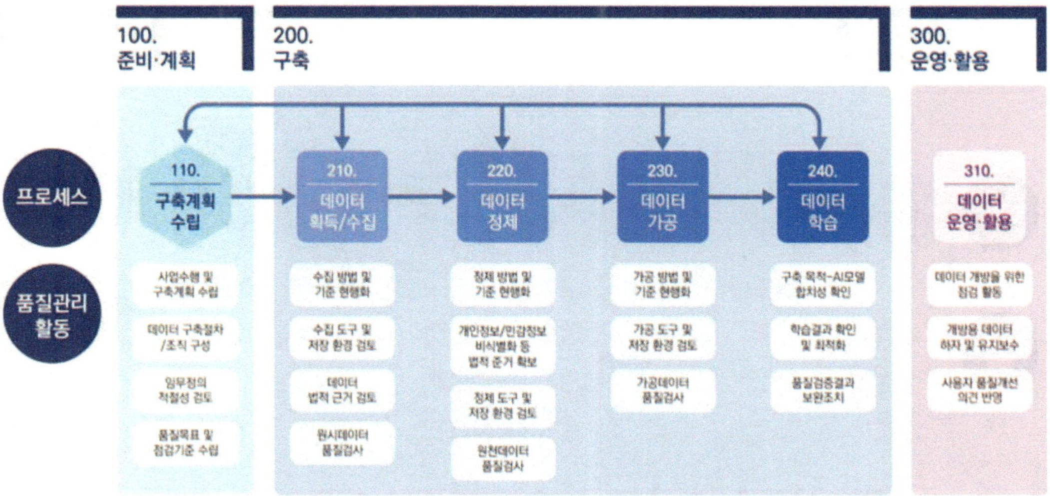


[그림 II-3] 생성형AI 프로세스별 품질관리 활동

| 단계 | 프로세스 | 품질관리 활동 |
|---|---|---|
| 100.<br>준비·계획 | 110.<br>구축계획 수립 | 1101. 사업수행 및 구축계획 수립<br>1102. 데이터 구축 절차, 조직 구성<br>1103. 임무 정의에 대한 적절성 검토<br>1104. 품질목표 및 점검기준 수립 |
| 200.<br>구축 | 210.<br>데이터 획득/수집 | 2101. 획득/수집 방법 및 기준 현행화<br>2102. 데이터 법적 근거 검토<br>2103. 획득/수집 도구 및 저장환경 검토<br>2104. 원시데이터 품질검사 |
| | 220.<br>데이터 정제 | 2201. 정제 방법 및 기준 현행화<br>2202. 개인정보/민감정보 비식별화 등 법적 준거 확보<br>2203. 정제 도구 및 저장환경 검토<br>2204. 원천데이터 품질검사 |
| | 230.<br>데이터 가공 | 2301. 가공 방법 및 기준 현행화<br>2302. 가공 도구 및 저장환경 검토<br>2303. 가공데이터 품질검사 |
| | 240.<br>데이터 학습 | 2401. 구축목적-AI모델 합치성 확인<br>2402. 학습결과 확인 및 최적화<br>2403. 품질검증결과 보완조치 |
| 300.<br>운영·활용 | 310.<br>데이터 운영·활용 | 3101. 데이터 개방을 위해 개방 전 점검 활동<br>3102. 개방용 데이터 하자 및 유지보수<br>3103. 사용자 품질개선의견 반영 |

〈표 II-4〉 단계별 품질관리 활동

## 1.4 합성데이터 프로세스별 품질관리 활동

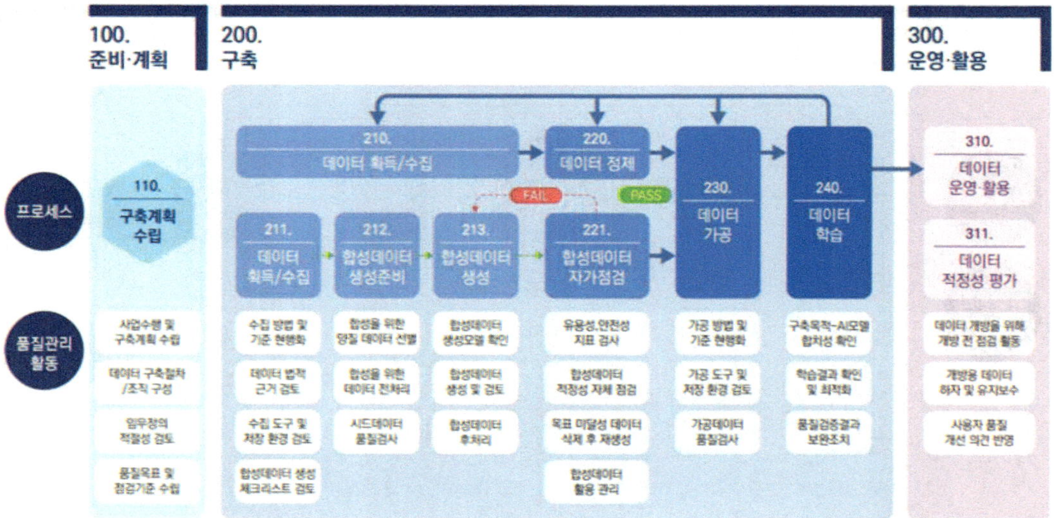


[그림 II-4] 합성데이터 프로세스별 품질관리 활동

<table>
<tr><th>단 계</th><th>프로세스</th><th colspan="2">품질관리 활동</th></tr>
<tr><td>100.<br>준비·계획</td><td>110.<br>구축계획 수립</td><td colspan="2">1101. 사업수행 및 구축계획 수립<br>1102. 데이터 구축 절차, 조직 구성<br>1103. 임무 정의에 대한 적절성 검토<br>1104. 품질목표 및 점검기준 수립</td></tr>
<tr><td rowspan="4">200.<br>구축</td><td rowspan="3">210.<br>데이터<br>획득/수집</td><td>211.<br>데이터<br>획득수집</td><td>2111. 획득/수집 방법 및 기준 현행화<br>2112. 데이터 법적 근거 검토<br>2113. 획득/수집 도구 및 저장환경 검토<br>2114. 합성데이터 생성 체크리스트 검토</td></tr>
<tr><td>212.<br>합성데이터<br>생성준비</td><td>2121. 합성을 위한 양질의 리얼데이터 선별<br>2122. 합성을 위한 데이터 전처리<br>2123. 시드데이터 품질검사</td></tr>
<tr><td>213.<br>합성데이터<br>생성</td><td>2131. 합성데이터 생성 모델 확인<br>2132. 합성데이터 생성 및 검토<br>2133. 합성데이터 후처리</td></tr>
<tr><td>220.<br>데이터 정제</td><td>221.<br>합성데이터<br>자체평가</td><td>2211. 안전성, 유용성 지표 검사<br>• 유용성: 합성데이터가 원본데이터의 역할을 얼마나 수행할 수 있는지 평가<br>• 안전성: 합성데이터가 원본데이터를 비교하여, 원본데이터의 정보 노출 위험 여부를 평가</td></tr>
</table>

| 단 계 | 프로세스 | 품질관리 활동 |
|---|---|---|
| | | 2212. 합성데이터 적정성 자체점검<br>2213. 목표 미달성항목은 삭제 후 재생성<br>2214. 합성데이터 활용관리 |
| | 230.<br>데이터 가공 | 2301. 가공 방법 및 기준 현행화<br>2302. 가공 도구 및 저장환경 검토<br>2303. 가공데이터 품질점검 |
| | 240.<br>데이터 학습 | 2401. 구축목적-AI모델 합치성 확인<br>2402. 학습결과 확인 및 최적화<br>2403. 품질검증결과 보완조치 |
| 300.<br>운영·활용 | 310.<br>데이터 운영·활용 | 3101. 데이터 개방을 위해 개방 전 점검 활동<br>3102. 개방용 데이터 하자 및 유지보수<br>3103. 사용자 품질개선의견 반영 |

〈표 II-5〉 합성데이터 단계별 품질관리 활동

- 생성형AI 데이터 구축사업 수행 일정별로 자가점검을 위한 활동에 대한 정의와 제3자 품질검증 활동은 다음과 같음

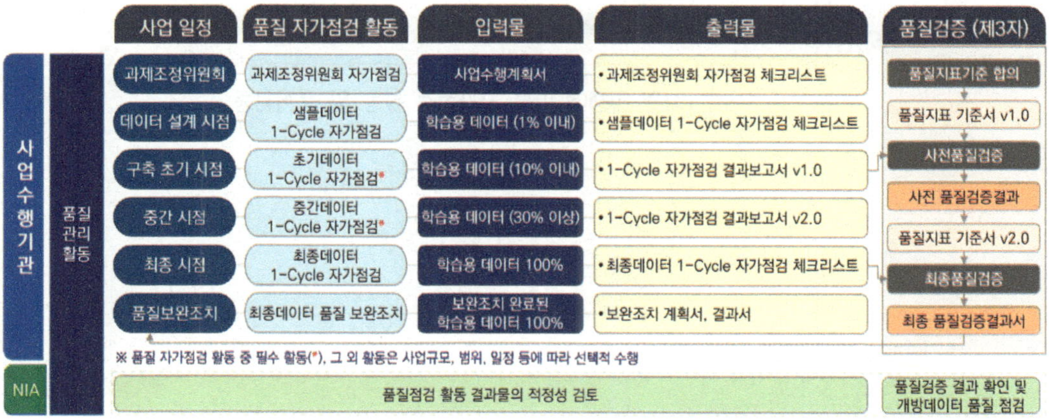


[그림 II-5] 품질 자가점검 및 품질검증 활동

- 초기데이터 1-Cycle 자가점검, 중간데이터 1-Cycle 자가점검은 필수적으로 수행하고, 그 외 자가점검 활동은 구축사업의 규모나 범위, 일정 등에 따라 선택적으로 수행

<table>
<tr><th>사업일정</th><th>자가점검 활동</th><th>활동 내용</th><th>품질검증(제3자)</th></tr>
<tr><td>과제조정 위원회</td><td>과제조정 위원회 자가점검</td><td>• 과제조정위원회 개최 전 자가점검 체크리스트를 이용하여 사업수행계획서에 대한 자가점검 활동<br>• 우선협상대상자를 대상으로 과제조정위원회 개최 시 자가점검 체크리스트 확인</td><td rowspan="2">사업수행계획서 및 과제조정위원회 결과를 기반으로 사업수행기관과 품질지표에 대한 기준 합의</td></tr>
<tr><td>사업 1개월 시점</td><td>샘플데이터 1-Cycle 자가점검</td><td>• 샘플데이터(1% 이내)를 대상으로 데이터 획득/수집, 정제, 가공, 학습까지의 전체 공정에 대한 1-Cycle 자가점검 활동</td></tr>
<tr><td>사업 3개월 시점</td><td>초기데이터 1-Cycle 자가점검</td><td>• 초기데이터(10% 이내)를 대상으로 데이터 획득/수집, 정제, 가공, 학습까지의 전체 공정에 대한 1-Cycle 자가점검 활동</td><td>수행기관의 초기데이터 1-Cycle 자가점검 결과보고서를 대상으로 사전 품질검증 진행</td></tr>
<tr><td>중간 시점</td><td>중간데이터 1-Cycle 자가점검</td><td>• 중간데이터(30% 이상)를 대상으로 데이터 획득/수집, 정제, 가공, 학습까지의 전체 공정에 대한 품질점검 활동<br>※ 구축 범위는 사업 유형, 규모, 범위 및 일정에 따라 변경 가능</td><td>-</td></tr>
<tr><td>최종 시점</td><td>최종데이터 1-Cycle 자가점검</td><td>• 사업 최종 시점에 전체 학습용 데이터를 대상으로 전체 공정에 대한 품질점검 활동</td><td>최종데이터에 대한 제3자 품질검증 진행</td></tr>
</table>

〈표 II-6〉 사업 일정에 따른 자가점검 활동 및 품질검증

# 제2장 품질관리 프로세스 및 산출물

## 1 준비/계획 단계(100)

### 1.1 구축계획 수립(110)

- 생성형AI 데이터 구축의 목적을 명확하게 정의하고, 각 데이터 유형별로 필요한 절차와 구성요소를 제시하여 체계적인 계획을 수립하는 단계로 데이터 구축과정에서 발생할 수 있는 시행착오를 최소화하고, 사업을 효과적으로 수행할 수 있는 기반을 마련
  - 데이터 구축목적 정의: 각 데이터 특성(LLM, LMM, 합성데이터 등)에 맞춘 구체적인 구축목적을 정의하여 목표를 명확히 설정
  - 데이터 구축 절차 및 구성요소 설계: 데이터의 특성에 맞춘 구축 절차를 설계하고, 필요한 구성요소를 명확히 정의하여 효율적인 데이터 구축을 지원

- 구축계획 수립은 데이터 유형별 구축목적의 일관성과 일치성을 확보하고, 데이터 품질관리 계획을 수립
  - 구축목적의 일치성 및 일관성 확보 :각 데이터 유형에 맞는 구축목적이 일치하고 일관되게 정의
  - 데이터 품질지표 및 목표 설정: 데이터 품질을 측정하기 위한 구체적인 지표를 정의하고, 품질목표를 설정하여 데이터 품질에 대해 지속적으로 관리 필요
  - 품질점검 기준 수립: 구축된 데이터의 품질을 점검할 수 있는 기준을 설정하여, 구축과정에서 발생할 수 있는 품질 저하 요소를 사전에 방지

- 생성형AI 데이터는 데이터 특성별(LLM, LMM, 합성데이터 등)로 구축 및 활용 목적을 정의하는 것이 매우 중요
  - 데이터 특성에 맞는 데이터 구축목적을 명확히 정의하고, 사업수행 기관의 역할과 업무를 구체적으로 분담하여 협력할 수 있는 환경 구축 필요하고, 이를 통해 각 기관은 역할을 명확히 이해하고, 사업 목표를 효율적으로 달성

- 생성형AI 데이터 구축은 적응 학습(Adaptation Learning) 방식의 선택에 따라 데이터의 정제 및 가공 절차가 달라지기 때문에 데이터 구축목표에 맞는 적응 학습 방법을 선정하고, 이를 기반으로 데이터 구축 절차를 상세하게 설계하는 것이 필수
  - 적응 학습 방법 선정: 구축목표에 적합한 적응 학습 방식을 선정하여 학습 알고리즘을 최적화
  - 구축 절차 상세화: 각 단계에서 필요한 데이터 정제, 가공 절차를 구체적으로 설계하여 효율적인 데이터 구축을 지원

### 1.1.1 구축계획 수립(110) 프로세스

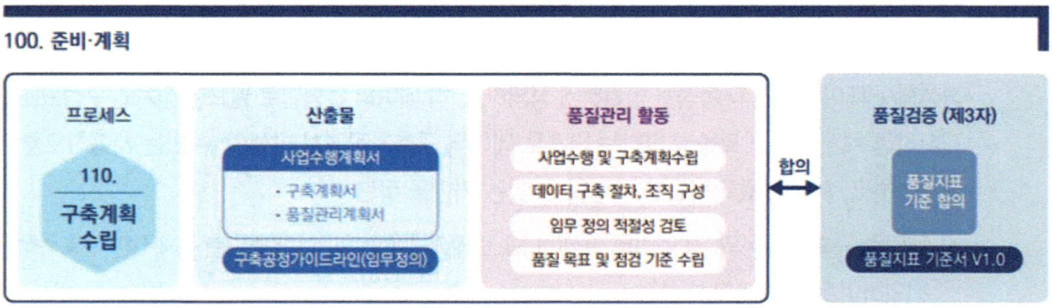


[그림 II-6] 구축계획 수립 프로세스

### 1.1.2 구축계획 수립(110) 프로세스 품질관리 활동 및 산출물

| 프로세스 | 품질관리 활동 | 주요 내용 | 구축 및 품질 산출물 |
|---|---|---|---|
| 110. 구축계획 수립 | 1101. 사업수행 및 구축계획 수립 | • 구축목적 및 범위, 수행계획 수립 검토<br>• 품질관리방안 검토<br>• 품질목표 수준의 적정성 및 품질관리기준 정의 검토 | • 사업수행계획서<br>- 구축계획서<br>- 품질관리계획서 |
| | 1102. 데이터 구축 절차, 조직 구성 | • 데이터 명세 정보 및 데이터 구성 정의<br>• 데이터 구축을 위한 절차, 방법, 조직, 도구, 담당자 등 역할과 책임 수립<br>• 데이터셋 개요, 규모, 구성 내역, 설계기준 및 분포 현황, 구조, 구축과정, 검수 및 품질 활동 내역 검토 | |
| | 1103. 임무 정의에 대한 적절성 검토 | • 구축목적의 일치성과 일관성 확보를 위한 계획 검토 | • 구축공정 가이드라인(임무정의) |
| | 1104. 품질목표 및 점검기준 수립 | • 사업수행기관이 제출한 사업수행계획서 등 검증 관련 자료를 토대로 품질지표 기준을 수립하고, 품질검증 지표 및 목표에 대해 합의<br>• (사업수행기관 ↔ 제3자 품질검증기관, 사업관리기관) | • 품질지표 기준서 |

〈표 II-7〉 구축계획 수립단계 품질관리 활동

### 1.1.3 산출물 정의

※ 제출 여부 - M : 필수 제출 산출물, O : 조건 해당 시 필수 제출 산출물

| 산출물명 | 산출물 정의 | 제출 여부 | 유형 | 시기 |
|---|---|---|---|---|
| 사업수행계획서<br>- 구축계획서<br>- 품질관리계획서 | • 사업수행계획서: 사업 공모 시 제출한 사업수행계획에 대한 공식 산출물<br>• 구축계획서: 데이터 구축공정, 구축 데이터 정의, 데이터 검사 등<br>• 품질관리계획서: 품질지표 및 기준, 검사절차, 품질교육 등<br>• 과제조정위원회 검토의견, 품질지표 합의 등에 따라 구축계획서 및 품질관리계획서 수정 | M | 문서 | 과제조정<br>위원회 전 |
| 구축공정<br>가이드라인<br>(임무정의) | • 구축목적의 일치성과 일관성 확보를 위해 구축계획 단계에서 임무 정의 및 공정별 가이드라인 초안 작성<br>• 구축공정별로 산출물 현행화 및 변경 관리 | M | 문서 | 협약 후 |
| 품질지표 기준서 | • 품질검증을 위한 필수 산출물로 협약 후 품질검증기관과의 합의에 의한 산출물<br>• 최종 제출 시는 사업수행계획서의 품질관리계획서에 붙임으로 제출 | M | 문서 | 협약 후 |

〈표 II-8〉 구축계획 수립단계 산출물 정의

### 1.1.4 고려사항

- 구축계획 수립단계의 고려사항

| 항 목 | 고려사항 |
|---|---|
| 목적성 확보 | • 데이터 구축 시 목적에 대한 명확한 정의를 위한 절차 |
| 데이터 다양성 확보 | • 데이터 다양성을 확보하기 위하여 데이터 분야, 출처, 형태를 다양하게 수집해야 함 |
| 법·제도 준수 | • 원시데이터 획득/수집 시 관련 법·제도적 규정 등을 반드시 준수하여야 함 |
| 구축량 확인 | • 데이터 구축목표 수량과 방법에 대한 검토 |
| 사실적 획득/수집<br>환경 구성 | • 원시데이터를 인위적인 환경이나 조건에서 획득/수집해야 하는 경우, 사실적인 획득/수집 환경을 현실적 가능성에 맞게 계획 수립 |

〈표 II-9〉 구축계획 수립단계의 고려사항

- 품질관리계획서 작성 시 고려사항

| 품질관리계획서 작성 시 고려사항 |
|---|
| • 데이터의 품질목표 및 근거<br>• 품질관리 조직 구성 및 역할과 책임<br>• 데이터의 품질검사 절차<br>• 데이터 구축단계별 품질검사의 기준과 방법<br>• 데이터 품질관리를 위한 협의체 구성 및 운영<br>• 데이터 품질관리를 위한 참여기관의 품질관리 교육계획 수립 및 실시<br>• 데이터 품질검사에 따른 개선조치 및 사후관리 방안<br>• 그 밖의 데이터 품질관리에 필요하다고 요청한 사항 |

〈표 II-10〉 품질관리계획서 작성 시 고려사항

- 수립된 품질관리 계획은 구축사업을 추진하는 과정에서 데이터의 품질에 영향을 미치는 상황이 발생하였거나, 사업관리기관, 과제조정위원회의 '품질관리계획서'의 보완을 요청한 경우, 품질관리협의회 등을 통해 '품질관리계획서'의 적정성 등을 종합적으로 검토하여 수정
- 계획단계에서 작성한 '품질관리계획서'를 기반으로 구축 단계 품질관리에서 사업수행기관의 품질관리 조직이 자체적인 품질검사 활동을 구축 프로세스 측면, 구축 데이터 측면, 활용 측면에서 수행하는 체계로 구성

# 2 구축 단계(200)

## 2.1 데이터 획득/수집(210)

- 데이터 획득/수집 프로세스는 AI 학습에 필요한 데이터를 직접 획득/수집 또는 생성하거나, 이미 보유하고 있는 조직이나 시스템 등으로부터 법률적 제약이 없도록 목적에 따른 원시데이터를 확보하는 활동

- 데이터 획득/수집 단계 품질확보를 위한 고려사항
  - 법률 및 제도 준수: 데이터 수집 과정에서 관련 법규 및 규제를 철저히 준수해야 하며, 특히 저작권, 개인정보 보호법, 데이터 사용권 등 고려 필수
  - 데이터 다양성 확보: AI모델의 성능향상을 위해 다양한 출처와 특성을 가진 데이터 확보 필요 이때, 데이터가 편향되지 않도록 주의해야 하며, 다양한 환경을 반영하는 데이터를 수집해야 함
  - 데이터 편향 방지 및 윤리 준수: 데이터가 특정 집단이나 특성에 편향되지 않도록 조치해야 하며, 윤리적이고 공정한 데이터 수집이 이루어져야 함
  - 사업수행계획서 및 데이터 구축 요건 일치: 사업수행계획서와 데이터 구축요건을 일치시키기 위해, 수집되는 데이터가 사업 목표에 부합하는지 점검 진행
  - 사실적 획득/수집 환경 구성: 데이터가 실제 환경을 반영할 수 있도록, 사실적이고 실제적인 데이터 수집 환경을 구성해야 함
  - 데이터 동기화: 여러 출처에서 데이터를 수집하는 경우, 데이터의 동기화를 고려하여 일관성 있는 데이터 흐름을 유지해야 함

- 데이터 획득/수집 단계에서 고려해야 할 원시데이터의 품질특성은 기준 적합성을 중심으로 평가
  - 기준 적합성에는 분류 다양성, 신뢰성, 충분성, 균일성, 사실성, 공평성 등의 품질점검 항목들이 있으며 상세 특징 및 품질관리 방안은 본권에 수록

- 데이터 법적 근거 및 저작권 정책 검토
  - 최근 ChatGPT-4 공개 이후 창의성 및 시험 능력이 개선된 생성형AI 학습용 데이터에 대한 관심이 높아지고 각종 말뭉치 데이터에 대한 저작권 정책이 변하고 있으므로 데이터 획득/수집 단계 이전에 데이터 법적 근거를 검토하여 데이터 수집 방법별로 사업계획 수립단계에서 충분한 준비를 통해 구체적인 방안 마련 필요

<table>
<tr><th>구분</th><th>수집방법</th><th>유의 사항</th></tr>
<tr><td rowspan="3">데이터 소스</td><td>데이터 소스 선정</td><td>• 소스의 신뢰성, 데이터가 풍부한 정도에 대해 사전에 확인 필요<br>• 사업계획 대비 소스에서 데이터 양이 충분히 확보되지 않는 사례가 자주 발생하므로 사전에 소스별 구축 가능량을 산정하고 데이터 부족에 대한 대처방안 준비 필요</td></tr>
<tr><td>크롤링</td><td>• SNS을 통해 데이터 수집 시 맞춤법을 지키지 않는 문장, 유해 표현, 가짜 뉴스 등이 다수 포함될 수 있으므로, 사전에 맞춤법, 유해 표현 클리닝, 가짜뉴스 필터링 방안 마련 필요<br>• 웹 크롤링 시 시간 지연 또는 사이트 정책에 따른 크롤러 접근이 막힐 경우에 대한 대처방안 사전 마련 필요<br>• 크롤링을 통한 데이터 수집 시 품질 및 저작권 등 사전 확인 필요함</td></tr>
<tr><td>기타</td><td>• SNS 데이터에서 '좋아요' 등의 선호도 지표처럼 획득 우선순위로 두어야 할 데이터 기준 검토 필요<br>• 획득 목표 데이터의 기간(ex. N년치 데이터)을 미리 정해야 함<br>• 데이터의 시의성 판단 시, 과거와 현재가 다른 참값을 가지는 문장에 대한 적정성 여부 검토 필요(ex. 법률 개정 전/개정 후 변화 등)</td></tr>
<tr><td rowspan="2">라이센스</td><td>직접 수집</td><td>• 「AI허브를 통해 대국민 공개되어 AI모델 학습 등 관련 활동에 사용」에 대한 법적 권리 확보 필요<br>• 공공 데이터의 경우에도 공공누리 제1유형 이외에는 사용이 어려우므로 사전에 개방 유형 확인 필요</td></tr>
<tr><td>라이센스 구매</td><td>• 위와 같은 권리를 보존하는 완전한 라이센스 취득 필요</td></tr>
</table>

〈표 II-11〉 생성형AI 데이터 획득/수집 유의사항

### 라이센스 확인 및 활용 제한 사항 검토

- 크리에이티브 커먼즈 라이센스(CCL) 또는 공공 데이터(공공누리 라이센스)와 같은 공개 데이터 소스를 수집하려는 경우, 해당 데이터에 부여된 세부 라이센스 유형을 정확히 확인
- 각 라이센스 유형에 따라 변경금지, 상업적 이용금지 등 데이터 활용에 제한이 있을 수 있으므로, 이를 사전에 철저히 검토하여 허용되는 범위 내에서만 활용할 수 있도록 확인 필요

- 생성형AI 데이터는 공공누리 라이센스 제1유형만 활용 가능

| 구분 | 수집방법 | 유의 사항 |
|---|---|---|
| 제1유형<br>(출처표시) | OPEN 출처표시<br>공공누리 공공저작물 자유이용허락 | • 저작권자 또는 출처표시<br>• 상업적/비상업적 이용 가능<br>• 변형 등 2차적 저작물 작성 가능 |
| 제2유형<br>(출처표시+상업적 이용금지) | OPEN 출처표시 상업용금지<br>공공누리 공공저작물 자유이용허락 | • 출처표시<br>• 비상업적 이용만 가능<br>• 변형 등 2차적 저작물 작성 가능 |
| 제3유형<br>(출처표시+변경금지) | OPEN 출처표시 변경금지<br>공공누리 공공저작물 자유이용허락 | • 출처표시<br>• 상업적/비상업적 이용 가능<br>• 변형 등 2차적 저작물 작성 금지 |
| 제4유형<br>(출처표시+상업적 이용금지+변경금지) | OPEN 출처표시 상업용금지 변경금지<br>공공누리 공공저작물 자유이용허락 | • 출처표시<br>• 비상업적 이용만 가능<br>• 변형 등 2차적 저작물 작성 금지 |

〈표 II-12〉 공공누리 라이센스 유형

출처: http://www.kogl.or.kr/info/license.do

- 기존 인공지능 모델 활용 시 품질 및 저작권 문제 해결
  - ChatGPT와 같은 기존의 거대 언어 모델(LLM)을 데이터 획득에 활용할 경우, 데이터 품질과 저작권 문제 등 여러 가지 이슈가 발생할 가능성이 있어 이러한 모델을 사용할 때는 품질과 저작권 문제를 반드시 사전에 해결하고 사용

- 데이터 균질성 유지 및 다양성 관리
  - 수집된 데이터는 균질성을 유지하여야 하며 이를 위해 '다양성(요건)'을 통한 직접적인 통제로 데이터 품질을 관리하거나, '다양성(통계)'를 통해 구축된 데이터의 분포 비율을 최종 사용자에게 전달하는 방법을 고려할 수 있음

- 합성데이터 획득/수집 단계
  - 합성데이터의 경우, 데이터 획득/수집 단계에서 "데이터 획득/수집, 합성데이터 생성준비, 합성데이터 생성"단계를 진행

## 2.1.1 데이터 획득/수집(210) 프로세스

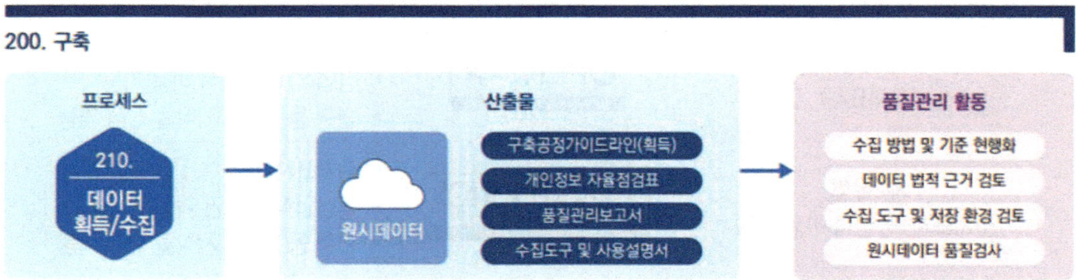


[그림 II-7] 데이터 획득/수집 프로세스

## 2.1.2 데이터 획득/수집(210) 프로세스 품질관리 활동 및 산출물

| 프로세스 | 품질관리 활동 | 주요 내용 | 구축 및 품질 산출물 |
|---|---|---|---|
| 210. 데이터 획득/수집 | 2101. 획득/수집 방법 및 기준 현행화 | • 데이터 획득 및 확보 방법, 절차, 법 제도적 적절성<br>• 획득항목 및 구축량 획득/수집 단계 품질 기준 및 조직, 절차, 도구<br>• 데이터 획득 방법 및 기준, 교육, 검사에 대한 체계 수립<br>• 데이터 획득 기준변경 관리 | • 구축공정 가이드라인 (획득/수집) |
| | 2102. 데이터 법적 근거 검토 | • 법 제도 준수(개인정보, 초상권, 저작권) 근거자료 확보<br>• 데이터 획득/수집의 공평성 위배 방지방안 | • 개인정보자율 점검표 |
| | 2103. 수집 도구 및 저장환경 검토 | • 획득/수집에 사용될 도구 확보 및 사용 방법<br>• 획득/수집 데이터 저장환경 구축 | • 수집 도구<br>• 수집 도구 사용설명서 |
| | 2104. 원시데이터 품질검사 | • 원시데이터가 인공지능을 활용하여 문제를 해결하는데 요구되는 분류 다양성, 신뢰성, 충분성, 균일성, 사실성, 공평성. 형식성 등 기준에 적합하게 구성되어 있는지 확인<br>• 데이터에 대한 클래스 분포, 인스턴스 분포, 분석 가능 항목의 통계적 분포 확인 | • 원시데이터<br>• 품질관리보고서<br>• 품질검사 도구 |

〈표 II-13〉 데이터 획득/수집 단계 품질관리 활동

## 2.1.3 합성데이터 획득/수집(211.212.213) 프로세스

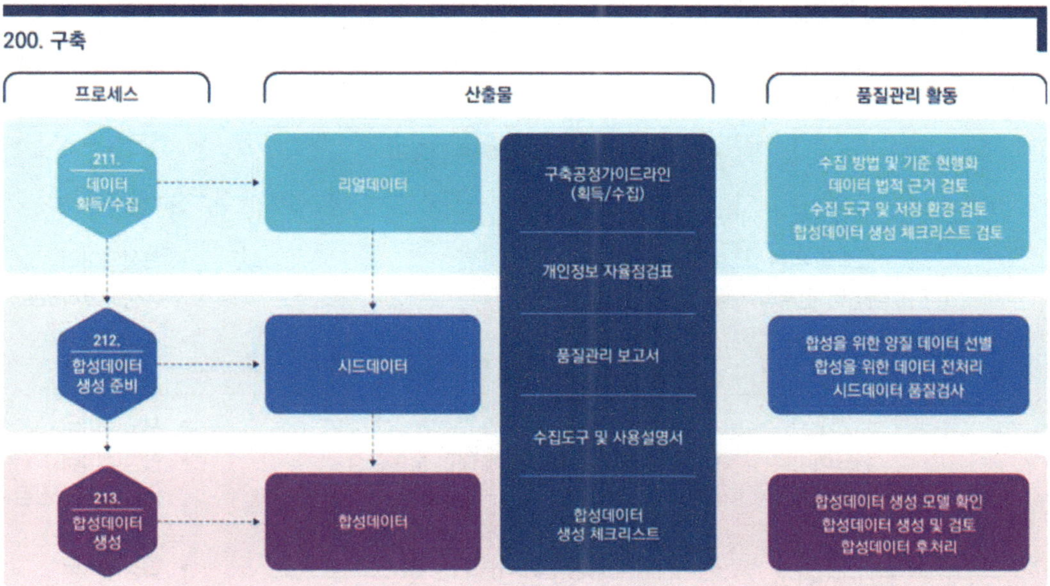


[그림 II-8] 합성데이터 획득/수집 프로세스



## 2.1.4 합성데이터 획득/수집(210) 프로세스 품질관리 활동 및 산출물

| 프로세스 | 품질관리 활동 | 주요 내용 | 구축 및 품질 산출물 |
|---|---|---|---|
| 211. 데이터 획득/수집 | 2111. 획득/수집 방법 및 기준 현행화 | • 데이터 획득 및 확보 방법, 절차, 법 제도적 적절성<br>• 획득항목 및 구축량 획득/수집 단계 품질기준 및 조직, 절차, 도구<br>• 데이터 획득 방법 및 기준, 교육, 검사에 대한 체계 수립<br>• 데이터 획득 기준변경 관리 | • 구축공정 가이드라인 (획득/수집) |
| | 2112. 데이터 법적 근거 검토 | • 법 제도 준수(개인정보, 초상권, 저작권) 근거자료 확보<br>• 데이터 획득/수집의 공평성 위배 방지방안 | • 개인정보 자율점검표 |
| | 2113. 수집 도구 및 저장환경 검토 | • 획득/수집에 사용될 도구 확보 및 사용 방법<br>• 획득/수집 데이터 저장환경 구축 | • 수집 도구 |
| | 2114. 합성데이터 생성 체크리스트 검토 | • 합성데이터의 활용 목적 및 범위 설정<br>• 리얼데이터의 특성 및 법률 검토 | • 리얼데이터<br>• 합성데이터 생성 체크리스트 |

| 프로세스 | 품질관리 활동 | 주요 내용 | 구축 및 품질 산출물 |
|---|---|---|---|
| 212.<br>합성데이터<br>생성준비 | 2121.<br>합성을 위한<br>양질의 데이터<br>선별 | • 수집된 리얼데이터 중 합성을 위한 양질의 데이터 선별<br>• 데이터의 다양성을 고려하여 리얼데이터를 선별 | • 합성데이터<br>생성 체크리스트 |
| | 2122.<br>합성을 위한<br>데이터 전처리 | • 선별된 리얼데이터에 대한 전처리<br>- 개인정보 비식별화<br>- 이미지 사이즈 표준화<br>- 노이즈 제거<br>- 특이값 처리<br>- 메타데이터 처리<br>- 합성에 필요하지 않은 영역 삭제 등 | • 합성데이터<br>생성체크리스트 |
| | 2123.<br>시드데이터<br>품질점검 | • 전처리된 시드데이터에 대한 품질점검 | • 시드데이터<br>• 합성데이터<br>생성 체크리스트 |
| 213.<br>합성데이터<br>생성 | 2131.<br>합성데이터 생성<br>모델 확인 | • 비가역적 생성 알고리즘 사용<br>• 완전합성, 부분합성 등 합성 방식 확인 | • 합성데이터<br>생성 체크리스트 |
| | 2132.<br>합성데이터 생성<br>및 검토 | • 합성데이터 생성 프로세스<br>• 생성된 합성데이터에 대하여 합성 결과 검토<br>- 개인 식별자<br>- 특이값<br>- 위험성 점검<br>- 다양성 분포<br>- 합성 상태 등 | • 합성데이터<br>생성 체크리스트 |
| | 2133.<br>합성데이터<br>후처리 | • 생성된 합성데이터 최적화를 위한 후처리<br>- 메타정보 복원<br>- 합성데이터 품질 개선(색보정, 정규화 등) | • 합성데이터<br>• 합성데이터<br>생성 체크리스트 |

〈표 II-14〉 데이터 획득/수집 단계 품질관리 활동

### 2.1.5 산출물 정의

※ 제출 여부 - M : 필수 제출 산출물, O : 조건 해당 시 필수 제출 산출물

| 산출물명 | 산출물 정의 | 제출 여부 | 유형 |
|---|---|---|---|
| 구축공정<br>가이드라인<br>(획득/수집) | • 데이터 획득/수집의 대상, 절차, 기준, 조직 및 획득 방법과 도구, 검사 등 정의하는 가이드라인(지침) 제시 | M | 문서 |

| 산출물명 | 산출물 정의 | 제출 여부 | 유형 |
| --- | --- | --- | --- |
| 개인정보 자율점검표 | • 개인정보보호법, 저작권, 지식재산권, 초상권 등을 고려하여 데이터 획득/수집이 이루어지는지 점검하는 점검표 | M | 문서 |
| 수집 도구 및 사용설명서 | • 데이터 획득/수집을 위해 필요한 장비 또는 수집 도구<br>- 예: 카메라, 비디오, 마이크, 크롤링 도구, 센서, 수집 앱 등<br>• 수집 도구의 사용설명서 및 저장환경 등 | O | 문서/기타 |
| 원시데이터 | • 획득/수집 단계에서 생성된 데이터 | O | 데이터 |
| 합성데이터 생성 체크리스트 | • 합성데이터 생성 시 고려해야 할 체크리스트<br>• 리얼데이터 수집 후 전처리 진행하여 시드데이터 생성<br>• 합성데이터 생성 과정 점검 | O | 문서 |
| 품질관리보고서 | • 품질검사 기준, 조직, 절차, 검사 결과 등 작성 | M | 문서 |
| 품질검사 도구 | • 획득된 데이터의 적합성(기준 적합성, 다양성)을 중점으로 검사하여 결과를 확인할 수 있는 도구 정의<br>• 품질검사 도구는 Application 또는 점검표(육안 검사 결과표 등) 등을 정의할 수 있음 | O | Application |

〈표 II-15〉 데이터 획득/수집 단계 산출물 정의

### 2.1.6 고려사항

● 데이터 획득/수집 단계 품질확보를 위한 고려사항

| 항 목 | 고려사항 |
| --- | --- |
| 분류 다양성 | • 학습목적에 부합하도록 실제 세상의 데이터와 유사한 특성을 가진 데이터를 확보해야 함<br>- 사물, 사람, 장소, 시간, 환경, 언어 특성 등 학습에 유용한 모든 특성 정보를 포함할 수 있도록 고려<br>- 사물, 사람, 장소, 시간, 환경, 언어 특성 등의 특성 정보가 학습에 유용한 범위에서 다양하게 수집<br>- 데이터가 유사한 변동성(분야별 데이터 변동성)을 고려하여 원시데이터의 품질을 확보<br>(예시 : 자율주행 데이터, 실도로 위험 상황 데이터 등) |
| 신뢰성 | • 데이터는 반드시 객관성 확보를 위한 신뢰할 수 있는 출처(사람, 기관, 기업)로부터 수집해야 함 |
| 충분성 | • 데이터에 포함된 카테고리(분류체계)와 인스턴스(분류체계별 특성을 갖고 있는 데이터) 등 특성 정보는 학습에 유용한 수량이어야 함 |
| 균일성 | • 분류/탐지/인식/이해/예측 등의 카테고리(분류체계)별 인스턴스(분류체계별 특성을 갖고 있는 데이터) 수량의 균일성과 적정 비율을 확보해야 함 |
| 사실성 | • 원시데이터를 인위적인 환경과 조건하에 수집해야 하는 경우, 반드시 실제 환경과 상황 특성을 반영해야 함 |
| 공평성 | • 원시데이터는 지역, 사회 및 인종적 편견 등 활용 의도와 무관한 편향적인 특성이 제거되고, 윤리적으로 공평해야 함 |

〈표 II-16〉 원시데이터의 검사 항목

- 원시데이터를 수집하거나 직접 원시데이터를 생성하는 경우, 품질특성을 고려해서 원시데이터의 품질을 확보해야 함

| 항 목 | 고려사항 |
|---|---|
| 법·제도 준수 | • 원시데이터 획득 시 관련 법·제도적 규정 등을 반드시 준수하여야 함<br>• 개인정보 및 사생활 보호가 필요한 항목 획득 시, 개인정보보호법 등에 따라 적절한 법적, 기술적 절차를 거친 데이터를 활용하며, 그렇지 않은 데이터는 정제 과정에서 처리될 수 있도록 함<br>• 의료 데이터의 경우는 IRB(의학연구윤리심의위원회)와 데이터 공개에 대한 해당 기관의 동의(DRB)를 사전에 획득 필요<br>• 지적 재산권 이슈가 있는 경우 반드시 해결방안을 마련하여 획득해야 함 |
| 데이터 다양성 확보 | • 학습모델이 현실을 잘 반영하고 본래의 구축목적을 달성할 수 있도록, 획득하는 데이터가 일부 범주에만 치우치지 않고 가능한 다양한 시간, 공간, 집단 수준 등이 포함할 수 있도록 함<br>• 데이터 수집은 데이터 분야 특이성과 데이터 수량을 고려하여 데이터 수집 순서를 결정하고 데이터 분야가 고정된 데이터를 우선 수집, 확보 가능 수량이 적은 포털의 데이터를 우선 확보하여 데이터의 출처 다양성을 확보함<br>• 불필요한 중복데이터 제거 |
| 데이터 편향 방지 및 윤리 준수 | • 학습모델이 인간의 비윤리 또는 편견을 학습하지 않고 사회적 윤리를 준수할 수 있도록 비윤리적 내용, 편견, 편향된 데이터의 획득/수집은 지양 |
| 사업수행계획서 및 데이터 구축요건 일치 | • 사업수행계획서에 정의한 데이터 구축 기준에 맞추어 데이터를 획득/수집하도록 모니터링 및 검사 |
| 사실적 획득/수집 환경 구성 | • 원시데이터를 인위적인 환경이나 조건에서 획득해야 하는 경우, 실제 환경이나 상황적 특성을 최대한 반영한 획득/수집 환경 구성 |
| 데이터 동기화 | • 다중 속성의 데이터 소스 간 정교한 동기화를 위한 절차 마련 |
| 학습모델 구축목적의 적합성 | • 데이터 설계 담당자, 학습모델 개발자가 초기 수집한 원시데이터를 검토하고 모델 개발 목적에 부합하는지와 수집된 데이터의 제반 품질이 학습에 적합한지를 획득/수집의 초기에 검토 및 피드백 수행 |

〈표 II-17〉 데이터 획득/수집 단계 고려사항

## 2.2 데이터 정제(220)

- 원시데이터 전처리 및 정형화
  - 획득한 원시데이터는 기계학습에 필요한 형식으로 변환하고, 불필요한 중복을 제거하며, 개인정보 비식별화 처리 등 필요한 전처리 과정을 거쳐 최종적으로 원천데이터를 확보하는 활동

- 정제기준 정의 및 데이터 선별
  - 정제기준을 명확히 정의하고, 구축목적에 맞춰 적절한 데이터를 선별하기 위한 기준을 수립
  - 수립한 기준을 통해 기준 미달 또는 활용 불가능한 데이터를 효과적으로 제거할 수 있으며, 이 과정에서 불필요한 데이터 필터링 진행

- 데이터 정제 단계 품질관리 프로세스
  - 정제 방법 및 기준 현행화, 개인정보/민감정보 비식별화 등 법적 준거 확보, 정제 도구 및 저장환경 검토, 원천데이터 품질검사로 구성

- 안전하고 윤리적인 데이터 구축
  - 생성형AI 데이터는 다양성과 포용성을 고려하여 구축해야 하나 혐오 표현, 욕설, 편향성, 정치적 중립, 윤리 등을 고려하여, 안전한 데이터를 구축하도록 정제 필요

### 2.2.1 데이터 정제(220) 프로세스

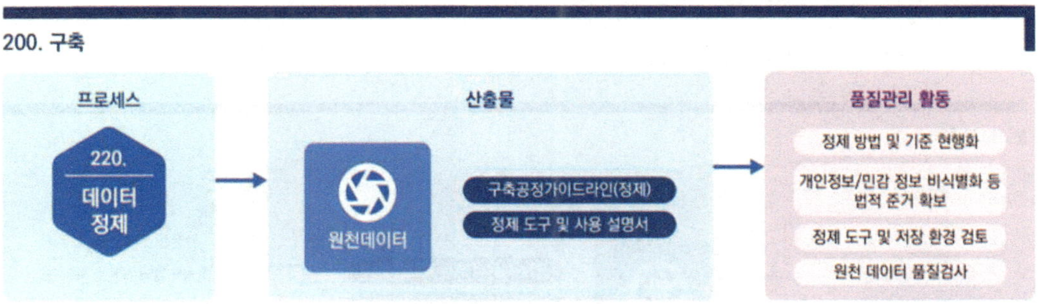


[그림 II-9] 데이터 정제 프로세스

## 2.2.2 데이터 정제(220) 프로세스 품질관리 활동 및 산출물

| 프로세스 | 품질관리 활동 | 주요 내용 | 구축 및 품질 산출물 |
|---|---|---|---|
| 220.<br>데이터<br>정제 | 2201.<br>정제 방법 및<br>기준 현행화 | • 구축목적에 적절한 데이터 선별을 위한 정제기준 수립<br>• 정제단계 품질기준 및 조직, 절차, 도구<br>• 데이터 정제 방법 및 정제 결과에 대한 교육 및 훈련<br>• 데이터 정제 결과에 대한 검사절차와 기준 수립<br>• 데이터 정제 기준변경 관리<br>• 데이터 형태 변환 및 중복제거 | 구축공정<br>가이드라인<br>(정제) |
| | 2202.<br>개인정보/민감정<br>보 비식별화 등<br>법적 준거 확보 | • 개인정보보호 등 비식별화 기준 및 방안 등 법적 준거 확보 | |
| | 2203.<br>정제 도구 및<br>저장환경 검토 | • 정제 단계에 사용될 저작도구 확보 및 사용 방법<br>• 정제 데이터 저장환경 구축 | 저작도구(정제)<br>사용설명서 |
| | 2204.<br>원천데이터<br>품질검사 | • 사용하기 적합한 데이터 여부 품질검사<br>• 원천데이터 품질검사를 위한 검사 도구 및 검사 결과<br>• 품질검사 결과에 따른 보완조치 | 원천데이터<br>품질관리보고서<br>품질검사 도구 |

〈표 II-18〉 데이터 정제 단계 품질관리 활동

## 2.2.3 합성데이터 정제(220) 프로세스

- 합성데이터의 경우, 생성된 합성데이터의 품질(유용성, 안전성)을 자체평가

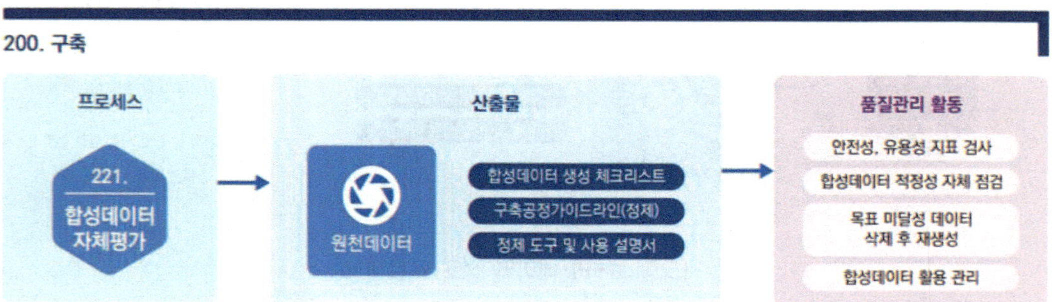


[그림 II-10] 합성데이터 정제 프로세스

## 2.2.4 합성데이터 자체평가(221) 프로세스 품질관리 활동 및 산출물

| 프로세스 | 품질관리 활동 | 주요 내용 | 구축 및 품질 산출물 |
|---|---|---|---|
| 221. 합성 데이터 자체평가 | 2211. 안전성, 유용성 지표 검사 | • 안전성: 합성데이터에 원본을 추론할 수 있는 위험성이 있는지 점검<br>• 유용성: 합성데이터가 원본데이터의 특징 및 유사한 성능을 달성할 수 있는지 확인 | • 구축공정 가이드라인(정제)<br>• 저작도구(정제)<br>• 사용설명서<br>• 품질관리보고서<br>• 품질검사 도구<br>• 합성데이터<br>• 합성데이터 생성 체크리스트 |
| | 2212. 합성데이터 적정성 평가 | • 합성데이터 생성과정 및 결과에 대한 적정성 심의<br>• 합성데이터 생성과정 및 결과에 대해 객관적, 전문적 검토 필요 | |
| | 2213. 목표 미달성 데이터 삭제 후 재생성 | • 생성된 합성데이터가 품질 미달성이거나 적절치 않을 경우, 삭제 후 재생성 | |
| | 2214. 합성데이터 활용관리 | • 합성데이터의 허가 범위 내 활용되도록 관리체계 확인 | |

〈표 II-19〉 합성데이터 정제 단계 품질관리 활동

## 2.2.5 산출물 정의

※ 제출 여부 - M : 필수 제출 산출물, O : 조건 해당 시 필수 제출 산출물

| 산출물명 | 산출물 정의 | 제출 여부 | 유형 |
|---|---|---|---|
| 구축공정 가이드라인(정제) | • 데이터 정제 단계의 원천데이터 포맷, 데이터 정제 규모, 절차, 기준, 조직, 방법, 도구 등 정의하고 가이드라인 제시 | M | 문서 |
| 저작도구(정제) 및 사용설명서 | • 원시데이터 획득 시 중복제거, 개인정보 비식별화 등 정제 작업을 위한 도구<br>• 정제 도구에 대한 사용설명서 및 저장환경 등 | M | 문서/ Application |
| 원천데이터 | • 원시데이터를 가공 공정에 투입하기 위해 필요한 전처리 등 정제 작업을 수행한 데이터로 라벨링이 부여되지 않은 상태의 데이터 | M | 데이터 |
| 합성데이터 | • 합성데이터 생성 체크리스트<br>• 합성데이터 공정 가이드라인(정제 가이드라인) | M | 문서 |
| 품질관리보고서 | • 품질검사 기준, 조직, 절차, 검사 결과 등 작성 | M | 문서 |
| 품질검사 도구 | • 획득된 데이터의 적합성과 중복성을 검사하여 결과를 확인할 수 있는 도구 정의<br>• 품질검사 도구는 Application 또는 점검표(육안 검사 결과표 등) 등을 정의할 수 있음 | O | Application |

〈표 II-20〉 데이터 정제 단계 산출물 정의

### 2.2.6 고려사항

- 정제 단계 품질관리를 위한 고려사항

| 항 목 | 고려사항 |
|---|---|
| 정제기준의 명확성 | • 데이터 사용 목적에 적합한 정제기준 수립 여부 검사 |
| 데이터 중복성 방지 | • 데이터 정제 후 중복도 여부 검사 |
| 합성데이터 품질검사 | • 합성데이터가 원본데이터의 성능을 낼 수 있는지 검사 (유용성)<br>• 합성데이터를 통해 원본데이터 내 개인이 식별 추론될 위험성이 있는지 검사(안전성) |
| 윤리적 데이터 구축 | • 혐오 표현, 욕설, 편향성 배제 및 윤리, 정치적 중립 등 확보 |
| 정제 가이드라인 | • 정제 작업을 위한 정제 가이드라인 작성 및 관리 여부 검사 |
| 정제 도구 | • 정제 작업에 사용될 소프트웨어(S/W) 도구 확보 및 사용 방법 숙지 |
| 정제 작업 방식 | • 데이터 특성 및 활용 목적에 맞는 적절한 정제 방식 선정 여부 및 선정 기준 타당성 여부 검사 |

〈표 II-21〉 데이터 정제 단계 고려사항

- 유해 표현 정제 및 자동화 도구 사용
  - 대규모 데이터의 특성상 유해 표현의 정제 작업에 많은 노력이 요구되므로 육안 검사 외에도 검증용 데이터셋 기반 자동화 도구를 사용한 검사 방법 고려
- 생성형AI 데이터 중복성 검사
  - 대규모 데이터로 유사도 측정을 위한 코사인 유사도 측정 등이 물리적으로 어려울 수 있으므로 복잡하지 않은 방법(단어 중복성 검사 등) 고려
- 생성형AI 데이터 정제 시 구축 포맷 설정 고려사항

| 항 목 | 고려사항 |
|---|---|
| 파일 포맷 | • 생성형AI 학습용 데이터의 { key : value } json 등 포맷 설계 필요 |
| 메타 포맷 | • 엔드유저가 활용하기 쉽도록 명시할 메타정보 설계 |
| 단위 포맷 | • 생성형 데이터셋별로 취합하여 사업수행계획서에 명시된 절차에 맞춰 데이터 추출이 가능하도록 단위별 데이터 패키징 필요 |

〈표 II-22〉 데이터 구축 포맷 고려사항

## 2.3 데이터 가공(230)

- 생성형AI 데이터의 '데이터 가공' 단계
  - 원천데이터에 라벨링 정보를 부착하는 활동뿐만 아니라 AI모델이 효과적으로 학습할 수 있도록 데이터 유형과 구축목적에 따라 데이터를 가공하는 중요한 과정
  - 데이터 특성을 반영하여, 최적의 성능을 위해 데이터 가공
- 합성데이터의 '데이터 가공' 단계
  - 정제단계 이후 과정, 즉 가공단계부터는 생성형AI 데이터 구축 프로세스와 동일
  - 합성데이터는 정제단계에서 자체평가를 거쳐 원천데이터로 활용될 수 있는 데이터를 확보한 후, 데이터 가공단계에서는 합성데이터의 특성을 고려한 가공작업을 진행
  - 합성데이터는 실제데이터를 기반으로 생성되므로, 원천데이터와 동일한 품질 기준을 충족하고, 이를 통해 AI모델이 효과적으로 학습할 수 있도록 가공을 진행
- 생성형AI 데이터 가공 프로세스 품질관리 활동 및 산출물

| 프로세스 | 품질관리 활동 | 주요 검토 내용 | 구축 및 품질 산출물 |
|---|---|---|---|
| 230.<br>데이터<br>가공 | 2301.<br>데이터 가공 방법 및 기준 현행화 | • 가공데이터 구축 방법 및 기준 정의<br>• 데이터 형식 및 입력값 범위 기준 마련<br>• 데이터 가공 방법 및 기준, 교육, 검사체계 수립<br>• 데이터 가공 기준변경 관리 | 구축공정<br>가이드라인<br>(가공) |
| | 2302.<br>데이터 가공 도구 및 저장환경 검토 | • 가공에 사용될 저작도구 확보 및 사용 방법 검토<br>• 데이터 가공 기준변경 관리<br>• 가공데이터 저장환경 구축 | 저작도구(가공)<br>사용설명서 |
| | 2303.<br>가공데이터 품질검사 | • 정확성(구문, 의미)을 중점으로 검사<br>• 가공데이터 품질검사를 위한 검사 도구 및 검사 결과<br>• 품질검사 결과에 따른 보완조치 | 가공데이터<br>품질관리보고서<br>품질검사 도구 |

〈표 II-23〉 생성형AI 데이터 가공 단계 품질관리 활동 및 산출물

- 생성형AI의 적응 학습(Adaptation Learning) 유형 사례
  - 생성형AI 구축 방법의 특징인 지시 조정(Instruction Tuning) 및 정렬 조정(Alignment Tuning)은 사전학습된 기반모델이 사람의 지시에 따른 즉각적인 답변(Zero-Shot)이 가능할 뿐만 아니라 사람의 가치와 선호도에 어긋나지 않도록 성능을 높일 수 있음
  - 다양한 적응 학습(Adaptation Learning) 방법에 따라 생성형AI 데이터 구축 시 필요한 데이터의 형태 및 구축량, 구축 방법이 달라질 수 있으므로 아래 표의 사례를 참조하여 구체적인 사업계획 수립 필요

| 단계 | 설명 | 필요 데이터 |
|---|---|---|
| RLHF (Reinforcement Learning from Human Feedback) | • 학습자의 피드백을 반영한 강화형 학습모델<br>• 기존의 RLHF 방식은 불안전성과 높은 자원 수요와 같은 문제에 직면하여 다른 대안으로 DPO가 사용되기도 함<br>• 새로운 프롬프트 생성, 정책 최적화 모델 가동, 정책에 따른 산출물 생성, 산출물에 대한 보상값 산정, 보상값 정책 업데이트 반영 순으로 피드백을 통해 데이터 구축<br>• ChatGPT 구축을 위한 InstructGPT 구축 방법으로 현재 가장 많이 활용되는 유형<br><br>출처: DPO: Scaling Direct Preference Optimization with 2-DimensionalSupervision(2024) https://arxiv.org/html/2410.19720v1 | - 질의응답 데이터<br>- 답변순위 데이터<br>- 질의 데이터 (강화학습용) |
| Instruction Tuning | • 제로샷 작업의 일반화 성능 향상을 위해 단일 고정 프롬프트를 사용한 질의응답 데이터셋을 활용하여 학습하는 방법<br>• 지시 프롬프트와 해당 출력의 레이블이 지정된 데이터 세트에서 거대 언어 모델 (LLM)을 미세조정하는 기술로 특정 작업뿐만 아니라 일반적으로 지시를 따르는 모델 성능을 개선하여 사전 훈련된 모델을 실제 사용에 맞게 조정하는 데 도움이 됨<br><br>출처: https://www.ibm.com/topics/instruction-tuning(2024) | - 질의응답 데이터 |
| Self-Instruct | • Pre-Training 모델이 생성한 Instruction 데이터셋을 필터링하여 다시 해당 모델에 학습시키는 방법<br>• Human Labeled 데이터셋의 사용을 최소화함으로써 비용 절감<br><br>출처 : Yizhong Wang, Yeganeh Kordi, et al. "SELF-INSTRUCT: Aligning Language Models with Self-Generated Instructions." arXiv preprint (2023) | - 질의응답 데이터 |
| DPO (Direct Preference Optimization) | • 직접 선호 최적화로 '챗GPT'에 사용한 인간 피드백을 통한 강화 학습 (RLHF)의 대안으로 활용되는 방식<br>• DPO의 최근 발전으로 인한 단순성과 효과성 덕분에 거대 언어 모델(LLM)과 인간의 선호도 정렬이 크게 향상됨<br>• 대부분의 기존 DPO 스타일 접근 방식은 스칼라 점수 또는 순위에 의존하고 인간의 선호도의 다차원적 특성을 무시하여 비효율적이고 부정확한 최적화를 초래할 가능성 존재<br>• 리워드 모델(RM) 학습용 데이터셋을 직접적으로 사용하여 Positive 답변에 대한 확률은 높아지고, Negative 답변에 대한 확률은 낮아지도록 학습<br>• 학습할 때 리워드 모델을 사용하지 않고 스스로 레퍼런스 모델 사용<br><br>출처: https://www.aitimes.com/news/articleView.html?idxno=155284 2D-DPO:Scaling Direct Preference Optimization with 2-Dimensional Supervision(2024)<br>출처: https://arxiv.org/html/2410.19720v1Rafailov, Rafael, et al. "Direct preference optimization: Your language model is secretly a reward model."arXiv preprint (2023) | - 답변순위 데이터 |

〈표 II-24〉 적응 학습 유형 사례

- 이외에도 Rejection Sampling (Best of N), RementLAIF(Reinforc Learning from AI Feedback), RRHF(Rank Response to align with Human Feedback)와 같은 다양한 Adaptation Learning 유형이 존재하므로 관련 자료를 사전에 확인하여 사업계획 수립 시 참조

### 2.3.1 데이터 가공(230) 프로세스

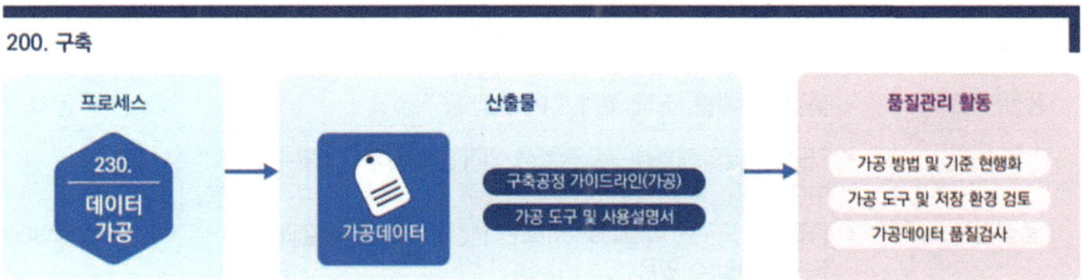


[그림 II-11] 데이터 가공 프로세스

### 2.3.2 데이터 가공(230) 프로세스 품질관리 활동 및 산출물

- 생성형AI 데이터 가공 프로세스 품질관리 활동 및 산출물

| 프로세스 | 품질관리 활동 | 주요 검토 내용 | 구축 및 품질 산출물 |
|---|---|---|---|
| 230.<br>데이터 가공 | 2301.<br>데이터 가공 방법 및 기준 현행화 | • 가공데이터 구축 방법 및 기준 정의<br>• 데이터 가공에 필요한 데이터 구축<br>• 데이터 형식 및 입력값 범위 기준 마련<br>• 데이터 가공 방법 및 기준, 교육, 검사체계 수립<br>• 데이터 가공 기준변경 관리 | 구축공정 가이드라인(가공) |
| | 2302.<br>데이터 가공 도구 및 저장환경 검토 | • 가공에 사용될 저작도구 확보 및 사용 방법 검토<br>• 데이터 가공 기준 변경 관리<br>• 가공데이터 저장환경 구축 | 저작도구(가공)<br>사용설명서 |
| | 2303.<br>가공데이터 품질검사 | • 정확성(구문, 의미)을 중점으로 검사<br>• 가공데이터 품질검사를 위한 검사 도구 및 검사 결과<br>• 품질검사 결과에 따른 보완조치 | 가공데이터<br>품질관리보고서<br>품질검사 도구 |

〈표 II-25〉 생성형AI 데이터 가공 단계 품질관리 활동 및 산출물

### 2.3.3 산출물 정의

※ 제출 여부 - M : 필수 제출 산출물, O : 조건 해당 시 필수 제출 산출물

| 산출물명 | 산출물 정의 | 제출 여부 | 유형 |
|---|---|---|---|
| 구축공정 가이드라인(가공) | • 데이터 가공단계의 품질지표, 가공 대상, 절차, 기준, 방법, 도구, 검사 등 정의하는 가이드라인 제시 | M | 문서 |
| 저작도구(가공) 및 사용설명서 | • 데이터 가공 저작도구는 데이터 학습 전 원천데이터에 특정 값을 부여하는 도구<br>• 데이터 가공 저작도구에 대한 사용설명서 및 저장환경 등 | M | 문서/ Application |
| 가공데이터 | • 데이터 구축목적과 유형에 따라 AI학습을 위해 가공된 데이터 | M | 데이터 |
| 품질관리보고서 | • 품질검사 기준, 조직, 절차, 검사 결과 등 작성 | M | 문서 |
| 품질검사 도구 | • 가공데이터의 정확성(구문 정확성, 의미 정확성)을 검사할 수 있는 도구 정의<br>• 품질검사 도구는 Application 또는 점검표(육안 검사 결과표 등) 등을 정의할 수 있음<br>※ 자동검사 후 육안 검사 실행 시 사용하는 도구 모두 정의 | O | Application |

〈표 II-26〉 데이터 가공 단계 산출물 정의

### 2.3.4 고려사항

● 가공단계의 품질관리 고려사항

| 항 목 | 고려사항 |
|---|---|
| 가공 방법 정의 | • 가공 방법 및 기준 현행화 |
| 구축공정 가이드라인 (가공) | • 목적에 맞게 작성된 구축공정 가이드라인(가공)에 대한 타당성 고려<br>• 가공 방법 및 품질검사 등을 사전에 정의하여 통과 및 반려 기준을 마련해야 함<br>• 목적에 맞는 가공데이터 품질검사 후 작업자 전달<br>• 작업자가 효율적으로 작업할 수 있는 환경 구성 |
| 데이터 가공 도구 | • 가공작업에 사용하는 플랫폼 및 SW 도구의 기능 및 사용 방법을 기술해야 하며 플랫폼 또는 SW 도구 선택 시 데이터 보안 준수 여부를 확인해야 함 |

〈표 II-27〉 데이터 가공 단계 고려사항

| 항 목 | 고려사항 |
|---|---|
| 이미지/비디오 데이터 가공 | • 이미지/비디오 데이터 가공<br>- 카테고리 라벨은 표준화된 분류체계 (또는 MECE* 원칙을 준용하여 자체 정의한 분류체계)를 사용해야 함<br>- 바운딩 박스(Bounding Box)는 이미지 내에서 특정객체의 위치 정보를 추출하는 것으로 대상 객체 전체를 감싸는 형태로 공백을 최소화해야 함<br>- 시멘틱 세그멘테이션(Semantic Segmentation)은 객체 영역을 픽셀 단위로 표시하는 작업으로 동일 카테고리의 객체가 중첩되어있는 경우를 구별하지 않음<br>- 인스턴스 세그멘테이션(Instance Segmentation)은 각 객체 영역을 픽셀 단위로 구분 표시함<br>- 문서는 장/절/조의 형식을 모두 갖추도록 마크업<br>* MECE 원칙: Mutually Exclusive, Collectively Exhaustive의 약자로, "상호 배제되며, 전체를 포괄하는" 원칙으로 이는 정보나 항목을 중복 없이(Mutually Exclusive) 빠짐없이 (Collectively Exhaustive) 분류하는 방법 |
| 텍스트/오디오 데이터 가공 | • 오디오 전사의 경우 표준 발성에서 벗어나거나 같은 전사에 대하여 두 가지 이상 발음이 가능한 경우 발음 전사와 철자 전사를 병행토록 하는 등 'ETRI(한국전자통신 연구원) 전사 규칙'을 준수해야 함<br>※ ETRI 전사 규칙: 한국전자통신연구원(ETRI)에서 음성 데이터를 텍스트로 변환하는 과정에서 일관성 있고 정확한 결과를 얻기 위해 마련한 규칙 (https://github.com/etri/kmsav/tree/main/trans_guide) |
| 합성데이터 가공 (Synthetic Data) | • AI모델 고도화를 위한 실제 데이터가 부족한 경우, 합성데이터를 통해 가치 있는 학습 데이터셋을 대량으로 구축 가능<br>• 합성데이터는 프라이버시 보호와 데이터 유용성 간의 상충 관계(Trade-off)를 고려 |

〈표 Ⅱ-28〉 데이터별 가공 단계 품질확보

## 2.4 데이터 학습(240)

- 생성형AI 데이터의 학습 단계는 원천데이터와 가공데이터를 이용해 생성형AI 모델을 사전학습 및 미세조정하여 학습된 AI모델의 성능을 향상시키거나 보정하는 활동을 반복적으로 수행
- 데이터 학습 단계의 품질관리 활동
  - 구축 목적-AI모델 합치성 확인: 데이터가 학습 목표와 일치하는지 확인하여 AI모델이 목표에 부합하게 학습되고 있는지 점검
  - 학습결과 확인 및 최적화: 학습결과를 검토하고 최적화를 통해 모델의 성능을 향상시키며, 결과가 기대에 부합하는지 확인
  - 품질검증 결과 보완조치: 품질검증을 통해 발견된 문제를 해결하기 위한 보완조치를 마련하여, 데이터 품질과 AI모델 성능을 지속적으로 개선

- **유효성 지표**
  - 생성형AI 데이터의 경우 가공단계의 품질지표(의미 정확성 등)를 통한 데이터의 품질점검도 중요하지만, 구축된 데이터를 통해 생성형AI 학습모델의 성능을 얼마나 향상시켰는지에 대한 기여가 중요하기 때문에 학습 단계에서의 유효성 지표에 대해 충분한 협의 필요
- **생성형AI 데이터의 경우 대부분 기반모델을 대상으로 사전학습 및 미세조정을 반복수행하므로 기반모델(Foundation Model) 선정 시 단순히 성능뿐 아니라, 사용 가능 라이센스, 사전학습 데이터에서 대상 언어 분포 등 다양한 항목을 비교 후 선정**
  - 한국어뿐 아니라 다양한 외국어 기반 데이터 구축 시 기반모델의 사전학습 단계에서 해당 언어를 학습하지 않은 경우, 단어사전(Tokenizer)의 분포 오류로 원하는 성능 달성이 어려움
  - 생성형AI 데이터 구축 시 유효성 검증을 위해 상업적 용도로 사용 가능한 오픈소스 기반의 학습모델 사례를 확인하여 사업계획 작성 시 참고

| 이름 | 발표일 | 파라미터<br>(십억, B) | 입력창 크기<br>(Context Length) | Licence |
|---|---|---|---|---|
| T5 | 2019-10 | 0.06 - 11 | 512 | Apache 2.0 |
| RWKV 4 | 2021-08 | 0.1 - 14 | infinity (RNN) | Apache 2.0 |
| GPT-NeoX-20B | 2022-04 | 20 | 2048 | Apache 2.0 |
| YaLM-100B | 2022-06 | 100 | 1024 | Apache 2.0 |
| UL2 | 2022-10 | 20 | 512, 2048 | Apache 2.0 |
| Bloom | 2022-11 | 176 | 2048 | OpenRAIL-M v1 |
| ChatGLM | 2023-03 | 6 | 2048 | Free |
| Cerebras-GPT | 2023-03 | 0.111 - 13 | 2048 | Apache 2.0 |
| Open Assistant<br>(Pythia family) | 2023-03 | 12 | 2048 | Apache 2.0 |
| Pythia | 2023-04 | 0.07 - 12 | 2048 | Apache 2.0 |
| Dolly | 2023-04 | 3, 7, 12 | 2048 | MIT |
| StableLM-Alpha | 2023-04 | 3 - 65 | 4096 | CC BY-SA-4.0 |
| FastChat-T5 | 2023-04 | 3 | 512 | Apache 2.0 |
| DLite | 2023-05 | 0.124 - 1.5 | 1024 | Apache 2.0 |
| h2oGPT | 2023-05 | 12 - 20 | 256 - 2048 | Apache 2.0 |
| MPT-7B | 2023-05 | 7 | 84k (ALiBi) | Apache 2.0, CC<br>BY-SA-3.0 |
| RedPajama-INCITE | 2023-05 | 3 - 7 | 2048 | Apache 2.0 |
| OpenLLaMA | 2023-05 | 3, 7 | 2048 | Apache 2.0 |

| 이름 | 발표일 | 파라미터<br>(십억, B) | 입력창 크기<br>(Context Length) | Licence |
|---|---|---|---|---|
| Falcon | 2023-05 | 180, 40, 7 | 2048 | Apache 2.0 |
| GPT-J-6B | 2023-06 | 6 | 2048 | Apache 2.0 |
| MPT-30B | 2023-06 | 30 | 8192 | Apache 2.0, CC BY-SA-3.0 |
| LLaMA 2 | 2023-06 | 7 - 70 | 4096 | Free |
| ChatGLM2 | 2023-06 | 6 | 32k | Free |
| XGen-7B | 2023-06 | 7 | 4096, 192 | Apache 2.0 |
| Jais-13b | 2023-08 | 13 | 2048 | Apache 2.0 |
| OpenHermes | 2023-09 | 7, 13 | 4096 | MIT |
| OpenLM | 2023-09 | 1, 7 | 2048 | MIT |
| Mistral 7B | 2023-09 | 7 | 4096-16K with Sliding Windows | Apache 2.0 |
| ChatGLM3 | 2023-10 | 6 | 8192, 2k, 28k | Free |
| Skywork | 2023-10 | 13 | 4096 | Free |
| Jais-30b | 2023-11 | 30 | 2048 | Apache 2.0 |
| Zephyr | 2023-11 | 7 | 8192 | Apache 2.0 |
| DeepSeek | 2023-11 | 7, 67 | 4096 | Free |
| Mistral 7B v0.2 | 2023-12 | 7 | 32k | Apache 2.0 |
| Mixtral 8x7B v0.1 | 2023-12 | 46.7 | 32k | Apache 2.0 |
| LLM360 Amber | 2023-12 | 6.7 | 2048 | Apache 2.0 |
| SOLAR | 2023-12 | 10.7 | 4096 | apache-2.0 |
| phi-2 | 2023-12 | 2.7 | 2048 | MIT |
| FLOR | 2023-12 | 0.76, 1.3, 6.3 | 2048 | Apache 2.0 |
| RWKV 5 v2 | 2024-01 | 0.4, 1.5, 3, 7 | unlimited(RNN) | Apache 2.0 |
| OLMo | 2024-02 | 1,7 | 2048 | Apache 2.0 |
| Qwen1.5 | 2024-02 | 7, 14, 72 | 32k | Free |
| LWM | 2024-02 | 7 | 128k, 256k, 512k, 1M | LLaMA 2 license |
| Jais-30b v3 | 2024-03 | 30 | 8192 | Apache 2.0 |
| Gemma | 2024-02 | 2-7 | 8192 | Free |
| Grok-1 | 2024-03 | 314 | 8192 | Apache 2.0 |
| Qwen1.5 MoE | 2024-03 | 14.3 | 8192 | Free |
| Jamba 0.1 | 2024-03 | 52 | 256k | Apache 2.0 |
| Qwen1.5 32B | 2024-04 | 32 | 32k | Free |

| 이름 | 발표일 | 파라미터<br>(십억, B) | 입력창 크기<br>(Context Length) | Licence |
|---|---|---|---|---|
| Mamba-7B | 2024-04 | 7 | unlimited(RNN),<br>trained on 2048 | Apache 2.0 |
| Mixtral8x22B v0.1 | 2024-04 | 141 | 64k | Apache 2.0 |
| Llama 3 | 2024-04 | 8, 70 | 8192 | Free |
| Phi-3 Mini | 2024-04 | 3.8 | 4096, 128k | MIT |
| OpenELM | 2024-04 | 0.27, 0.45, 1.1, 3 | 2048 | Free |
| Snowflake Arctic | 2024-04 | 480 | 4096 | Apache 2.0 |
| Qwen1.5 110B | 2024-04 | 110 | 32k | Free |
| RWKV 6 v2.1 | 2024-05 | 1.6, 3, 7 | unlimited(RNN),<br>trained on 4096 | Apache 2.0 |
| DeepSeek-V2 | 2024-05 | 236 | 128k | Free |
| Fugaku-LLM | 2024-05 | 13 | 2048 | Free |
| Falcon 2 | 2024-05 | 11 | 8192 | Free |
| Yi-1.5 | 2024-05 | 6, 9, 34 | 4096 | Apache 2.0 |
| DeepSeek-V2-Lite | 2024-05 | 16 | 32k | Free |
| Phi-3 small/medium | 2024-05 | 7, 14 | 4096, 128k | MIT |

※ 2024년 10월 기준으로 작성되었으므로 계획 수립 시 가장 최신 자료 재확인 필수

〈표 II-29〉 활용 가능한 생성형AI 모델(2024년 10월 기준)

출처 : https://github.com/eugeneyan/open-llms

<table>
<tr><th>유형</th><th>수정 코드 공개시<br>기존 라이센스에 종속<br>기존 라이센스로 의무 공개</th><th>라이센스 및<br>저작권 명시</th><th>상업적<br>이용</th><th>수정<br>배포</th><th>사적<br>이용</th><th>특허</th><th>제약<br>난이도</th><th>유형</th></tr>
<tr><td>AGPL</td><td>O</td><td>O</td><td>O</td><td>O</td><td>O</td><td>O</td><td>최상</td><td rowspan="3">MPL형</td></tr>
<tr><td>GPL</td><td>O</td><td>O</td><td>O</td><td>O</td><td>O</td><td>O</td><td>상</td></tr>
<tr><td>LGPL</td><td>O</td><td>O</td><td>O</td><td>O</td><td>O</td><td>O</td><td>중</td></tr>
<tr><td>Apache<br>2.0</td><td>X</td><td>O</td><td>O</td><td>O</td><td>O</td><td>O</td><td>하</td><td rowspan="2">BSD형</td></tr>
<tr><td>MIT</td><td>X</td><td>O</td><td>O</td><td>O</td><td>O</td><td>O</td><td>하</td></tr>
</table>

〈표 II-30〉 오픈소스 라이센스 예시

- 생성형AI는 지도 학습과 달리 학습(Training)/검증(Validation)/테스트(Test) 데이터를 정해진 비율로 분배할 수 없거나, 검증 및 테스트 목적에 부합하는 별도의 데이터를 사용하기 때문에 유효성 검증용 데이터를 별도로 마련
  - 적응 학습(Adaptation Learning) 방법에 따라 검증 데이터는 사용하지 않을 수 있음
  - 테스트용 데이터는 유효성 지표 검증 방법에 따라 별도의 질문 또는 질문/답변 데이터 등을 필요한 포맷에 따라 사전에 준비해야 함 (테스트 데이터 구축량은 사전 협의 필요)

### 2.4.1 데이터 학습(240) 프로세스

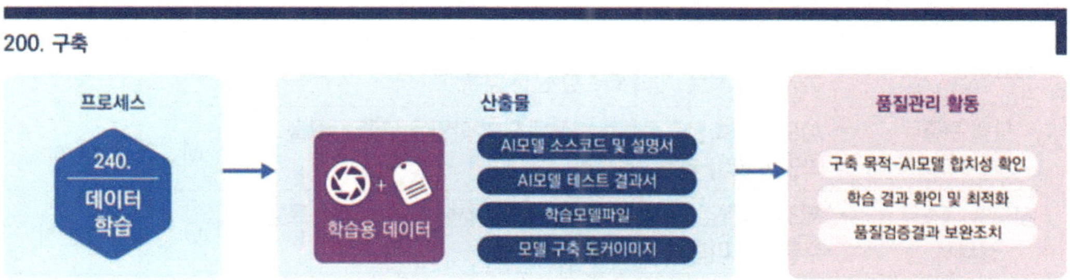


[그림 II-12] 데이터 학습 프로세스

| 프로세스 | 품질관리 활동 | 주요 검토 내용 | 구축 및 품질 산출물 |
|---|---|---|---|
| 240. 데이터 학습 | 2401.<br>구축목적-AI모델 합치성 확인 | • 데이터를 AI모델로 학습시켰을 때 영역별 품질검사 기준 확인<br>• 구축목적에 부합하는 AI모델 선정 확인<br>• AI모델 구축/운영 및 테스트를 위한 환경 구축 정보<br>• AI모델 정보/라이센스 가이드 | AI모델 설명서 |
| | 2402.<br>학습결과 확인 및 최적화 | • 학습용 데이터가 AI모델로 학습 시 목표로 했던 수준의 성능 달성이 가능한지 검사<br>• AI모델(알고리즘) 성능 검사<br>• 모델 단계 유효성 검사<br>• 학습모델, 활용 서비스 개발에 가능한 학습 데이터셋 품질오류 및 이슈 내용을 분석하여 보완조치 반영 | AI모델 소스코드<br>학습모델 파일<br>모델 구축 도커 이미지<br>AI모델 테스트 결과서<br>품질검사 도구 |
| | 2403.<br>품질검증결과 보완조치 | • 최종데이터 제3자 품질검증결과가 미달성인 경우, 보완조치하여 결과 보고 | 보완조치 결과서 |

〈표 II-31〉 생성형AI 데이터 학습 단계 품질관리 활동 및 산출물

### 2.4.3 산출물 정의

※ 제출 여부 - M : 필수 제출 산출물, O : 조건 해당 시 필수 제출 산출물

| 산출물명 | 산출물 정의 | 제출 여부 | 유형 |
|---|---|---|---|
| AI모델 설명서 | • AI모델 구축/운영 및 테스트를 위한 환경 구축 내역<br>• AI모델 소스코드 활용을 위한 환경 구축 및 실행 매뉴얼<br>• 모델 관련 정보 및 라이센스 정보<br>• 라이브러리, 패키지 버전 및 구축환경 정보 | M | 문서 |
| AI모델 소스코드 | • 모델 학습 코드<br>• 모델 성능 테스트 코드<br>• 기타 | M | Code |
| 학습모델 파일 | • 특정 유형의 패턴을 인식하도록 학습된 파일로 학습가중치, 아키텍처 정보, 기타 학습요소 등 포함 | M | binary |
| 모델 구축 도커 이미지 | • AI모델 구축환경정보가 내장된 도커 파일을 모델 산출물 파일과 같이 제출 | M | tar |
| AI모델 테스트 결과서 | • 제3자 품질검증 전 사업수행기관의 자체적인 모델 테스트를 수행하여 미흡한 경우 보완조치 필요 | O | 문서 |
| 품질검사 도구 | • 학습용 데이터셋의 유효성 품질검사 도구 | O | Application |
| 보완조치결과서 | • 제3자 최종 품질검증 미달성 기관만 해당 산출물 제출<br>• 최종 품질검증 결과서의 미흡 내용을 대상으로 공정별 개선 후 품질검사결과 작성 | M | 문서 |

〈표 II-32〉 데이터 학습 단계 산출물 정의

### 2.4.3 고려사항

| 항 목 | 고려사항 |
|---|---|
| 데이터 학습 유효성 | • '학습 데이터셋'을 이용하여 사전에 정의된 인공지능 모델을 학습시키고, 학습된 AI모델의 성능을 향상시키거나 보정하는 검사를 수행<br>• 구축한 데이터셋을 인공지능 학습모델로 학습시킨 후 목표로 했던 수준의 성능 달성이 가능한지 확인<br>• 학습모델 평가를 위한 정확도, 정밀도, 재현율 등 성능지표 확인 |
| AI모델 성능 | • AI모델 성능 검사 |
| 품질오류 분석 | • 학습모델, 활용 서비스 개발에 가능한 학습 데이터셋 품질오류 및 이슈 내용을 분석 |

〈표 II-33〉 데이터 학습 단계 고려사항

# 3 운영·활용 단계(300)

## 3.1 데이터 운영·활용(310)

- 생성형AI 데이터의 운영·활용 단계 품질관리는 데이터를 민간에 개방하기 위해 AI-Hub에 적재된 학습 데이터셋의 품질을 향상시키고 사용자의 데이터 이해도 및 활용도를 높이기 위한 제반 활동을 의미

### 3.1.1 데이터 운영·활용(310) 프로세스

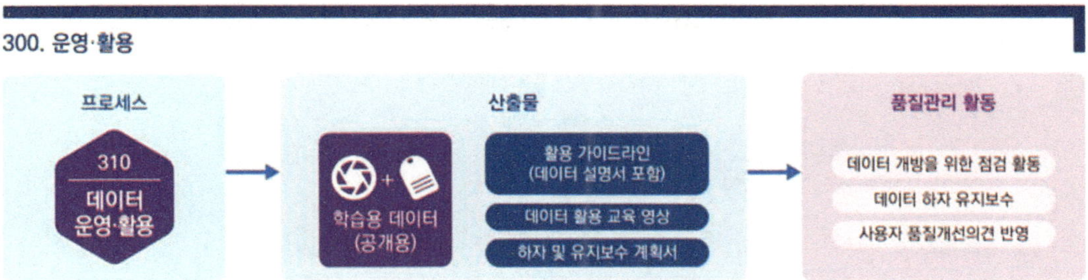


[그림 II-13] 데이터 운영·활용 프로세스

### 3.1.2 데이터 운영·활용(310) 프로세스 품질관리 활동 및 산출물

| 프로세스 | 품질관리 활동 | 주요 검토 내용 | 구축 및 품질 산출물 |
|---|---|---|---|
| 310. 데이터 운영·활용 | 3101. 데이터 개방을 위해 개방 전 점검 활동 수행 | • 최종데이터 개방을 위한 점검<br>- 저작권 등 법률 규제 준수 여부<br>- 데이터 포맷, 크기 등 기술적 문제 여부<br>- 윤리적 문제 소지 여부<br>- 합성데이터의 경우, 적정성 평가 여부 | - |
| | 3102. 데이터 하자 및 유지보수 | • AI-Hub에 공개된 데이터에 대해 하자보수 및 유지보수 | 하자 및 유지보수계획서 |
| | 3103. 사용자 품질개선의견 반영 | • 사용자들의 개발 및 활용지원을 위한 산출물 공개<br>• 데이터 품질에 대한 하자 및 유지보수 계획<br>• 사용자들의 품질에 대한 개선의견이 있는 경우 반영 등 유지보수 | 활용 가이드라인 (데이터 설명서 포함)<br>데이터 활용 교육 영상 |

〈표 II-34〉 데이터 운영·활용 단계 품질관리 활동 및 산출물

### 3.1.3 산출물 정의

※ 제출 여부 - M : 필수 제출 산출물, O : 조건 해당 시 필수 제출 산출물

| 산출물명 | 산출물 정의 | 제출 여부 | 유형 |
|---|---|---|---|
| 활용 가이드라인<br>(데이터 설명서 포함) | • 데이터 설명서 및 활용 가이드로 구성하여 누구나 사용가능하도록 AI-Hub에 개방 | M | 문서 |
| 데이터 활용 교육 영상 | • 데이터 1종당 1개의 데이터 활용 교육 영상 가이드 제작하여 AI-Hub에 개방 | M | 동영상 |
| 하자 및 유지보수계획서 | • 공개용 학습 데이터셋에 대한 하자 및 유지보수계획 | M | 문서 |

〈표 II-35〉 데이터 운영·활용 단계 산출물 정의

# 4 단계별 산출물

## 4.1 구축 및 품질 산출물

※ 제출 여부 - M : 필수 제출 산출물, O : 조건 해당 시 필수 제출 산출물

| 구분 | 산출물명 | 유형 | 필수여부 | AI-Hub 공개산출물 |
|---|---|---|---|---|
| 구축계획 수립 | 사업수행계획서<br>(※ 구축계획서, 품질관리계획서 포함) | 문서 | M | - |
| 데이터 획득/수집, 정제, 가공 | 개인정보 자율점검표 | 문서 | M | - |
| | 구축공정 가이드라인 | 문서 | M | - |
| | 저작도구/Viewer 사용설명서 | 문서 | M | Y |
| | 저작도구/Viewer | 어플리케이션 | M | Y |
| | 원시데이터(획득/수집데이터) | 데이터 | O | - |
| | 원천데이터(이미지, 영상, 오디오 등) | 데이터 | M | - |
| | 가공데이터(JSON, XML, CSV 등) | 데이터 | M | - |
| 데이터 학습 | AI모델 설명서 | 문서 | M | Y |
| | AI모델 소스코드 | Code | M | Y |
| | 학습모델 파일 | binary | M | Y |
| | 모델 구축 도커 이미지 | tar | M | Y |
| | AI모델 테스트 결과서 | 문서 | O | - |
| 데이터 품질 | 품질관리보고서 | 문서 | M | - |
| | 품질검증결과서 | 문서 | M | - |
| | 품질지표 기준서(사업수행계획서 내 포함) | 문서 | M | - |
| 데이터 운영·활용 | 활용 가이드라인 | 문서 | M | Y |
| | 데이터 활용 교육 영상 | 동영상 | M | Y |
| | 하자 및 유지보수 계획서 | 문서 | M | - |

〈표 II-36〉 구축 및 품질 산출물 목록

## 4.2 구축단계별 산출물

※ 제출 여부 - * : 필수 제출 산출물, ** : 필수(공개) 제출 산출물

| 구분 | 구축계획 수립 | 데이터 획득/수집 | 데이터 정제 | 데이터 가공 | 데이터 학습 | 데이터 운영·활용 |
|---|---|---|---|---|---|---|
| 문서 | 사업수행계획서 | | | | | 사업수행계획서 |
| | 구축공정 가이드라인 (임무정의)* | 구축공정 가이드라인 (획득)* | 구축공정 가이드라인 (정제)* | 구축공정 가이드라인 (가공)* | | |
| | | | | | | 활용 가이드라인** |
| | | 획득 저작도구 사용설명서 | 정제 저작도구 사용설명서** | 가공 저작도구 사용설명서** | | |
| | | 품질관리보고서 * | 품질관리보고서 * | 품질관리보고서 * | 품질관리보고서 * | |
| | | 개인정보 자율점검표* | | | | |
| | | | | | AI모델 설명서** | |
| | | | | | AI모델 테스트 결과서 | |
| | | | | | | 하자 및 유지보수 계획서* |
| 동영상 | | | | | | 데이터 활용 교육 영상** |
| 데이터 | | 원시데이터 (획득/수집 데이터) | 원천데이터 (이미지, 영상, 오디오 등)** | 가공데이터 (JSON 등)** | | |
| 어플리케이션 | | 저작도구 | 저작도구** | 저작도구** | | |
| 기타 | | | | | AI모델 소스코드** | |
| | | | | | 학습모델 파일** | |
| | | | | | 모델 구축 도커 이미지** | |

〈표 II-37〉 구축단계별 산출물

III

# 생성형AI 주요기술

제1장 **이미지 캡셔닝 기술**

제2장 **생성형AI 주요 모델 및 기술**

# 제1장 이미지 캡셔닝 기술

## 1 이미지 캡셔닝 개요

### 이미지 캡션
- 이미지의 내용을 설명하는 텍스트로, 일반적으로 간결한 한 문장으로 구성됨
- 이미지에 포함된 주요 객체, 행동, 장면 등을 묘사하여 시각적 자료의 이해를 돕는 역할을 함

### 이미지 캡셔닝(Image Captioning)
- 이미지에서 객체, 배경, 동작 등의 시각적 요소를 분석한 후, 이를 자연어 문장으로 설명하는 기술
- 컴퓨터 비전과 자연어 처리를 결합한 기술로, 이미지 이해와 언어 생성 능력이 모두 요구됨

### 이미지 캡셔닝의 목적 및 활용
- 정보 검색 향상: 이미지의 내용을 텍스트로 변환하여 정밀한 검색이 가능하도록 지원
- 장애인 보조 기술: 시각 장애인을 위한 이미지 설명 제공 및 자동 음성 변환을 통한 정보 접근성 향상
- 멀티미디어 데이터 관리: 방대한 이미지 데이터를 자동으로 태깅하고 분류하는 데 활용
- 의료 및 법률 분야 활용: 의료 영상 분석, 법적 증거 자료 설명 등에 활용
- 웹 접근성 개선: 시각 장애인 및 기타 사용자들을 위한 보조 기술 지원
- 자동 캡션 생성: SNS, 뉴스, 전자상거래 등에서 자동으로 설명을 생성하여 사용자 편의성 향상

### 이미지 캡셔닝의 핵심 구성 요소
- 이미지 특징 추출기: CNN(Convolutional Neural Network) 또는 Vision Transformer(ViT) 기반 모델을 사용하여 이미지의 주요 시각적 특징을 추출
- 언어 모델: RNN(Recurrent Neural Network), LSTM(Long Short-Term Memory) 또는 Transformer 기반모델을 사용하여 캡션을 생성
- 어텐션 메커니즘 (Attention Mechanism): 이미지의 특정 부분에 집중하여 더 정교한 캡션을 생성하는 기법
- 디코더 (캡션 생성기): 추출된 이미지 특징을 기반으로 적절한 문장을 생성하는 모듈
- 데이터셋: COCO, Flickr8k, Flickr30k 등 대규모 이미지-텍스트 쌍 데이터셋이 학습에 사용됨

# 2 이미지 캡셔닝 방식

## 2.1 이미지 캡셔닝 방법

- 이미지 캡셔닝 방법은 캡션 생성 주체에 따라 오토 캡셔닝과 휴먼 캡셔닝으로 구분할 수 있음

### 2.1.1 오토 캡셔닝(Auto Captioning)

- 인공지능(AI) 모델이 이미지 분석하여 자동으로 이미지 캡션을 생성하는 방식
  - AI모델이 자동으로 캡션을 생성할 수 있는 경우(객체 탐지, 맥락 분석, 멀티모달 결합 등) 적합
- 주요 특징
  - 일반적으로 컴퓨터 비전과 자연어처리 기술을 결합하여 이루어짐
  - 오토 라벨링은 특히 생성형AI와 딥러닝 모델을 활용하여, 이미지에 대한 주석(annotation)이나 레이블을 자동으로 생성하는 데 사용
  - 이미지 캡셔닝의 오토 캡셔닝은 특히 대규모 이미지 데이터셋에서 유용하게 활용되며, 이미지에 대한 이해를 바탕으로 데이터를 처리하고, 이로 인해 더욱 효율적인 학습 및 분석을 가능하게 함

### 2.1.2 휴먼 캡셔닝(Human Captioning)

- 사람이 직접 이미지를 분석하여 이미지 캡션을 생성하는 방식
  - 창의성, 감성적 요소, 개인 맞춤형 요청, 질문-답변, 도메인 전문성이 필요한 경우에 더 적합

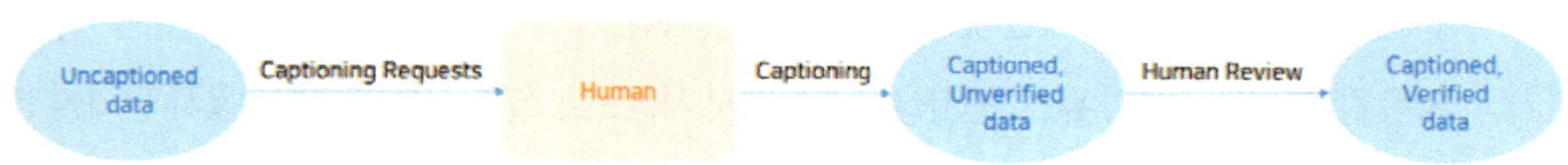


[그림 Ⅲ-1] 휴먼 캡셔닝 과정

- 주요 특징
  - 사람이 직접 작성하므로 정확한 의미와 상세한 설명 제공
  - 어려운 복잡한 이미지나 추상적인 개념에 대한 설명을 작성 가능
  - 작업 시간 소모, 비용 문제의 단점
  - 다수의 작업자가 진행할 경우, 일관성 유지와 이미지에 대한 해석이 달라질 수 있어 품질관리가 매우 중요

- 병렬 분산 캡셔닝 (휴먼 캡셔닝의 한가지 방법)
  - 정의: 정해진 분류 및 순서에 따라 각 이미지에 대하여 여러 명의 작업자가 동시에 이미지 캡셔닝 작업수행 방식

**병렬 분산 캡셔닝 사례**

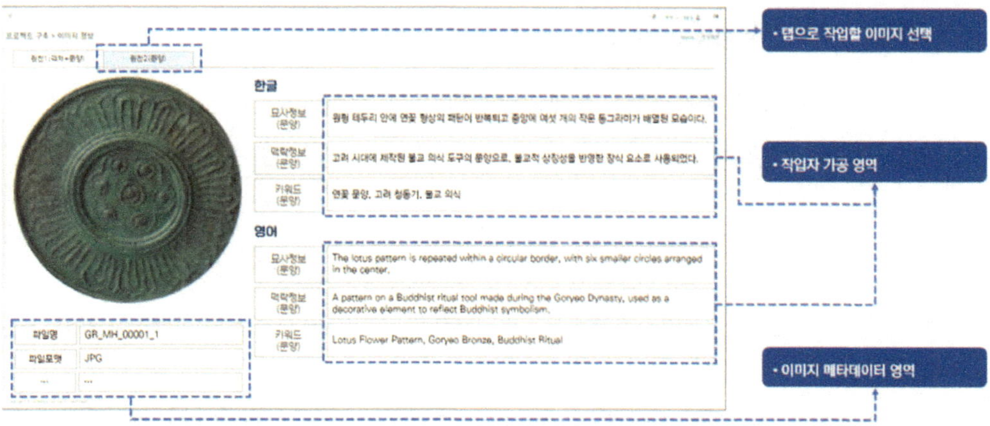


[그림 Ⅲ-2] 병렬 분산 캡셔닝 사례 화면

**[캡셔닝 방법]**

① 데이터 수집 및 가공을 위해 일반인과 전문가가 크라우드소싱 방식으로 활용할 수 있는 데이터 가공 및 구축 플랫폼 선정

② 메타데이터 표준 및 작업 매뉴얼 작성, 데이터 가공 구축자와 검수자 대상 교육 진행

③ 데이터 요구사항에 적합한 메타데이터 항목을 확정
- 이미지 크기, 이미지 화질, 이름, 등 문서생성 관련 메타데이터 항목 지정

④ 정제된 원천데이터 파일 중 1개 파일을 선택하여 가공 작업 수행
(한글 캡션 입력/영어 캡션 입력 태스크 중 한 가지를 선택하여 캡션 입력)
- 한글 캡션 입력 : 선택된 이미지 데이터에 대한 한글 이미지 캡션 입력(3문장 이상)
- 영어 캡션 입력 : 선택된 이미지 데이터에 대한 영어 이미지 캡션 입력(3문장 이상)

출처: 한국전통문양 데이터 가공 가이드라인

## 2.2 이미지 캡셔닝 방식

- 이미지 캡셔닝은 이미지의 내용을 설명하는 방식에 따라 특정 요소를 강조하여 설명하는 기능 기반 방식, 사용자 관점의 사용자 맞춤 방식, 특정 전략을 기반으로 한 구조화 및 전략적 방식으로 구분할 수 있음

### 2.2.1 맥락 기반 캡셔닝(Context-based Captioning)

- 이미지의 전체적인 분위기, 배경, 동작 등을 종합적으로 분석하여 캡션을 생성하는 방식
  - 개별 객체보다는 객체 간의 관계와 상호작용을 고려하여 자연스럽고 직관적인 설명을 제공
- 주요 특징
  - 전체 맥락 분석: 이미지의 배경과 개별 객체의 상호작용을 고려하여 설명을 생성함
  - 직관적인 캡션 제공: 개별 객체 중심이 아니라 장면의 전반적인 흐름을 반영하여 직관적인 문장을 생성함
  - 풍부한 설명 가능: 배경 정보와 환경 요소를 포함하여 상세하고 포괄적인 캡션을 제공할 수 있음

**맥락 기반 캡셔닝 예시**

| 원천데이터 | 가공데이터 |
|---|---|
|  | 한글 캡션 : 뚜껑 가운데에는 학이 두 마리가 있고, 가장자리 주변으로는 구름과 꽃이 있으며, 왼쪽 위에 달이 떠 있는 검은색 배경의 광택이 도는 자개함이다.<br>영문 캡션 : In the center of the lid, there are two cranes, and around the edges there are clouds and flowers, and the glossy black background is decorated with mother-of-pearl inlays that shine as if reflecting the moon above.<br>객체 색상 위치 특징 수량<br>Image Caption |

[그림 Ⅲ-3] 맥락 기반 캡셔닝 예시

**[캡셔닝 방법]**

① 작업자와 검사자는 이미지를 관찰하고 이를 바탕으로 묘사한 글을 작성
② 해당 모델링에 대한 한글 설명 10단어 이상
③ 객체의 외관, 색상, 위치, 특징, 수량, 재질, 시점 등 가장 특정적인 필수 정보를 담은 문장을 생성
④ 한글 캡션을 먼저 작성한 후, 기계 번역을 통해 영어 번역, 검수 후 영어 캡션 라벨링 진행

출처: 중대형 객체 2D 이미지 - 3D 데이터 가공 가이드라인

## 2.2.2 객체 레벨 캡셔닝(Object-Level Captioning)

- 이미지 내 주요 객체를 중심으로 캡션을 생성하는 방식
  - 객체의 관계보다는 각 객체의 속성, 위치, 행동 등을 분석하여 개별 객체에 대한 정밀한 설명 제공
- 주요 특징
  - 개별 객체 중심의 설명: 이미지에서 탐지된 개별 객체(예: 사람, 자동차, 동물 등)에 대한 정보를 캡션으로 제공
  - 세밀한 객체 정보 제공: 객체의 크기, 색상, 위치, 상태, 행동 등을 상세히 설명 가능
  - 객체 탐지 기술 활용: Faster R-CNN, YOLO 등 객체 탐지(Object Detection) 알고리즘과 결합하여 각 객체를 정확하게 식별하고 캡션 생성 가능

**객체 레벨 캡셔닝 예시**

One jet lands at an airport while another takes off next to it.
Two airplanes parked in an airport.
Two jets taxi past each other.
Two parked jet airplanes facing opposite directions.
two passenger planes on a grassy plain

[그림 Ⅲ-4] 객체 레벨 캡셔닝 예시

출처: https://vision.cs.uiuc.edu/pascal-sentences/, (2024.12)

### 2.2.3 질의응답 캡셔닝(Question-Answering Captioning)

- 이미지에 대한 설명을 단순한 문장 형식이 아닌, 질문과 답변(Q&A) 형식으로 제공하는 이미지 캡셔닝 방식
  - 사용자의 관심에 맞춘 맞춤형 이미지 설명이 가능하며, 장애인 보조 기술, 이미지 검색, 교육 및 학습 보조, 자율주행 시스템 등에서 다양하게 활용
  - 질문을 기반으로 이미지 정보를 추출하여 응답을 생성하는 것이며, 정적 방식과 동적 방식으로 구현될 수 있다는 점에서 기존의 이미지 캡셔닝과 차별성
- 주요 특징
  - 질문과 답변(Q&A) 형식의 캡션 구성: 이미지 속 장면을 단순히 서술하는 것이 아니라, 질문과 이에 대한 답변을 캡션 형식으로 제공
  - 정적(Static) 방식과 동적(Dynamic) 방식 제공: 사전에 정의된 질문과 그에 대한 답변이 이미지 데이터셋과 함께 존재하는 정적 방식과 사용자가 실시간으로 입력한 질문에 맞춰 AI가 자동으로 답변을 생성하는 동적 방식 제공
  - 대화형 인터페이스와 결합 가능: QA 캡셔닝은 챗봇이나 스마트 비서와 결합하여 대화형 질의응답 시스템을 구축 가능

**질의응답 캡셔닝 예시**

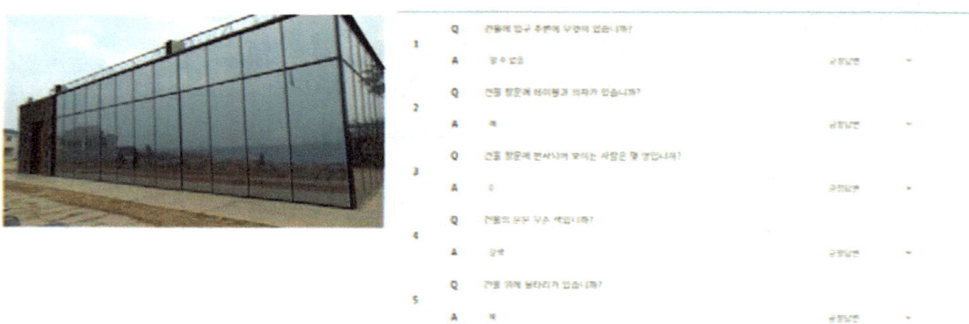

[그림 Ⅲ-5] 질의응답 캡셔닝 예시

출처: AI허브(https://www.aihub.or.kr/aihubdata/data/view.do?currMenu=&topMenu=&aihubDataSe=data&data SetSn=104) 시각정보 기반 질의응답 데이터, (2024.12)

### 2.2.4 스토리텔링 캡셔닝(Storytelling Captioning)

- 단순히 이미지를 설명하는 것을 넘어 등장인물, 배경, 사건, 감정 등을 포함하여 이야기 형식으로 캡셔닝하는 방식
- 주요 특징
  - 이미지 기반으로 짧은 이야기 생성: 이미지 속 장면과 관련된 이야기를 구성
  - 연속된 이미지 시퀀스 활용 가능: 여러 장의 연속된 이미지를 활용하여 시간의 흐름과 이야기를 구성할 수 있음
  - 스토리텔링 기술을 활용한 감성적인 접근: 감정과 상황을 강조하여 사용자의 공감 유도할 수 있음
  - 크라우드소싱을 활용 가능: 크라우드소싱 작업자가 주어진 사진 시퀀스를 선택하고 이에 맞는 캡션을 작성하는 방식으로 발전 가능

**스토리텔링 캡셔닝 예시**

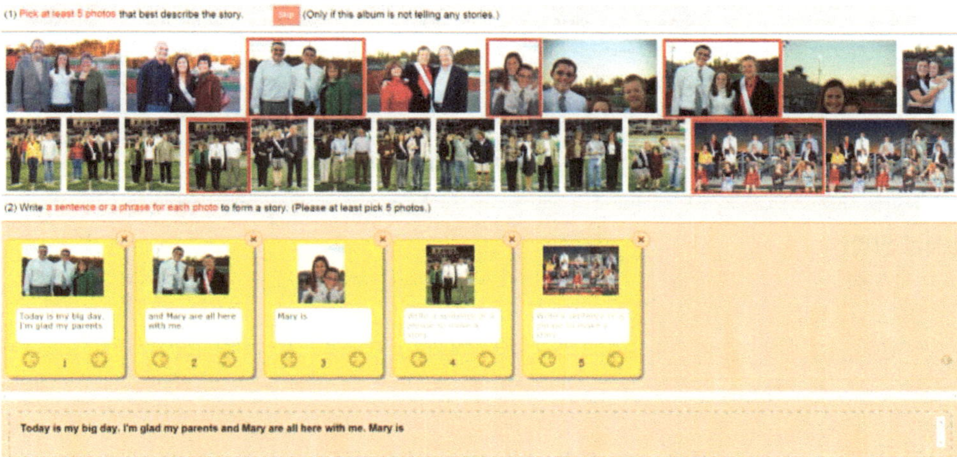


[그림 Ⅲ-6] 스토리텔링 캡셔닝 예시

출처: https://arxiv.org/pdf/1604.03968

### 2.2.5 구조화된 캡셔닝(Structured Captioning)

- 미리 정의된 형식이나 템플릿을 사용하여 일관된 구조의 캡션을 생성하는 방식
- 주요 특징
  - 이미지나 비디오와 같은 시각적 콘텐츠에 대해 구체적이고 정형화된 형태(객체, 속성, 관계, 행동 등)로 분류하여 설명
  - 단순히 이미지의 내용을 묘사하는 것을 넘어서, 구조적 정보를 포함하여 텍스트로 설명
  - 구조화된 캡셔닝은 객체, 장면, 동작 등의 세부적인 정보를 명확하고 체계적으로 나누어 설명

## 구조화된 캡셔닝 예시

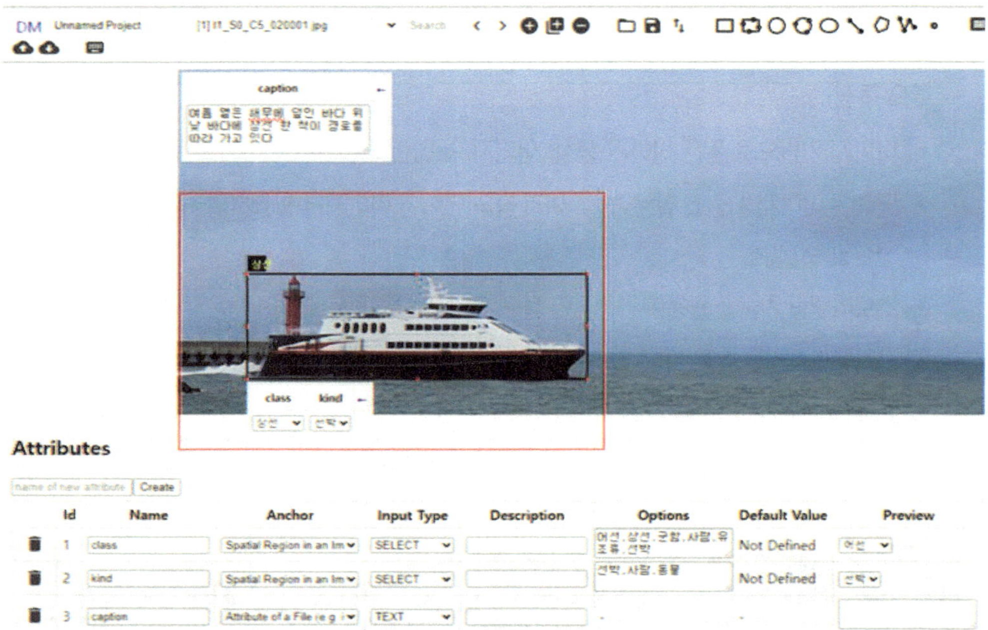


[그림 Ⅲ-7] 구조화된 캡셔닝 예시

**[캡셔닝 방법]**

① 이미지 분석

- 이미지에서 객체와 장면을 인식
- 일반적으로 CNN(합성곱신경망)과 같은 객체 인식 모델을 사용하여 이루어지며, 이미지에 포함된 객체와 장면에 대한 정보가 추출

② 속성 및 관계 추출

- 객체 인식 후, 각 객체의 속성(예: 색상, 크기 등)과 상호 관계(예: 사람과 동물, 사람과 사물 간의 위치 관계 등)를 추출

③ 정형화된 설명 생성

- 추출된 정보(객체, 속성, 관계 등)를 기반으로 구조화된 형태로 설명을 생성
- 이를 통해 객체-속성-관계가 명확하게 드러나도록 캡션을 생성

④ 디코더

- 구조화된 캡셔닝에서 중요한 점은, 캡션을 정형화된 데이터 형식으로 생성
- 이를 위해서는 텍스트 디코딩을 통해 이미지의 내용을 구조화된 텍스트로 변환하는 과정이 필요

출처: 군 경계 작전 환경 내 데이터 이미지 캡션 가이드

### 2.2.6 Dense Captioning(밀집 캡셔닝)

- 이미지 내 여러 영역을 세분화하여 각 영역에 대해 별도의 캡션을 생성하는 방식
- 주요 특징
  - 하나의 이미지에 대해 여러 개의 객체나 장면을 세부적으로 설명하는 방식
  - 이미지 내의 다양한 물체들에 대해 개별적인 캡션을 생성
  - 프로세스: 이미지 처리와 자연어 처리를 병렬적으로 수행

**Dense Captioning 예시**

1. Middle stage of gray mold in the front side of the leaf with yellow patterns.
2. Symptoms of gray mold at the early stage in the front side of the leaf.
3. Leaf affected by gray mold in the last stage.
4. Miner in the front side of the leaf affected by gray mold.
5. Miner in the border of the leaf.
6. Miner in the front side of the leaf.

출처: https://www.frontiersin.org/journals/plant-science/articles/10.3389/fpls.2019.01321/full, (2024.12)

- Dense Captioning 모델 구조

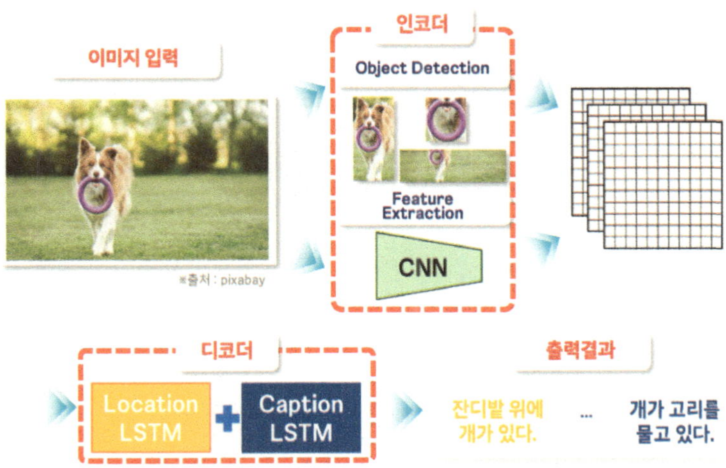


[그림 Ⅲ-8] Dense Captioning 모델 구조

출처: Potential of Incorporating Motion Estimation for Image Captioning

### 2.2.7 Sparse Captioning(희소 캡셔닝)

- 이미지에서 중요한 정보만 선택적으로 강조하여 캡션을 생성하는 방식
- 주요 특징
  - 핵심 정보 요약: 이미지 내에서 가장 중요한 객체나 장면을 선택하여 최소한의 단어로 표현
  - 선택적 설명 제공: 모든 객체를 설명하지 않고, 의미 전달에 필수적인 요소만 포함
  - 짧고 간결한 문장 생성: 상세한 묘사보다는 요점을 강조하는 간결한 캡션을 생성
  - 장면 인식 기반 캡셔닝 가능: 이미지 전체의 분위기나 핵심 내용을 빠르게 파악하여 설명

**Sparse Captioning 예시**

A racer is riding a motorcycle near a crowd.

[그림 Ⅲ-9] Sparse Captioning 예시

출처: https://cocodataset.org/#explore, (2024.12)

### 2.2.8 선호 기반 캡셔닝(Preference-based Captioning)

- 사용자의 선호도나 평가를 반영하는 캡셔닝 기법
  - 단순한 객관적 사실 나열에서 벗어나, 사용자의 관심사나 감성적 요소를 반영한 맞춤형 캡션을 제공
- 주요 특징
  - 사용자 선호도 반영: 사용자의 정보나 사전에 사용자가 설정한 특정 스타일, 선호도(기술적 설명, 감성적 표현 등)를 고려하여 캡션을 생성
  - 선호도 데이터 수집: 사용자들로부터 캡션에 대한 선호도나 평가를 수집
  - 개인화된 경험 제공: 사용자의 취향에 따라 맞춤형 콘텐츠를 제공하여 상호작용성을 높임
  - 전문 분야에 맞춘 설명 가능: 기술, 예술, 스포츠 등 다양한 전문영역에서 선호도를 반영한 설명 생성- 강화 학습 모델을 활용한 선호 기반 캡셔닝
  - 사용자들로부터 캡션에 대한 선호도나 평가를 수집된 선호도 데이터를 바탕으로 강화 학습한 캡셔닝 모델을 활용하여 캡셔닝 실행

**Sparse Captioning**

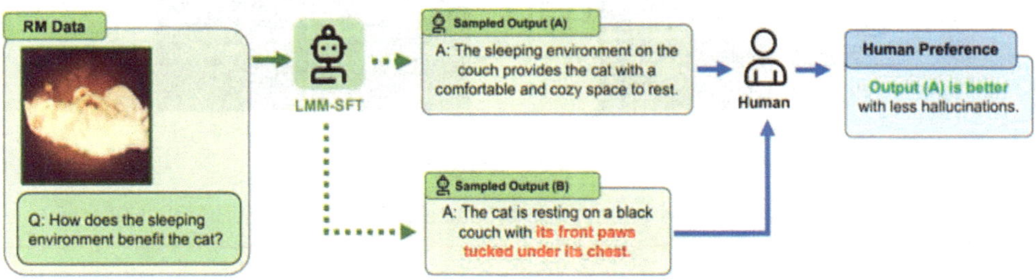


[그림 Ⅲ-10] 선호도 기반 캡셔닝

출처: https://arxiv.org/abs/2309.14525

# 3 이미지 캡셔닝 모델

## 3.1 이미지 캡셔닝 모델 프로세스

- **이미지 캡셔닝 모델 프로세스**

1) 이미지 입력 → CNN을 사용하여 특징 추출 → 특징 벡터 생성
2) 디코더 (RNN/LSTM) → 특징 벡터를 바탕으로 순차적으로 텍스트를 생성
3) 어텐션 메커니즘 (선택적) → 이미지 내 중요한 부분에 집중
4) 단어 임베딩(Word Embedding) → 생성된 단어를 임베딩하여 의미적 관계 형성
5) 단어 선택 → 가장 확률이 높은 단어를 선택하여 문장을 구성
6) 자연어 처리(NLP) → 문법과 의미에 맞는 문장을 생성

**이미지 캡셔닝 모델 프로세스**

[그림 Ⅲ-11] 이미지 캡셔닝 모델 프로세스

출처: AIHub Image Caption https://www.youtube.com/watch?v=mvHxl4oRuN0&t=517s

## 3.2 이미지 캡셔닝 모델 구성요소

### 3.2.1 객체 인식

- 객체 인식: 컴퓨터가 수많은 데이터를 학습하고 기억하여 데이터의 특징을 찾아 결과를 도출
- 이미지 객체 인식: 컴퓨터가 이미지를 분석하여 특정객체를 식별하는 기술

| 객체 인식 | |
|---|---|
|  | 1) 객체의 특징을 인식하여 학습된 데이터를 검색<br>2) 유사한 데이터를 검사하여 도출 |

〈표 III-1〉 객체 인식

### 3.2.2 자연어 처리

- 일상생활에서 사용되는 언어를 컴퓨터 비전에 활용할 수 있는 언어로 변경

| 분류 | 설명 |
|---|---|
| 자연어 | 일상생활에서 사용하는 사람들의 언어 표현 |
| 자연어처리<br>(Natural Language Processing, NLP) | • 자연어를 컴퓨터가 이해하고 처리할 수 있게 하는 기술<br>• 자연어처리는 기계 번역, 감성 분석, 자동 요약, 챗봇 등 다양한 분야에서 활용되며, 텍스트 데이터에서 유용한 정보를 추출하고 이를 분석하는데 필수적인 도구 |

〈표 III-2〉 자연어 처리

### 3.2.3 CNN(Convolution Neural Network)

| CNN(Convolution Neural Network) | |
|---|---|
| **설명** | • 이미지 캡션 모델 중 인코더에 사용되는 합성곱신경망으로 이미지의 의미있는 정보를 컴퓨터가 이해할 수 있는 형식으로 인코딩하여 디코더에게 전달<br>• 이미지내의 특징추출과 분류작업을 통하여 객체 인식을 담당 |
| **구조** | <br>[그림 III-12] CNN 원리 구조 이미지 |

## 3.2.4 RNN(Recurrent Neural Network)

**RNN(Recurrent Neural Network)**

**설명**

- RNN은 단순하고 짧은 문장에 적합하며 시퀀스 데이터 흐름을 빠르게 파악하여 적절한 단어 생성하고 묘사 텍스트의 생성을 담당

**구조**

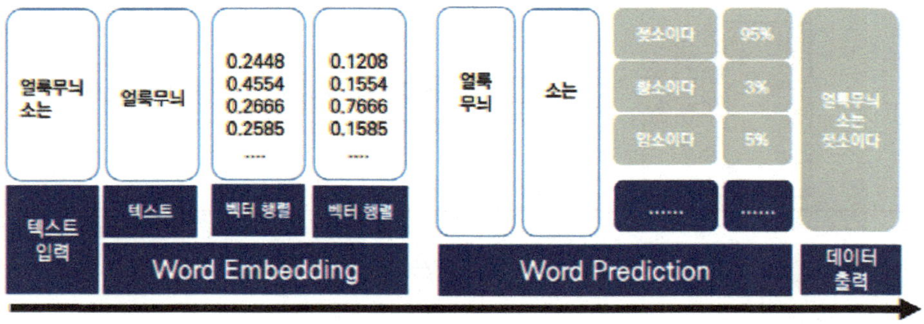


**[그림 Ⅲ-13]** RNN 원리 구조 이미지

출처: Quality Improvement of Image Captions for Cinematic Video Using Character Tags

- Word Embedding (단어 임베딩)

- 컴퓨터가 이해할 수 있도록 고차원의 언어(텍스트)를 저차원의 언어(수치 데이터)로 변환
- 자연어 처리(Natural Language Processing, NLP)에서 단어를 수치적인 벡터로 표현하는 방법
- 단어를 밀집 벡터(Dense Vector)의 형태로 표현하는 방법
- 임베딩 벡터(Embedding Vector) : 이 밀집 벡터를 워드 임베딩 과정을 통해 나온 결과
- 워드 임베딩 방법론으로는 LSA, Word2Vec, FastText, Glove 등이 존재
- 단어를 랜덤한 값을 가지는 밀집 벡터로 변환한 뒤에, 인공 신경망의 가중치를 학습하는 것과 같은 방식으로 단어 벡터를 학습하는 방법을 사용

- Word Prediction (단어 예측)

- 이미지 특성에 기반한 캡션을 단어 단위로 순차적으로 예측하여 생성

## 3.2.5 LSTM(Long Short Term Memory)

| LSTM(Long Short Term Memory) | |
|---|---|
| **설명** | • LSTM(Long Short Term Memory)이란<br>RNN모델이 개선된 모델로, RNN모델은 장기적인 문맥 정보를 잘 유지하지 못해 긴 텍스트 생성 시 오류가 빈번히 발생되는 문제를 개선하여 장기적으로 문맥에 맞는 텍스트 생성 가능 모델<br>• RNN : 단순하고 빠른 연산에 적합하지만, 장기 의존성 문제가 존재하여 장문의 텍스트 인식에 어려움이 존재<br>• LSTM : 텍스트의 장기 기억 및 생성 가능 텍스트 생성, 기계 번역, 음성인식 등과 같은 복잡한 문제 처리에 유용 |
| **구조** | 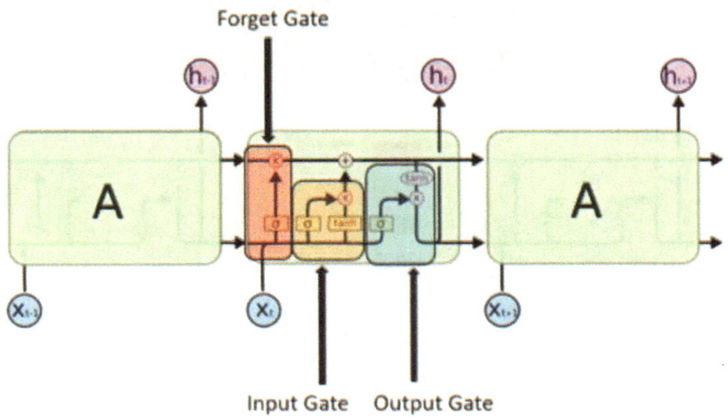<br><br>[그림 Ⅲ-14] LSTM 원리 구조 이미지<br>출처: https://medium.com/dovvie/deep-learning-long-short-term-memory-model-lstm-d4ee2f005973 |

## 3.3 이미지 캡셔닝 모델의 동작 예시

- 이미지 캡셔닝 동작 예시

**이미지 캡셔닝 동작 예시**

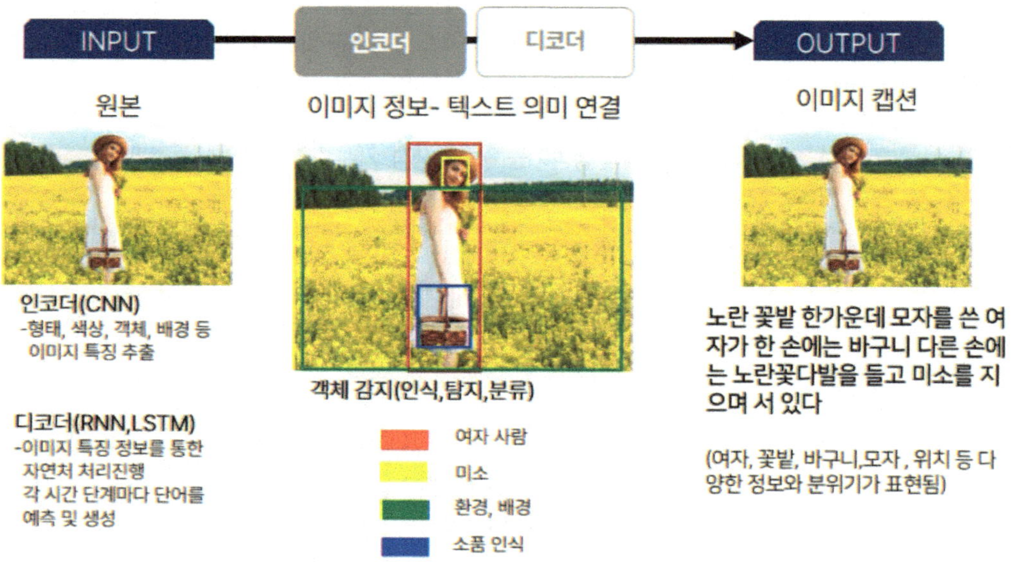


[그림 Ⅲ-15] 이미지 캡셔닝 동작 예시

출처: Quality Improvement of Image Captions for Cinematic Video Using Character Tags
https://www.youtube.com/watch?v=mvHxl4oRuN0&t=517s, AI Hub Image Caption

- 동영상 캡셔닝 동작 예시

**동영상 캡셔닝 동작 예시**

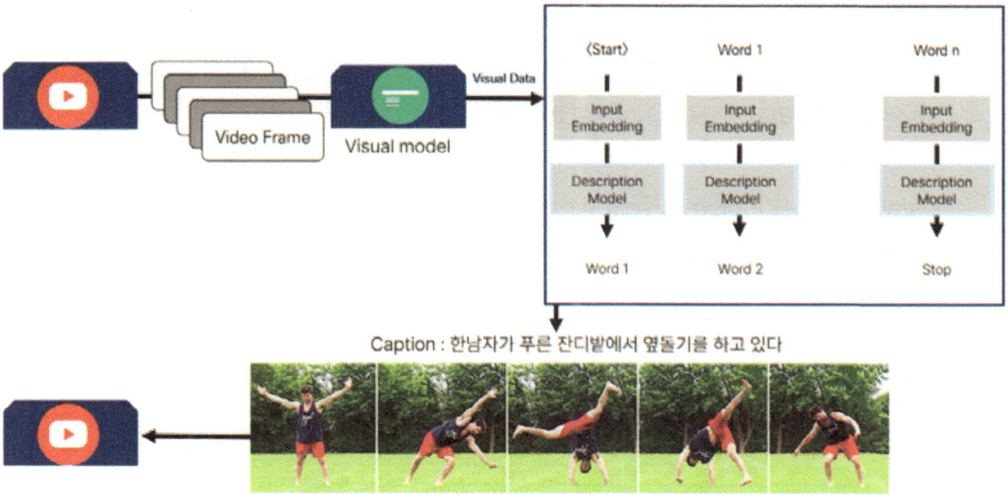


[그림 Ⅲ-16] 동영상 캡셔닝 동작 예시

- 입력받은 동영상을 여러 프레임으로 나누고, 이미지 캡셔닝 모델을 통해 각 프레임 이미지에 대한 캡션을 생성하고 다시 동영상으로 변환 - 이미지 유사도 분석을 통해 비슷한 프레임/장면에서는 동일한 캡션을 출력

출처: github.com/eodud0582, Video_Caption_Generation_Using_Deep_Learning

## 3.4 이미지 캡셔닝 모델

### 3.4.1 RECAP(Reversible Captioning)

- 이미지와 텍스트 간의 양방향 변환을 가능하게 하는 모델
  - 이미지를 텍스트로 변환하는 이미지 캡셔닝 뿐만 아니라, 텍스트를 이미지로 변환하는 '텍스트-to-이미지' 생성도 가능하도록 설계

① DataComp-1B(Image to Text 방식)

웹크롤링 이미지 12.8억 개의 이미지-텍스트 쌍으로 구성된 데이터셋이며, 상대적으로 낮은 품질을 보완하기 위해 잘 훈련된 LLaVA모델을 적용하여 전체 DataComp-1B 데이터 세트를 다시 캡셔닝하는 방식

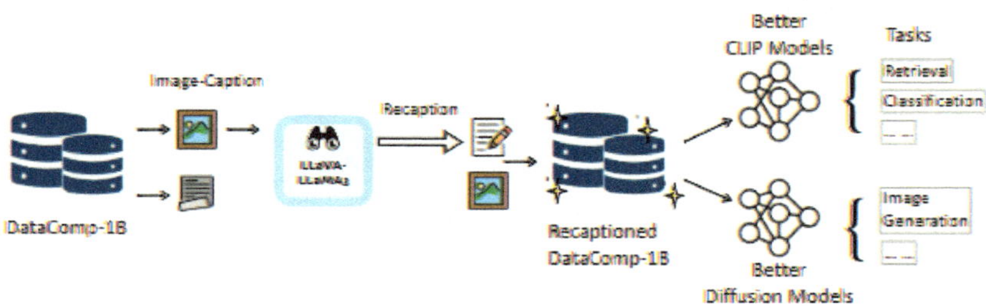


[그림 Ⅲ-17] RECAP DataComp-1B 구조

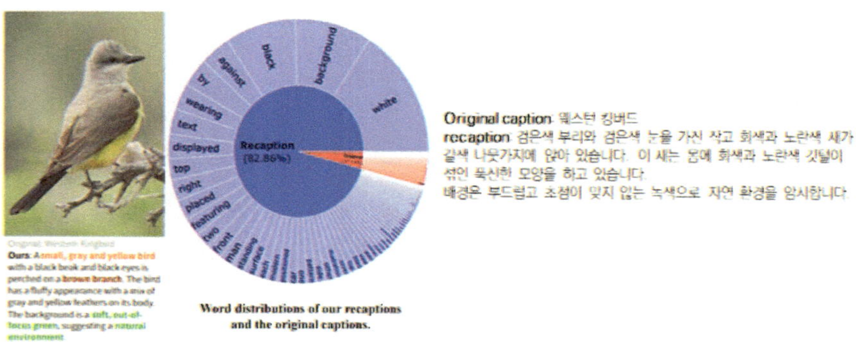


[그림 Ⅲ-18] RECAP DataComp-1B 예시

출처: https://arxiv.org/pdf/2406.08478/(2024)
What If We Recaption Billions of Web Images with LLaMA-3

② DALL·E 3(Text to Image 방식)

OpenAI에서 개발한 최첨단 텍스트-이미지 AI모델로, 사용자가 입력한 자연어 텍스트 설명을 기반으로 사실적이고 창의적인 이미지를 생성하고 이전 버전(DALL·E 2)보다 향상된 텍스트 이해력과 이미지 생성 능력을 바탕으로 복잡한 장면과 다양한 스타일을 표현함

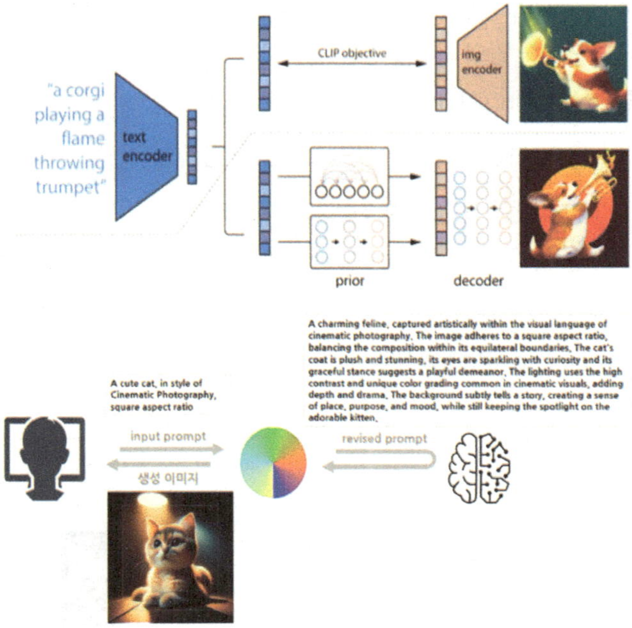


[그림 Ⅲ-19] RECAP DALL·E 3 구조

출처: https://jehyunlee.github.io/2024/03/20/General-46-dalle3styles3/
출처: https://arxiv.org/pdf/2204.06125

[그림 Ⅲ-20] DALL·E 캡션 기반 이미지 생성

출처: https://openai.com/index/dall-e-3/

[그림 Ⅲ-21] GPT-4V로 캡션 업샘플링 DALL·E 3 이미지 생성

출처: https://cdn.openai.com/papers/dall-e-3

### 3.4.2 CLIP(Contrastive Language-Image Pre-training)

- 이미지와 텍스트를 함께 학습하여 두 모달리티 간의 관계를 이해하는 멀티모달 모델로 이미지를 보고 이를 설명하는 텍스트를 생성하거나 텍스트로부터 해당 이미지를 찾아내는 등 다양한 작업을 수행할 수 있는 AI모델
  - Contrastive Learning: 특정 입력을 Embedding Network를 통해 임베딩 공간으로 이동시키고, 같은 class라면 임베딩 값의 거리를 최소화(d+)하고, 다른 Class라면 임베딩 값의 거리를 최대화(d-) 되도록 Embedding Network를 학습하는 방법
  - Image와 Text를 하나의 공통된 Embedding Space로 사용
  - Contrastive 데이터셋은 이미지와 이미지에 매칭되는 자연어로 구성되며, 이미지는 Image Encoder로, 자연어는 Text Encoder로 Feature를 추출하고 이렇게 추출된 벡터 간 내적을 통해 Cosine Similarity를 측정
  - Zero Shot Prediction : 학습 과정에서 전혀 보지 못한 새로운 카테고리나 클래스에 대한 예측을 수행하는 것이 가능해짐을 의미

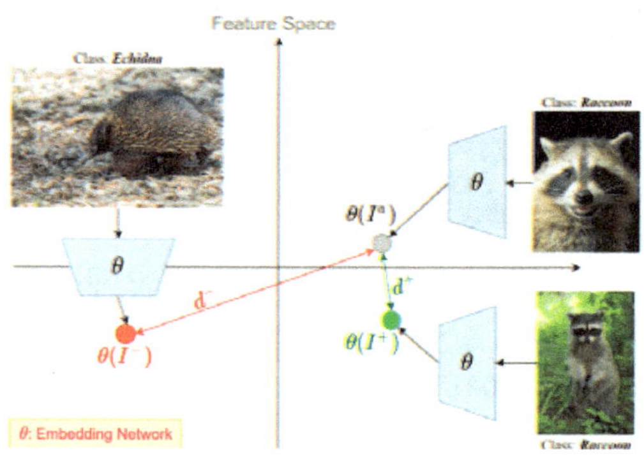


[그림 Ⅲ-22] Contrastive Learning 원리

출처: https://proceedings.mlr.press/v139/radford21a/radford21a.pdf

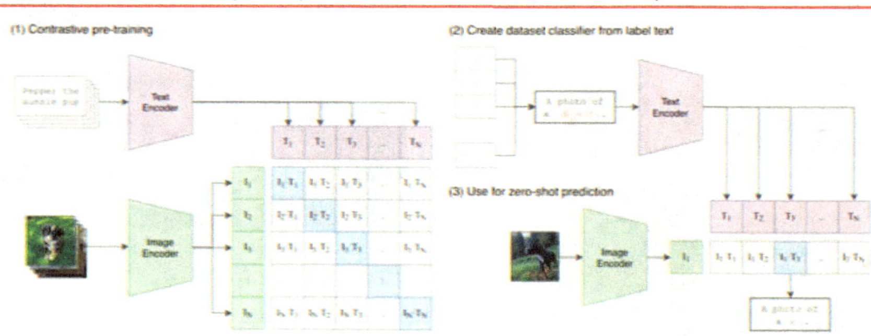


[그림 Ⅲ-23] CLIP의 원리

출처: https://proceedings.mlr.press/v139/radford21a/radford21a.pdf

### 3.4.3 PLIP(Pathology Language-Image Pre-training)

- CLIP의 의료 도메인 특화 모델
  - OpenPath 데이터셋에 대한 완전한 설명을 제시하고, 대조학습을 통해 OpenPath의 쌍을 이루는 이미지와 캡션에 대해 학습된 PLIP(Pathology Language-Image Pre-training) 모델을 제안
  - OpenPath : Twitter 및 기타 플랫폼을 사용하여 자연어 설명과 쌍을 이루는 208,414개의 병리학 이미지로 구성된 대규모 데이터 세트

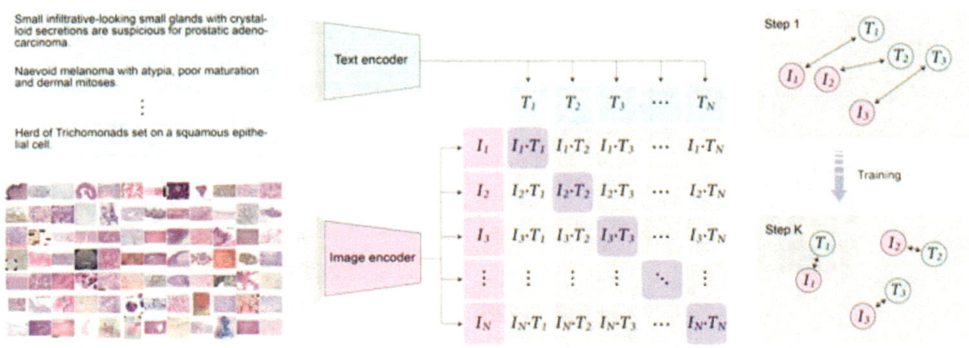


[그림 Ⅲ-24] PLIP 구조

출처: https://www.biorxiv.org/content/10.1101/2023.03.29.534834v1.full.pdf

### 3.4.4 BLIP (Bootstrapping Language-Image Pre-training)

- MED(Multimodal mixture of Encoder-Decoder) 구조를 가지며, 총 3개의 역할을 달리하는 Encoder 및 Decoder 구조가 융합된 형태로 ITC, ITM, LM 등 다양한 학습 목표를 동시 달성하기 위해 Multi-task Learning 기법을 사용

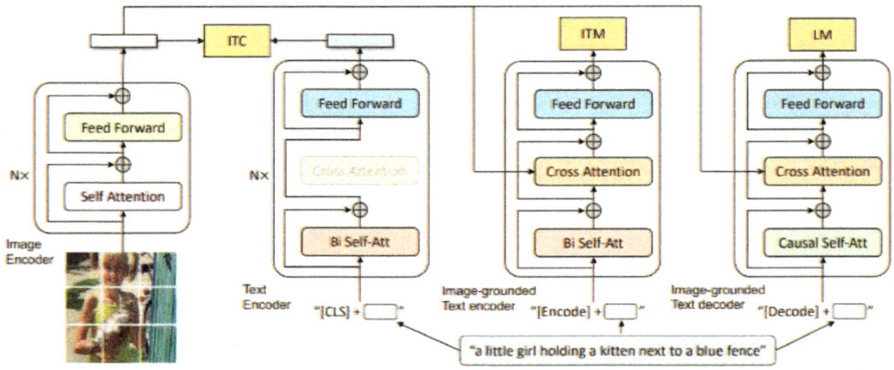


[그림 Ⅲ-25] BLIP 구조

① ITC (Image-Text Contrastive Loss)
이미지와 텍스트가 서로 일치하는 쌍과 일치하지 않는 쌍을 비교하여,
모델이 이미지와 텍스트의 의미적인 관계를 학습하도록 돕는 역할
- Positive Pair : 같은 이미지와 텍스트를 의미하는 쌍 (예: 고양이 사진과 "고양이"라는 텍스트)
- Negative Pair : 서로 다른 의미를 가진 이미지와 텍스트 쌍 (예: 고양이 사진과 "강아지"라는 텍스트)
- Contrastive Loss 계산 : Positive Pair의 경우, 두 벡터 사이의 거리가 최소화 / 반대일 경우 최대화

② ITM (Image-Text Matching)
ITC를 기반으로 이미지와 텍스트 쌍이 얼마나 잘 매칭되는지를 판단

③ LM (Language Modeling)
ITC / ITM 을 통해 학습된 지식을 통하여 이미지를 설명하는 텍스트를 생성

출처: https://proceedings.mlr.press/v162/li22n/li22n.pdf

### 3.4.5 BLIP-2 (Bootstrapping Language-Image Pre-training with Frozen Image Encoders and Large Language Models)

- 큰 규모의 모델을 End-to-End로 훈련하는 BLIP 모델에서 비용이 높아지는 문제점을 해결하기 위해 제안된 Pre-Training 전략 모델로, Frozen Image Encoder과 LLM 모델을 연결해주는 새로운 방법 Q-Former(Querying Transformer)를 사용하여 서로 다른 모달리티의 격차를 줄임
  - BLIP-2 는 두 단계의 학습 과정을 수행
    - 첫 번째 단계에서는 이미지 인코더와 텍스트 인코더를 각각 학습
    - 두 번째 단계에서는 Querying Transformer를 이용하여 두 모달리티 간의 상호작용을 학습
  - Vision-language Representation Learning stage : Q-Former를 Frozen 이미지 인코더에 연결하고 이미지-텍스트 쌍을 사용하여 사전 훈련을 수행
    해당 단계에서는 Q-Former를 훈련시켜 쿼리가 텍스트에서 가장 유익한 시각적 표현을 추출하는 방법을 세 가지 사전학습 목표를 통해 최적화 진행

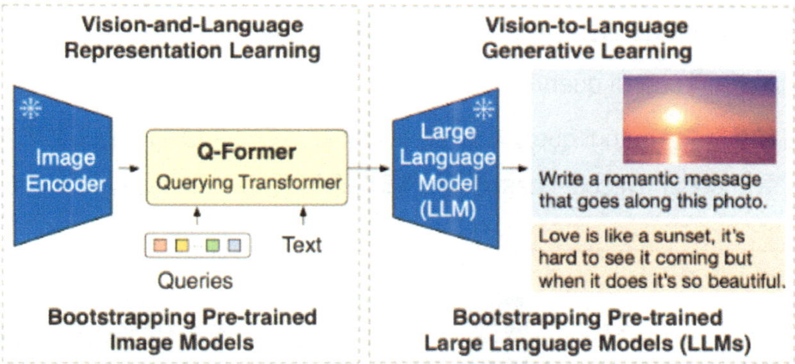


[그림 Ⅲ-26] BLIP-2 소개

출처: https://arxiv.org/abs/2301.12597, BLIP-2: Bootstrapping Language-Image Pre-training with Frozen Image Encoders and Large Language Models

- BLIP-2 Stage1 Architecture

① ITC (Image-Text Contrastive Learning)
이미지 표현과 텍스트 표현을 정렬하는 것으로 이미지와 텍스트 간의 차이를 줄이는 작업

② ITG (Image-Grounded Text Generation)
Image Encoder에서 추출된 이미지 정보는 공유된 Self attention layer를 통해 텍스트 토큰으로 전해지고 쿼리는 텍스트와 관련된 이미지 정보를 추출하도록 학습

③ ITM (Image-Text Matching)
이미지-텍스트가 Positive 인지 Negative 인지 예측하도록 요청하는 이진 분류 작업

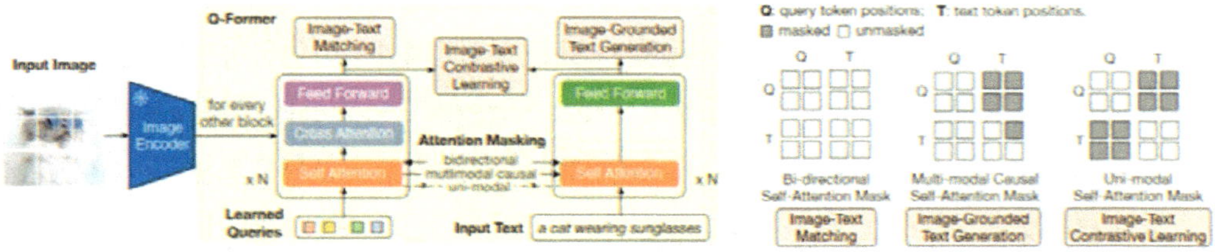


[그림 Ⅲ-27] BLIP-2 Stage1 아키텍처

출처: https://arxiv.org/pdf/2301.12597, BLIP-2: Bootstrapping Language-Image Pre-training with rozen Image Encoders and Large Language Models

- BLIP-2 Stage2 Architecture
  ① Vision-to-Language Generative Learning stage with a frozen LLM
  학습된 이미지와 텍스트 표현을 기반으로 설명하는 텍스트 생성 or 텍스트 기반으로 이미지를 검색하는 등 다양한 생성작업을 수행 (2번째 Stage는 Q-Former를 LLM에 연결하는 과정)
  ② Q-Former의 output query는 완전연결 계층 (Fully Connected Layer)를 통해 LLM으로 전달
  ③ 완전 연결 계층은 output query의 차원을 LLM의 Text Embedding 차원으로 사영(project)하는 역할로 Encoder-Decoder based 네트워크의 경우에는 text를 prefix, suffix text로 나눠 사용

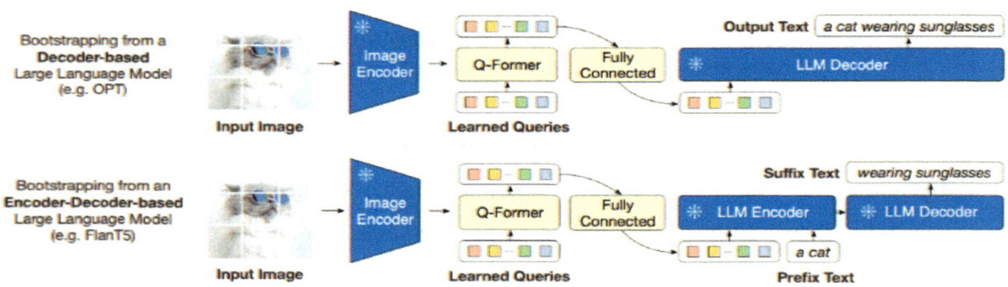


[그림 Ⅲ-28] BLIP-2 Stage2 아키텍처

출처: https://arxiv.org/pdf/2301.12597

### 3.4.6 InstructBLIP

- 범용적인 대화 수준의 데이터가 아닌 도메인 특수성을 가진 모델로, 주로 학술 논문 데이터에서 사용
  - InstructBLIP은 Vision-Language Pre-training (VLP) 모델인 BLIP-2를 기반으로 Vision-Language Instruction Tuning을 수행한 모델
  - InstructBLIP은 BLIP-2의 계산 효율적이고 강력한 Vision-Language 작업수행 능력을 그대로 활용하고 추가적인 Instruction Tuning을 통해 다목적 Vision-Language 모델을 목표로 함

- Vision-Language Instruction Tuning을 위해 11개의 작업 카테고리에서 26개의 데이터셋을 Instruction 데이터 포맷으로 변환하여 사용
- 기존 Q-former는 Instruction을 이해하는 부분이 없이 Visual Feature를 추출하므로 Q-Former가 Instruction을 이해할 수 있도록 Instruction 텍스트 토큰을 추가 입력으로 받을 수 있게 Q-Former를 개선
- Instruction은 Q-Former의 Self-Attention Layer에서 Query Embedding과 상호작용하여 수행하려는 작업과 연관된 Visual Feature의 추출을 유도

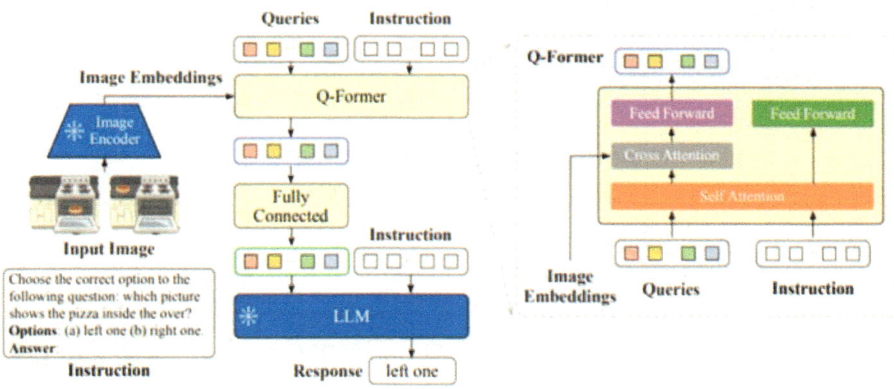


[그림 Ⅲ-29] InstuructBLIP 구조

출처: https://arxiv.org/pdf/2305.06500 InstructBLIP

### 3.4.7 LLaVa(Large Language and Vision Assistant)

- LLM과 Vision Encoder가 결합된 모델로, 이미지를 숫자로 된 벡터로 변환하여 컴퓨터가 이해할 수 있도록 하고 변환된 이미지 벡터와 텍스트를 함께 처리하여 이미지에 대한 질문에 대답하거나 이미지를 설명하는 텍스트를 생성
  - 데이터셋 생성: ChatGPT/GPT-4 를 사용하여 LLaVA모델 학습을 위한 Instruction-Following Dataset 생성 (Language-Only LLM이 인식할 수 있는 형태로 Image를 Encode)
  - Vision Encoder: Pre-Trained CLIP Visual Encoder인 ViT-L/14 활용하며 Vision Encoder Training
  - Pre-Training for Feature Alignment : 시각적 개념의 적용과 학습의 효율성을 높이기 위해 CC3M의 데이터를 595K의 이미지-텍스트 쌍으로 필터링
  - Fine-Tuning End-to-End : LLaVA모델 학습을 위한 Instruction-Following Dataset (158K)의 데이터를 기반으로 Fine-Tuning 진행

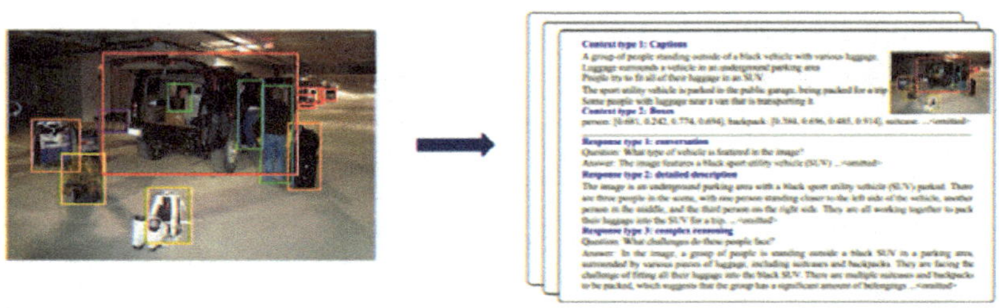

예시 1) Captions는 시각적으로 다양한 관점에서 바라본 Image Scene에 대해 설명

2) Bounding Boxes는 Scene에서 특정 물체가 어떠한 위치에 있는지를 설명

3) 이미지 내의 시각적 요소 자체에 대한 질문 포함

4) 그 외 상세설명 심층적인 추론을 하는 질문 및 답변 등

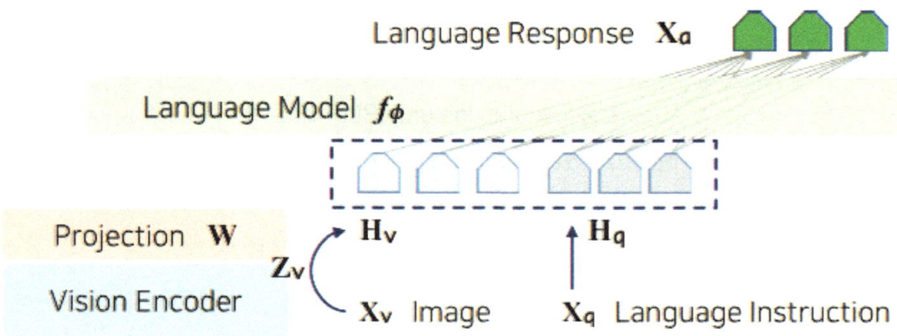


[그림 Ⅲ-30] LLaVA 아키텍처

출처: https://arxiv.org/abs/2304.08485

### 3.4.8 LLaMA-VID

- LLaMA-VID 는 각 비디오 프레임을 컨텍스트와 컨텐츠라는 두 가지 토큰으로 요약하여 처리
  - 복잡한 시각적 정보를 단순화하여 대량의 비디오 데이터를 신속하게 분석

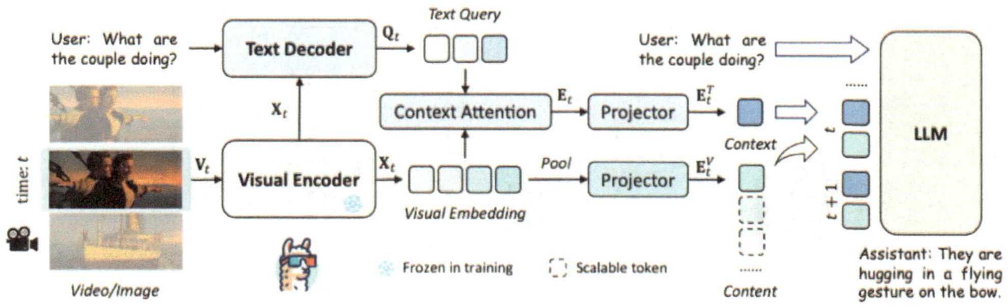


[그림 Ⅲ-31] LLaMA-VID 구조

출처: https://arxiv.org/pdf/2311.17043, (LLaMA-VID:AnImageisWorth2TokensinLargeLanguageModels)

### 3.4.9 Show and Tell(Google)

- CNN (Convolutional Neural Network) 기반의 이미지 특성 추출기와 LSTM (Long Short-Term Memory) 기반의 시퀀스 모델
  - 이미지 특성을 추출하고 이를 기반으로 문장을 생성하는 구조
  - 프레임워크 : TensorFlow
  - 이미지의 시멘틱 정보를 효과적으로 잡아내고, LSTM을 통해 문맥을 고려하여 자연어 설명을 생성

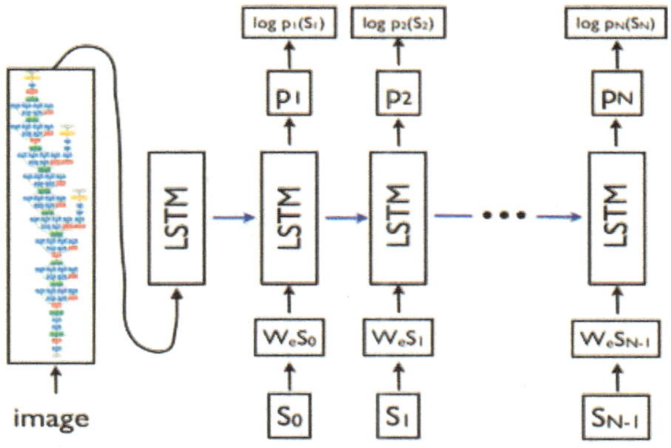


[그림 Ⅲ-32] Show and Tell (Google) 구조

출처 : https://research.google/pubs/show-and-tell-a-neural-image-caption-generator/

### 3.4.10 NIC(Neural Image Caption)

- 이미지 특성을 추출하는 CNN과 이미지 설명을 생성하는 LSTM을 결합
  - 프레임워크: PyTorch, TensorFlow
  - CNN을 통해 추출된 특성을 LSTM에 입력하여 시퀀스 생성을 수행하는 구조

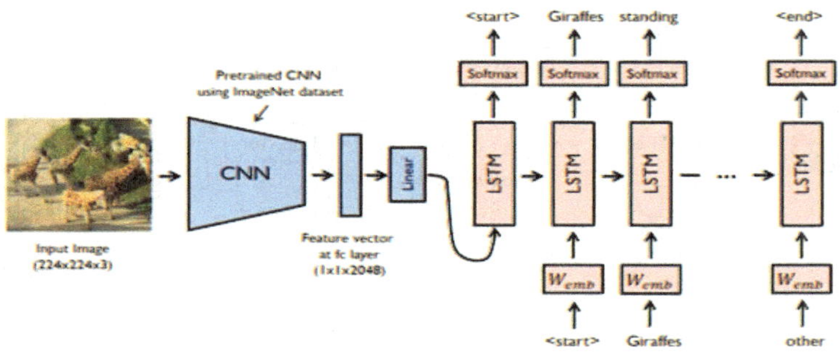


[그림 Ⅲ-33] NIC (Neural Image Caption) 구조

출처: https://openai.com/index/clip/

### 3.4.11 Bottom-Up Top-Down(BUTD)

- 객체 검출에 뛰어난 Faster R-CNN과 LSTM을 조합하여 이미지 캡션 생성
  - Faster R-CNN과 LSTM을 결합
  - 프레임워크 : PyTorch
  - 이미지 내의 다양한 객체를 검출하고, 이 정보를 활용하여 더 풍부한 캡션을 생성하는 방식

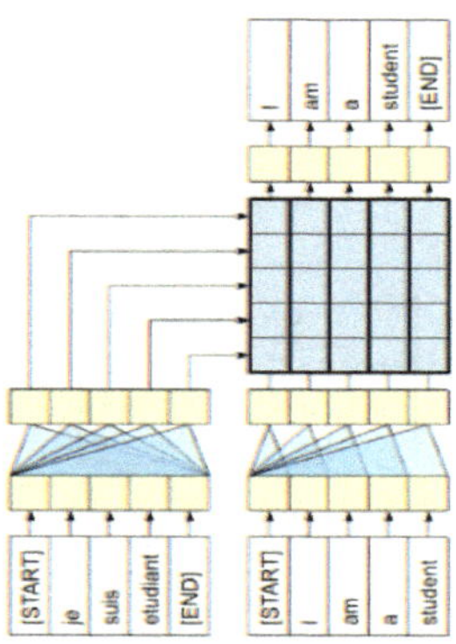


[그림 Ⅲ-34] Bottom-Up Top-Down(BUTD) 구조

출처: https://www.tensorflow.org/tutorials/text/image_captioning

### 3.4.12 Transformer-based Model(e.g.,VilBERT)

- Transformer의 Self-Attention 메커니즘을 사용하여 이미지와 텍스트 간의 관계를 학습하고 캡션을 생성
  - 이미지와 텍스트 정보를 효과적으로 통합하는 Transformer 구조 사용
  - 프레임워크 : PyTorch

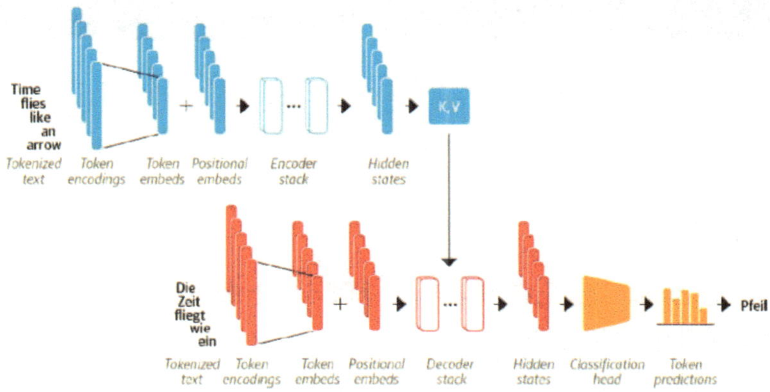


[그림 Ⅲ-35] Transformer-based Model 구조

출처: https://github.com/laxmimerit/NLP-Tutorials-with-HuggingFace

### 3.4.13 Image-Captioning-ResNet-Attention(Microsoft)

- 어텐션 메커니즘을 활용하여 모델이 이미지의 중요한 부분에 더 집중하도록 하며, 이를 통해 더 정확한 캡션 생성 가능
  - 프레임워크 : PyTorch
  - ResNet을 통해 이미지 특성을 추출하고 어텐션 메커니즘을 사용하여 중요한 부분에 집중

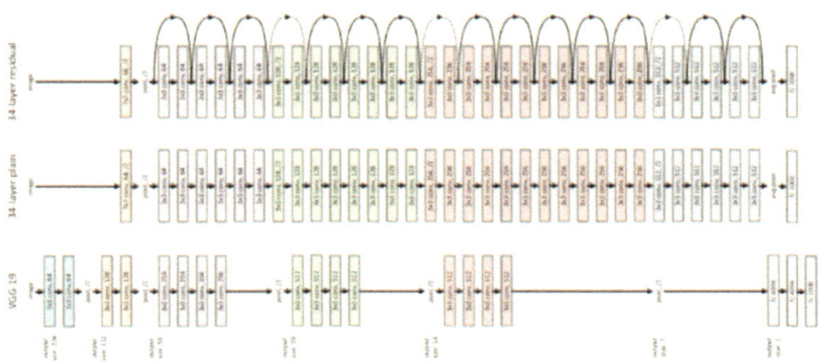

[그림 Ⅲ-36] Image-Captioning-ResNet-Attention(Microsoft) 구조

출처: https://www.researchsquare.com/article/rs-2265972/v1

# 4 이미지 캡션 품질

## 4.1 올바른 캡션의 정의

| 이미지의 중요한 부분에만 집중하여 이미지 캡션 | 연속적인 요소를 이미지에서 텍스트로 전환해 맥락을 고려한 캡션 | 이미지와 설명의 관계를 이해하며, 자연스럽게 설명하는 캡션 | 이미지 객체와 배경을 정확하게 연결한 캡션 |
|---|---|---|---|
| ※출처 Show, Attend and Tell | ※출처 Show, Attend and Tell | ※출처 Bottom-Up and Top-Down Attention for Image Captioning ) | ※ 출처:Deep Visual-Semantic Alignments for Generating Image Descriptions |

"정확하고 간결하며, 이해하기 쉬운 이미지 캡션"

## 4.2 이미지 캡션을 만드는 요소

- 정보 충분성: 캡션과 작업 관련 시각적 의미 체계 간의 상호 정보를 통해 측정되는 의미 있는 콘텐츠의 포괄적인 적용 범위를 보장
- 최소 중복성: 생성된 캡션의 정보량을 통해 정량화된 캡션의 간결성을 최적화
- 인간의 이해성 : 생성된 캡션과 자연어 간의 분포 거리를 통해 평가하며, 인간 독자가 이해하기 쉬운 정도

출처: https://arxiv.org/html/2405.00485v2#bib, What Makes for Good Image Captions? 2024

## 4.3 이미지 캡션 표현 요소 고려사항

- 이미지 캡션의 표현 요소 고려 필요
  - 동작 : 이미지상 등장하는 객체가 '생물'일 경우, 그들이 취하고 있는 모습이나 행동을 의미
  - 객체 : 이미지상 등장하는 사람(들), 동식물, 사물 등을 의미
    (사물에는 건물/구조물/음식/음료/의류 및 액세서리, 예술품 등이 포함)
  - 장소 및 위치 : '장소를 특정할 수 없는 경우 실내 공간이다, 실외(야외/노상) 공간이다' 등의 표현을 허용하며, 바다/산/공원/운동장/연못 등의 특정 장소로도 표현 가능
  - 조건 : 이미지상에서 파악 가능한 날씨나 주변 환경의 조건을 묘사
  - 시간 : 실내 공간의 인공적인 조명 외 자연광으로 유추되는 시간대를 의미
  - 의도 및 목적 : 객체의 의도를 파악할 수 있는 경우 가능한 객관적인 상황에 대해 묘사
  - 수량 : 이미지상 등장하는 객체의 수량을 의미
  - 색상 : 객체 또는 주변 환경의 색상을 묘사하며, 일반적으로 사용하는 색상을 이용해 묘사

출처: 24년 초거대AI 한국영상이해 데이터 이미지 캡셔닝 의미 정확성 점검항목

## 4.4 이미지 캡션 품질검사 항목

### 4.4.1 정보추출 비율(Information Extraction Ratio)

- 이미지 캡션 내 이미지에 대한 정보를 얼마나 포함하고 있는지 비율
  - 객체 정보(Object) : 원천데이터 이미지 내 객체 수 (사람, 사물 등)
  - 상호작용(Interaction) : 객체 간에 서로 유기적으로 작용하는 정보 (예: 컵을 들고 있는 남자)
  - 배경 정보(Background): 이미지의 날씨, 지역, 지형, 분위기를 나타내는 정보
  - 객체 위치 정보(Spatial positional info) : 배경에 대한 객체의 위치 정보

출처 : Scene Graph Generation by Iterative Message Passing(2017)

### 4.4.2 정보 표현 적절성(Information Representation Appropriateness)

- 이미지에 대한 캡션 생성의 적절 여부
  - 표현의 완전성 : 생성된 캡션 내용이 문법이나 어순에 오류가 없는지 확인
  - 표현의 유해성 : 생성된 캡션 내용에 욕설, 편향적 내용 등이 없는지 확인
  - 표현의 신뢰성 : 생성된 캡션 내용에 결함이나 환각이 없는지 확인

출처: Hallucination of Multimodal Large Language Models_ A Survey(2024)

### 4.4.3 정보 표현 풍부성(Information Representation Abundance)

- 캡션이 이미지의 주요 객체 외의 내용을 얼마나 풍부하게 표현하고 있는지 확인

① 속성 연관성

- 색감표현(Color) : 객체 혹은 그 배경의 색상이나, 색감 표현
- 질감표현(Texture) : 객체나 주변 물체의 질감에 대한 표현
- 감정표현(Emotion) : 객체의 슬픔, 기쁨 행복함 등 감정에 대한 표현
- 분위기(Mood) : 전체 맥락적 분위기에 대한 표현
- 미사여구(Rhetoric) : 객체나 주변 환경에 사용되는 미사여구 표현

② 객체 관계성

- 위치 정보(Spatial) : 객체 주변의 공간정보, 장소에 대한 표현

출처: CoMat_ Aligning Text-to-Image Diffusion Model

### 4.4.4 정보 내용 일치성(Information Content Consistency)

- 문장의 필수 구성요소 포함 여부 :문장 필수 구성 성분이 빠진 게 없는지 확인
  - 문장과 이미지 간 묘사 내용 일치 여부
    - 객체 : 객체 수 및 상태가 캡션의 내용과 일치하는지 확인
    - 상황 : 객체와 주변 상태가 캡션의 내용과 일치하는지 확인
  - 배경 요소 묘사 일치 여부: 객체나 배경의 색상, 성별, 배경 등
    - 배경 : 배경 표현이 캡션의 내용과 일치하는지 확인
  - 중복 어구 다수 발생 여부
    - 중복 어구 확인 : 어미가 다른 형태로 기본 단어가 중복되는지 확인 필요

출처: Hallucination of Multimodal Large Language Models_ A Survey(2024)

## 4.5 올바른 이미지 캡션 예시

### 4.5.1 정보추출 비율 반영 캡션 예시

사진 출처: https://unsplash.com/
https://www.istockphoto.com/

**| 적절한 캡션**

한 남자가 파도가 치는 바닷가 중앙에 서프보드를 들고 있다.

| 항목 | 판정 | 세부내용 |
|---|---|---|
| 객체정보 : 원천데이터 내의 객체 수 | O | - |
| 상호작용 : 객체 간 유기적인 정보 | O | - |
| 배경 : 날씨, 지역 등의 정보 | O | - |
| 위치정보 : 배경에 대한 객체의 정보 | O | - |

**| 부적절한 캡션**

해변에 한 사람이 놀고 있다.

| 항목 | 판정 | 세부내용 |
|---|---|---|
| 객체정보 : 원천데이터 내의 객체 수 | X | 서프보드(누락) |
| 상호작용 : 객체 간 유기적인 정보 | X | (누락) |
| 배경 : 날씨, 지역 등의 정보 | O | - |
| 위치정보 : 배경에 대한 객체의 정보 | O | - |

※ 이미지 정보가 온전히 추출되지 않아 서프보드에 대한 객체 값이 누락되었고, 객체(사람)와 객체(사물) 간 상호작용 또한 누락 되었음

사진 출처: https://unsplash.com/
https://www.istockphoto.com/

| 적절한 캡션

롱코트를 입고 우산을 쓴 한 남자가 비가 오는 거리를 걷고 있다

| 항목 | 판정 | 세부내용 |
|---|---|---|
| 객체정보 : 원천데이터 내의 객체 수 | O | - |
| 상호작용 : 객체 간 유기적인 정보 | O | - |
| 배경 : 날씨, 지역 등의 정보 | O | - |
| 위치정보 : 배경에 대한 객체의 정보 | O | - |

| 부적절한 캡션

도로 위를 한 남자가 걷고 있다

| 항목 | 판정 | 세부내용 |
|---|---|---|
| 객체정보 : 원천데이터 내의 객체 수 | X | 롱코트, 우산(누락) |
| 상호작용 : 객체 간 유기적인 정보 | X | (누락) |
| 배경 : 날씨, 지역 등의 정보 | X | 비가오는(누락) |
| 위치정보 : 배경에 대한 객체의 정보 | O | - |

※ 객체 값이 누락되면서, 객체 간의 상호작용 또한 누락 되었음
※ 배경 정보 중, 날씨 정보가 누락 되었음

## 4.5.2 정보 표현 적절성 반영 캡션 예시

출처: https://kli.korean.go.kr/benchmark/taskOrdtm/taskList.do?taskOrdtmId=58, 문자가 포함된 그림(사진) 기반 문장 생성

| 적절한 캡션

붉은 벽돌 벽 앞에 비상 버튼과 안내 버튼이 있는 서울교통공사의 비상전화가 설치되어 있다.

| 항목 | 판정 | 세부내용 |
|---|---|---|
| 문법적인 오류가 없는 완전성 | O | |
| 욕설, 편향적 내용이 담긴 유해성 | O | |
| 결함이나 환각에 대한 신뢰성 | O | |
| 과제 특성에 따른 환경성 | O | |

| 부적절한 캡션

붉은 벽이 붉은색 SOS 비상전화 부스를 설치하고 있다.

| 항목 | 판정 | 세부내용 |
|---|---|---|
| 문법적인 오류가 없는 완전성 | X | 붉은 벽이 설치하고 있다 |
| 욕설, 편향적 내용이 담긴 유해성 | O | |
| 결함이나 환각에 대한 신뢰성 | O | |
| 과제 특성에 따른 환경성 | O | |

※ 붉은 벽이 SOS 비상전화를 설치하는 것이 아닌 붉은 벽에 SOS 비상전화가 설치되어 있는 것이 맞는 표현

출처: https://github.com/eodud0582/Video_Caption_Generation_Using_Deep_Learning,Video_Caption_Generation_Using_Deep_Learning

**| 적절한 캡션**

구름 낀 산 아래 빨간 헬멧을 쓴 남자가 비포장 시골길 위에서 오토바이를 타고 있다

| 항목 | 판정 | 세부내용 |
|---|---|---|
| 문법적인 오류가 없는 완전성 | O | |
| 욕설, 편향적 내용이 담긴 유해성 | O | |
| 결함이나 환각에 대한 신뢰성 | O | |
| 과제 특성에 따른 환경성 | O | |

**| 부적절한 캡션**

구름 낀 산 아래, 빨간 헬멧을 쓴 검둥이가 비포장 시골길 위에서 오토바이를 타고 있다

| 항목 | 판정 | 세부내용 |
|---|---|---|
| 문법적인 오류가 없는 완전성 | O | |
| 욕설, 편향적 내용이 담긴 유해성 | X | 검둥이 |
| 결함이나 환각에 대한 신뢰성 | O | |
| 과제 특성에 따른 환경성 | O | |

※ 객체(남성)의 캡션 내용에 대해 혐오, 비하 표현 등이 있는지 확인하여야 함

출처: 직접 수집 후 Blip 이미지 캡셔닝 이용

**| 적절한 캡션**

쇠 그릇 안에 시뻘건 다대기 육수가 담겨져 있고 그 위에 면과 삶은 달걀, 고명이 올라가 있다.

| 항목 | 판정 | 세부내용 |
|---|---|---|
| 문법적인 오류가 없는 완전성 | O | |
| 욕설, 편향적 내용이 담긴 유해성 | O | |
| 결함이나 환각에 대한 신뢰성 | O | |
| 과제 특성에 따른 환경성 | O | |

*※ 사투리나 고어의 경우 부적절한 캡션 표현으로 오해할 수 있으나 과제 특성상 사용이 필요한 경우 사용할 수 있음*

**| 부적절한 캡션**

테이블 위에 좋은 재료가 듬뿍 들어간 파스타가 놓여 있다.

| 항목 | 판정 | 세부내용 |
|---|---|---|
| 문법적인 오류가 없는 완전성 | O | |
| 욕설, 편향적 내용이 담긴 유해성 | O | |
| 결함이나 환각에 대한 신뢰성 | X | 파스타 |
| 과제 특성에 따른 환경성 | O | |

※ 이미지에서 각 객체(냉면)의 정보가 정확한지 확인하여야 함

### 4.5.3 정보 표현 풍부성 반영 캡션 예시

출처: 한국컴퓨터종합학술대회 논문집
Multi-Modal Complex Emotion Recognition Based on Image Captioning

**| 적절한 캡션**

작은 소녀가 숲속에서 우산을 들고 행복한 표정을 짓고 있다

| 항목 | 판정 | 세부내용 |
|---|---|---|
| 객체나 주변에 대한 색감 표현 | - | - |
| 객체나 주변 물체의 질감 표현 | - | - |
| 객체의 슬픔, 기쁨 등에 관한 감정표현 | O | 행복한 표정 |
| 전체 맥락적 분위기 | - | - |
| 객체나 주변 환경에 사용되는 미사여구 | - | - |
| 객체 주변이나 장소에 대한 위치정보 | O | 숲속에서 |

**| 부적절한 캡션**

작은 소녀가 우산을 들고 있다

| 항목 | 판정 | 세부내용 |
|---|---|---|
| 객체나 주변에 대한 색감 표현 | X | - |
| 객체나 주변 물체의 질감 표현 | X | - |
| 객체의 슬픔, 기쁨 등에 관한 감정표현 | X | - |
| 전체 맥락적 분위기 | X | - |
| 객체나 주변 환경에 사용되는 미사여구 | X | - |
| 객체 주변이나 장소에 대한 위치정보 | X | - |

※ 객체의 정보 표현이 최소 조건에 미달함

사진 출처: https://unsplash.com/
https://www.istockphoto.com/

**| 적절한 캡션**

노란 꽃밭 한가운데 모자를 쓴 여자가 한 손에는 바구니 다른 손에는 노란 꽃다발을 들고 미소를 지으며 서 있다

| 항목 | 판정 | 세부내용 |
|---|---|---|
| 객체나 주변에 대한 색감 표현 | - | 노란 꽃밭 |
| 객체나 주변 물체의 질감 표현 | - | - |
| 객체의 슬픔, 기쁨 등에 관한 감정표현 | O | 미소를 지으며 |
| 전체 맥락적 분위기 | - | - |
| 객체나 주변 환경에 사용되는 미사여구 | - | - |
| 객체 주변이나 장소에 대한 위치정보 | O | 꽃밭 한가운데 |

**| 부적절한 캡션**

한 여자가 꽃을 들고 서 있다

| 항목 | 판정 | 세부내용 |
|---|---|---|
| 객체나 주변에 대한 색감 표현 | X | - |
| 객체나 주변 물체의 질감 표현 | X | - |
| 객체의 슬픔, 기쁨 등에 관한 감정표현 | X | - |
| 전체 맥락적 분위기 | X | - |
| 객체나 주변 환경에 사용되는 미사여구 | X | - |
| 객체 주변이나 장소에 대한 위치정보 | X | - |

※ 장소를 특정할 수 있는 위치정보가 필요함

## 4.5.4 정보 내용 일치성 반영 캡션 예시

사진 출처: https://unsplash.com/
https://www.istockphoto.com/

| 적절한 캡션

푸른 하늘 아래 하얀 눈이 쌓인 겨울 산이 고요하게 자리 잡고 있다
(이미지에 눈 덮인 산, 푸른 하늘이 명확하게 표현함)

| 구분 | 판정 | 상세내용 |
|---|---|---|
| 문장 구성 성분 확인 | O | |
| 객체가 캡션 내용과 일치 확인 | O | |
| 상황이 캡션 내용과 일치 확인 | O | |
| 배경이 캡션 표현과 일치 확인 | O | |
| 어미를 포함하지 않는 단어가 중복되는지 확인 | O | |

| 부적절한 캡션

푸른 하늘 아래 펼쳐진 푸른 바다가 자리 잡고

| 구분 | 판정 | 상세내용 |
|---|---|---|
| 문장 구성 성분 확인 | X | 자리 잡고 있다(누락) |
| 객체가 캡션 내용과 일치 확인 | O | |
| 상황이 캡션 내용과 일치 확인 | O | |
| 배경이 캡션 표현과 일치 확인 | X | 푸른 바다 |
| 어미를 포함하지 않는 단어가 중복되는지 확인 | O | |

※ 이미지에 산이 나타났는데 바다라고 잘못 표현함

출처: 언어정보 나눔터
https://kli.korean.go.kr/benchmark/taskOrdtm/taskList.do?taskOrdtmId=58, 그림(사진) 기반 문장생성

| 적절한 캡션

얼룩덜룩한 털빛의 고양이 한 마리가 길가에 앉은 채 고개를 들어 위를 보고 있다

| 구분 | 판정 | 상세내용 |
|---|---|---|
| 문장 구성 성분 확인 | O | |
| 객체가 캡션 내용과 일치 확인 | O | |
| 상황이 캡션 내용과 일치 확인 | O | |
| 배경이 캡션 표현과 일치 확인 | O | |
| 어미를 포함하지 않는 단어가 중복되는지 확인 | O | |

| 부적절한 캡션

얼룩덜룩한 고양이 한 마리가 길가에 앉은 채 고양이가 고개를 들어 비둘기를 보고 있다

| 구분 | 판정 | 상세내용 |
|---|---|---|
| 문장 구성 성분 확인 | O | |
| 객체가 캡션 내용과 일치 확인 | O | |
| 상황이 캡션 내용과 일치 확인 | X | 비둘기를 보고 있다 |
| 배경이 캡션 표현과 일치 확인 | O | |
| 어미를 포함하지 않는 단어가 중복되는지 확인 | X | 고양이 |

※ 이미지 내에 비둘기 객체가 존재하지 않음
※ 고양이라는 객체 언급이 중복표현 되었음

## 4.6 이미지 캡션 주요 평가지표

### 4.6.1 BLEU(Bilingual Evaluation Understudy)

| 구분 | 내 용 |
|---|---|
| 개념 | • 자연어를 기계 번역하여 다른 종류의 자연어로 생성된 문장을 평가하기 위한 평가지표 |
| 세부 내용 | • BLEU는 생성된 문장을 참조 문장으로 평가하기 위한 평가지표로서, 완벽한 일치는 1.0의 점수가 나오는 반면 완벽한 불일치는 0.0의 점수가 나옴<br>• 측정 기준은 n-gram(n개의 연속적인 단어 나열)에 기반하며, n은 1~4 사이의 범위를 가진다. 여기서 n-gram precision(정밀도)란, n-gram 중 일치하는 개수를 전체 n-gram의 수로 나눈 값을 의미함 |
| 계산식(방식) | $\text{BLEU} = \min\left(1, \frac{\text{output-length}}{\text{reference-length}}\right)\left(\prod_{i=1}^{4} \text{precision}i\right)1/4$ |
| 관련 출처 | • "Metric: BLEU". Hugging Face, https://huggingface.co/metrics/bleu - 2024년 9월 13일 접속 |

〈표 Ⅲ-3〉 BLEU 지표

### 4.6.2 ROUGE(Recall-Oriented Understudy for Gisting Evaluation)

| 구분 | 내 용 |
|---|---|
| 개념 | • 가장 긴 일치하는 단어 시퀀스를 측정하는 평가지표 |
| 세부 내용 | • ROUGE-L (Recall-Oriented Understudy for Gisting Evaluation-LCS)를 사용하여 가장 긴 일치하는 단어 시퀀스를 측정함<br>• LCS 개념을 적용한 평가지표 사용 시, 단어의 연속적 일치가 필요 없고 문장 수준의 어순을 반영한 순차적 일치를 측정하므로 유연하다는 장점이 있음 |
| 계산식(방식) | $\text{ROUGE-L}(\text{candidate, references}) = max_k\{\text{ROUGE-L}_{\text{single}}(\text{candidate, references}_k)\}$<br>$\text{ROUGE-L}_{\text{single}}(\text{candidate, reference}) = \frac{(1+\beta^2)R_{\text{lcs}}(\text{candidate, reference})P_{\text{lcs}}(\text{candidate, reference})}{R_{\text{lcs}}(\text{candidate, reference}) + \beta^2 P_{\text{lcs}}(\text{candidate, reference})}$<br>$R_{\text{lcs}}(\text{candidate, reference}) = \frac{\sum_{r_i \in \text{reference}} \lvert \text{LCS}_{\cup}(\text{candidate.r}_i) \rvert}{\text{numWords(reference)}}$<br>$P_{\text{lcs}}(\text{candidate, reference}) = \frac{\sum_{r_i \in \text{reference}} \lvert \text{LCS}_{\cup}(\text{candidate.r}_i) \rvert}{\text{numWords(candidate)}}$ |
| 관련 출처 | • "ROUGE". ACL Anthology. , https://aclanthology.org/W04-1013.pdf - 2024년 11월 08일 접속 |

〈표 Ⅲ-4〉 ROUGE 지표

### 4.6.3 METEOR(Metric for Evaluation of Translation with Explicit Ordering)

| 구분 | 내 용 |
|---|---|
| 개념 | • 기계 번역의 품질을 평가하기 위해 개발된 평가지표 |
| 세부 내용 | • 단어 순서를 고려하여 평가<br>• 0에서 1 사이의 점수를 산출하며, 1에 가까울수록 좋은 번역을 의미<br>• 기계 번역 시스템의 출력과 참조 번역 간의 유사성을 측정<br>• 동의어, Stemming, n-gram 일치를 고려하여, 다른 메트릭에 비해 더 세밀한 평가 가능 |
| 계산식(방식) | $METEOR = F_{mean}\left(1 - 0.5\left(\frac{c}{u_m}\right)^3\right)$ |
| 관련 출처 | • "METEOR" https://en.wikipedia.org/wiki/METEOR<br>- 위키피디아 2024년 11월 08일 접속 |

〈표 Ⅲ-5〉 METEOR 지표

### 4.6.4 CIDEr-D(Consensus-based Image Description Evaluation for Image Caption n-gram)

| 구분 | 내 용 |
|---|---|
| 개념 | • 이미지 캡셔닝 모델의 성능을 평가하기 위해 사용되는 지표 |
| 세부 내용 | • 이미지 캡션의 품질을 평가하는데 특화된 메트릭<br>• 사람이 작성한 여러 캡션과 생성된 캡션 간의 n-gram 유사성을 측정<br>• 이미지 캡션의 문맥적 정확성과 관련성을 중점적으로 평가 |
| 계산식(방식) | $\text{CIDEr-D}_n(c_i, S_i) = \frac{10}{m}\sum_j e^{\frac{-(l(c_i)-l(s_{ij}))^2}{2\sigma^2}} * \frac{\min(g^n(c_i), g^n(s_{ij})) \cdot g^n(s_{ij})}{\lVert g^n(c_i)\rVert \lVert g^n(s_{ij})\rVert}$<br>$\text{CIDEr-D}(c_i, S_i) = \sum_{n=1}^{N} w_n \text{CIDEr-D}_n(c_i, S_i)$ |
| 관련 출처 | • CIDEr: Consensus-based Image Description Evaluation<br>https://arxiv.org/pdf/1411.5726 |

〈표 Ⅲ-6〉 CIDEr-D 지표

### 4.6.5 SPICE(Semantic Propositional Image Caption Evalution)

| 구분 | 내 용 |
|---|---|
| 개념 | • 이미지 캡셔닝 모델의 성능을 평가하기 위해 사용되는 지표 |
| 세부 내용 | • 시멘틱 레벨에서 이미지 캡션을 평가<br>• 캡션을 시멘틱 튜플로 분해하고, 튜플 간의 F-점수를 측정하여 생성된 캡션과 사람이 작성한 캡션 간의 시멘틱 일치도를 평가 |
| 계산식(방식) | $SPICE(c,S) = F_1(c,S) = \frac{2 \cdot P(c,S) \cdot R(c,S)}{P(c,S) + R(c,S)}$ |
| 관련 출처 | • SPICE: Semantic Propositional Image Caption Evaluation<br>https://arxiv.org/pdf/1607.08822 |

〈표 Ⅲ-7〉 SPICE 지표

### 4.6.6 CLIP(Contrastive Language-Image Pre-training)

| 구분 | 내 용 |
|---|---|
| 개념 | • 텍스트와 이미지 간의 유사성을 측정하는 지표 |
| 세부 내용 | • 높은 CLIP Score는 텍스트와 이미지가 잘 매칭 되었다는 것을 의미<br>• 텍스트와 이미지를 비교하여 얼마나 잘 매치되는지 평가<br>예를 들어, '노란색 고양이'라는 텍스트 설명에 맞게 생성된 이미지가 얼마나 그 설명과 일치하는지를 측정 |
| 계산식(방식) | $\mathbf{CLIPScore(I, C)} = \boldsymbol{max(100 * cos(E_I, E_C), 0)}$ |
| 관련 출처 | • CLIP Score<br>https://lightning.ai/docs/torchmetrics/stable/multimodal/clip_score.html |

〈표 Ⅲ-8〉 CLIP 지표

## 4.7 주요 벤치마크 데이터셋

### 4.7.1 MS COCO(Microsoft Common Objects in Context)

- 컴퓨터 비전 작업을 위해 널리 사용되는 대규모 이미지 데이터셋
- 약 33만 개의 이미지와 5개의 캡션이 제공되고 이미지 캡셔닝 연구에 가장 널리 사용되고 있음

### 4.7.2 Flickr30k 및 Flickr8k

- Flickr8k·Flickr30k 데이터셋은 컴퓨터 비전 연구에 널리 사용되는 이미지-텍스트 매칭 데이터셋
- Flickr30k는 31,000개, Flickr8k는 8,000개의 Flickr에서 수집한 이미지와 각 이미지마다 5개의 캡션이 제공됨

#### 4.7.3 Visual Genome

- 이미지의 안에 있는 세부 객체 간의 관계와 속성 정보가 제공
- Visual Genome은 객체의 풍부한 어노테이션과 함께 다양한 이미지를 제공하는 데이터셋으로 객체 위치, 속성, 관계 등에 대한 세부 정보가 포함되어 있어 더 복잡한 시나리오에 적합

#### 4.7.4 VizWiz-Captions

- 시각 장애인들이 촬영한 약 39,000개의 이미지로 구성되어 있으며, 각 이미지에 5개의 캡션이 제공

#### 4.7.5 MINT-1

- 텍스트 토큰 1조 개와 이미지 34억 장을 포함한 거대한 멀티모달 데이터셋
- 시각적 질의응답 및 멀티모달 추론과 관련된 테스트에서 뛰어난 성능을 보임

#### 4.7.6 Molmo

- 60만 개의 이미지로 구성된 더 작고 선별된 데이터셋으로 훈련되어 일반적으로 요구되는 막대한 컴퓨터 자원 없어도 된다는 점에서 이점이 있음
- 비주얼 데이터를 이해하고 상호작용할 수 있는 능력을 제공하며 "포인터" 기능도 제공하여 이미지 내 요소를 시각적으로 표시할 수 있어 활용 분야가 넓음

출처 : Univ. of Toronto, Kaustav Kundu | Datasets and Metrics for Image Captioning Generation

출처 : https://arxiv.org/pdf/2406.11271 (MINT-1T)

출처 : https://arxiv.org/pdf/2009.03300 (Measuring Massive Multitask Language Understanding)

# 제2장 생성형AI 주요 모델 및 기술

- "2024년 초거대AI 확산 생태계 조성 사업" 내 초거대AI 데이터 구축과정에서 주로 사용되었던 초거대AI 학습용 모델을 중심으로 수록

## 1 텍스트 분야 기술

### 1.1 LLaMA3

- Meta AI에서 2024년 2월 공개한 상업용으로 사용 가능한 오픈소스 거대 언어 모델(LLM)로 텍스트 생성, 번역, 요약 등 자연어처리 작업에 활용
- LLaMA 모델 중 가장 최근에 업데이트된 모델로서 다양한 모델 벤치마크 테스트에서 뛰어난 성능을 보여주며 현재 널리 쓰이는 대중적 모델

LLaMA3

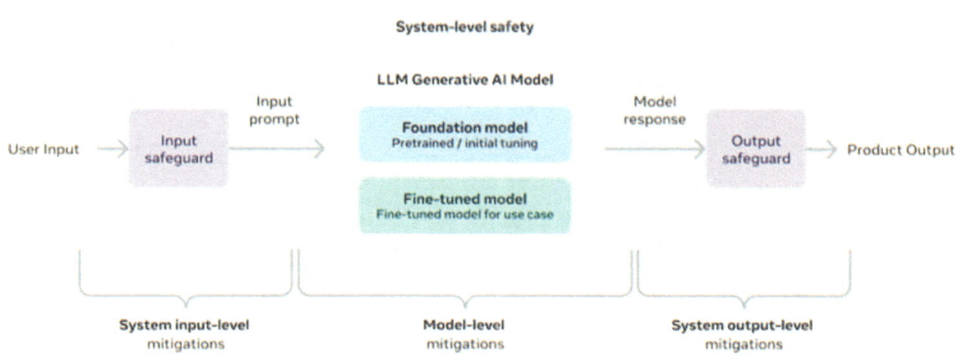


[그림 Ⅲ-37] LLaMA3 구조

출처: https://ai.meta.com/blog/meta-llama-3

## 1.2 LLaMA2

- Meta AI에서 2023년 7월 공개한 상업용으로 사용 가능한 오픈소스 언어 모델로 텍스트 생성, 번역, 코드 생성 등 다양한 자연어처리 작업을 수행하며, 연구 및 상업적 목적으로 활용 가능
- Transformer 모델을 기반으로 하며, 대규모 데이터를 학습하여 다양한 언어 처리 태스크를 수행

**LLaMA2**

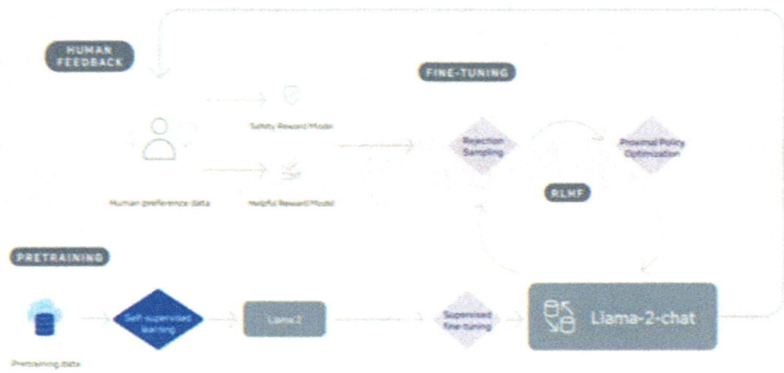


[그림 Ⅲ-38] LLAMA2 구조

출처: https://www.llama.com/llama2/

## 1.3 Solar 10.7B

- Solar 10.7B 모델은 기업들이 활용하기 좋은 프라이빗 LLM을 위해 작은 크기로 구성된 사전학습 모델로, 세계 최초의 107억 매개변수(10.7B) 모델
  - Depth Up-Scaling(DUS) 기술: 모델의 성능을 향상시키는 새로운 기술로, Mistral 7B 모델의 강점을 기반으로 개발
  - 뛰어난 성능: 300억 개의 매개변수를 가진 다른 모델보다 우수한 성능
  - 효율적인 파인 튜닝: 특정 작업에 맞춰 모델을 빠르고 쉽게 조정
  - 강력한 기반 모델: Mistral 7B 모델을 기반으로 하여 안정적인 성능을 제공
  - 다양한 작업에 적용 가능: 챗봇, 번역, 요약 등 다양한 자연어처리 작업에 활용 가능

**Solar 10.7B**

[그림 III-39] Solor 10.7B 아키텍처

출처 : 디지털경제뉴스(http://www.denews.co.kr, https://ostin.tistory.com/350)

## 1.4 Mistral-7B

- **Mistral AI에서 만든 경량화된 텍스트 생성모델로, 빠르고 효율적인 텍스트 생성작업을 수행**
  - Sliding Window Attention을 이용하여 기존에 비해 Flash Attention과 xFormers의 속도가 2배 개선
  - 기존의 모델 성능을 해치지 않으면서 cache memory 사용량을 줄이는 Rolling Buffer Cache를 사용한 모델

**Mistral-7B**

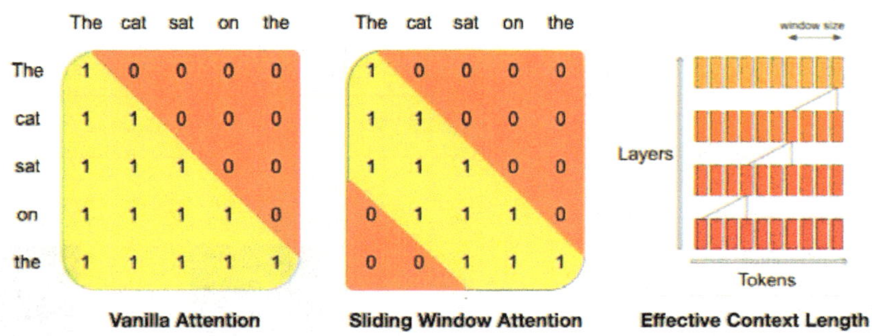


[그림 Ⅲ-40] Mistral-7B의 Attention 아키텍처

출처: https://arxiv.org/pdf/2310.06825v1

## 1.5 BLOOM

- 1,000여 명의 학술 자원봉사자로 구성된 공개 협업 프로젝트인 빅사이언스(BigScience)가 개발한 오픈소스 거대 언어모델로 산업 규모의 컴퓨팅 리소스를 사용하여 방대한 양의 텍스트 데이터에 대한 프롬프트에서 텍스트를 계속하도록 훈련된 자동 회귀 대형 언어모델 (Auto Regressive LLM)
  - 방대한 양의 텍스트 데이터를 학습하여 다양한 언어 작업을 수행 진행
  - BLOOM의 학습 알고리즘은 기본적으로 Transformer 아키텍처를 기반으로 하며, 이를 통해 문맥을 파악하고 복잡한 언어 패턴을 학습
  - OpenAI의 GPT-3과 동등한 1,760억 개의 매개변수로, 500개 소스에서 3,410억 토큰(1.6TB) 데이터 세트를 학습(46개 자연어와 13개 프로그래밍 언어)
  - Megatron-LM, GPT-2에서 수정된 디코더 전용 Transformer 모델 아키텍처를 사용

**BLOOM**

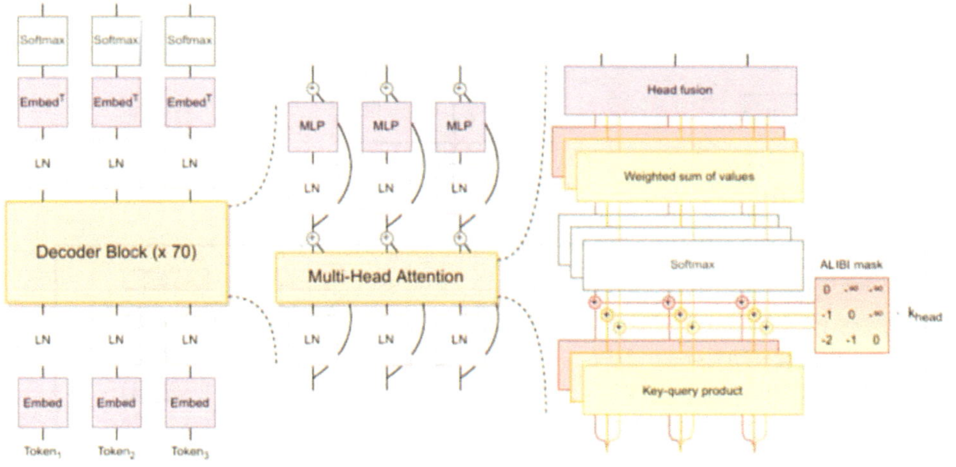


[그림 III-41] BLOOM 아키텍처

출처: https://arxiv.org/abs/2211.05100
https://www.aitimes.com/news/articleView.html?idxno=145494, Montreal AI Ethics Institute
https://www.researchgate.net/figure/The-BLOOM-architecture-example-sourced-from-9_fig5_372341712

## 1.6 GPT-NeoX

- ChatGPT와 같은 초거대AI 모델을 오픈소스로 엘레우테르AI(EleutherAI)가 2021년 발표하였으며 852GB 규모의 텍스트를 학습하고 13억, 27억, 38억 개의 매개변수를 가진 언어모델로 OpenAI와 다르게 상업적인 목적으로 사용할 수 있도록 공개하였으며 번역, 대화, 작문 등의 자연어처리 임무에서 높은 품질의 텍스트 생성 가능
- GPT-NeoX는 Transformer 모델의 디코더 구조를 사용하며 디코더는 Multi-head Attention, Feed-forward Network, Layer Normalization, Residual Connection으로 구성
  - Multi-head Attention: 모델이 시퀀스의 다른 부분을 동시에 집중할 수 있게 해주는 메커니즘
  - Feed-forward Network: 입력층에서 출력층으로 한 방향으로 정보를 처리하는 인공 신경망
  - Layer Normalization: 인공 신경망 레이어의 출력을 정규화하는 기법
  - Residual Connection: 인공 신경망에서 정보가 일부 레이어를 건너뛰고 직접 다음 레이어로 흐를 수 있도록 하는 기법

**GPT-NeoX**

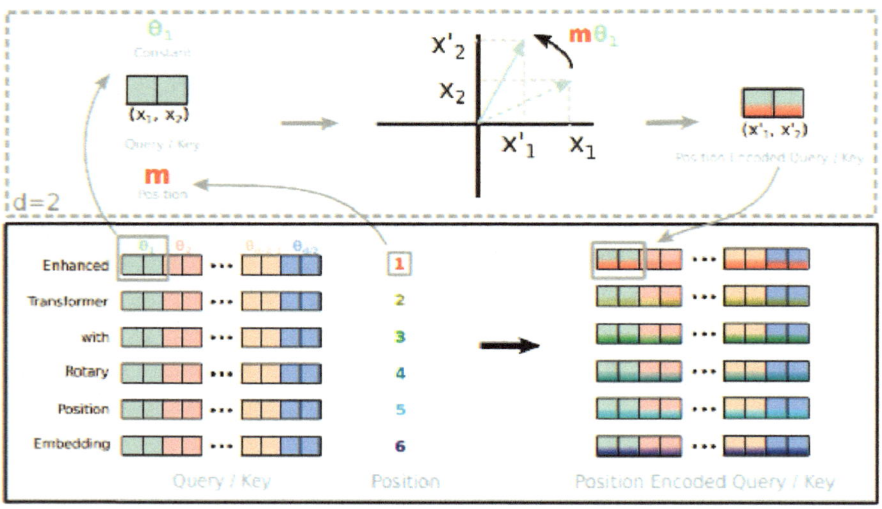


[그림 Ⅲ-42] GPT-NeoX 아키텍처

출처: Black, Sid, et al. "Gpt-neox-20b: An open-source autoregressive language model." arXiv preprint arXiv:2204.06745(2022)

## 1.7 KoBert (Korean BERT)

- **한국어 텍스트에 대한 다양한 NLP 작업을 수행할 수 있으며, 문장 분류, 질문 응답, 명명된 개체 인식 등의 작업에 사용할 수 있음**
  - Google의 BERT(Bidirectional Encoder Representations from Transformers)는 다양한 언어모델 중 하나로, 양방향 Transformer를 사용하여 언어의 깊은 이해를 가능하게 하는데 KoBERT는 이 BERT 모델을 한국어 데이터로 사전 학습하여, 한국어의 미묘한 문맥과 의미를 더 잘 파악할 수 있도록 만들어진 라이브러리
  - 대량의 데이터를 빠른 시간에 학습하기 위해 링 리듀스(Ring-Reduce)기반 분산 학습 기술을 사용하여, 십억 개 이상의 문장을 다수의 머신에서 빠르게 학습함. 더불어, 파이토치(PyTorch), 텐서플루(TensorFlow), ONNX, MXNet을 포함한 다양한 딥러닝 API를 지원함으로써, 많은 분야에서 언어 이해 서비스 확산에 기여

**KoBert**

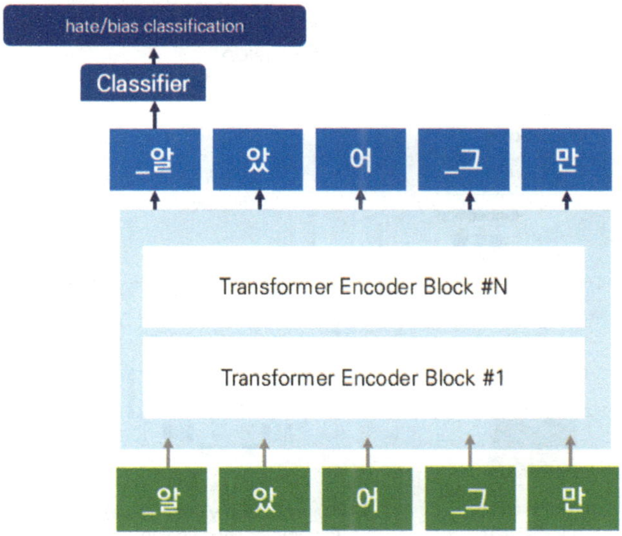


[그림 Ⅲ-43] KoBERT 아키텍처

출처: https://jkiie.org/xml/32836/32836.pdf
https://jkiie.org/_common/do.php?a=full&b=12&bidx=3140&aidx=34983

# 2 이미지 분야 기술

## 2.1 Stable Diffusion

- 독일 뮌헨 대학교 Machine Vision & Learning Group (CompVis) 연구실의 "잠재 확산 모델을 이용한 고해상도 이미지 합성 연구"를 기반으로 하여, Stability AI와 Runway ML 등의 지원을 받아 개발된 오픈소스 AI모델

- 노이즈 제거과정을 통해 고품질 이미지를 생성하는 모델로 다양한 스타일과 해상도를 지원하며, 텍스트 기반으로 이미지를 생성하는 기능이 탁월
- Stable Diffusion은 텍스트 및 이미지 프롬프트에서 고유한 실사 이미지를 생성하는 생성형 인공지능 (생성형AI) 모델
- OpenAI의 DALL·E 2나 구글의 Imagen과 같은 기존 Text-to-Image 모델들과는 다르게 컴퓨터 사용 리소스를 대폭 줄여 4GB 이하의 VRAM을 가진 컴퓨터에서도 실행 가능

**Stable Diffusion**

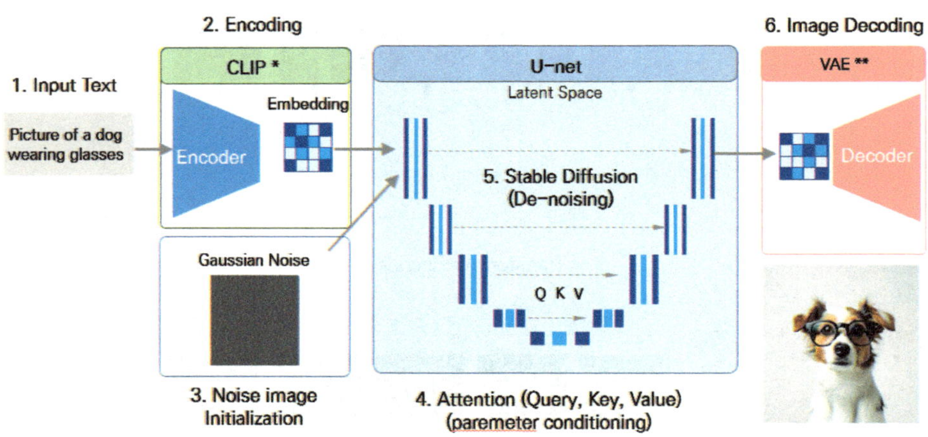


[그림 Ⅲ-44] Stable Diffusion 구조

출처: https://towardsdatascience.com/stable-diffusion-using-hugging-face-501d8dbdd8
Rombach, R., Blattmann, A., Lorenz, D., Esser, P., & Ommer, B. (2022)
High-resolution image synthesis with latent diffusion models. - In Proceedings of the IEEE/CVF conference on computer vision and pattern recognition (CVPR) (pp. 10684-10695)

## 2.2 GAN(Generative Adversarial Network)

- 생성적 적대 신경망 (GAN)은 최근에 머신러닝에서 주목할 만한 혁신 분야로 학습데이터와 유사한 새로운 데이터 인스턴스를 생성하는 생성모델
  - 생성자(Generator)와 판별자(Discriminator)가 서로 경쟁하며 학습하는 모델로 생성자는 가짜 이미지를 생성하고, 판별자는 생성된 이미지가 진짜인지 가짜인지 판별하고 이러한 경쟁을 통해 생성자는 점점 더 사실적인 이미지를 생성함

**GAN**

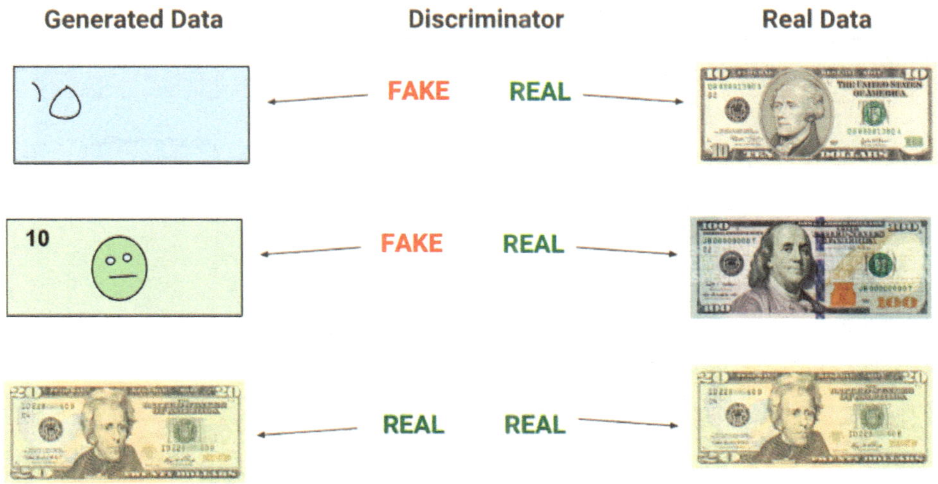


학습이 진행됨에 따라 생성기는 판별자를 속일 수 있는 출력을 생산하는데 더 가까워짐

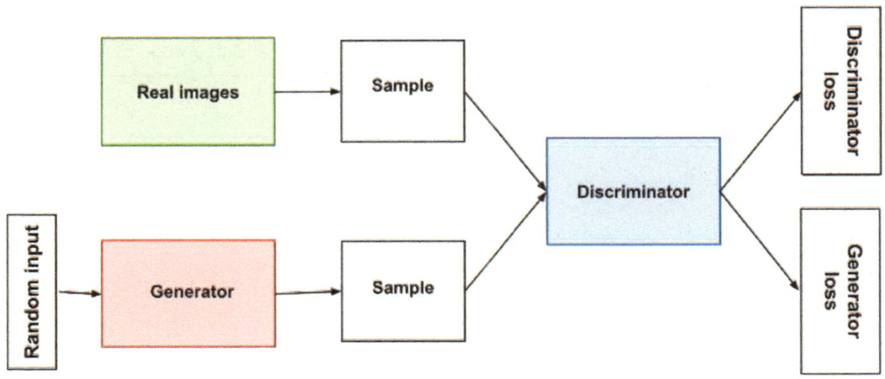


[그림 Ⅲ-45] GAN 구조

출처: https://developers.google.com/machine-learning/gan/gan_structure?hl=ko

## 2.3 VAE (Variational Auto Encoder)

- VAE(변분 오토인코더)는 확률적 그래픽 모델을 기반으로 하는 생성모델로, 주로 데이터의 잠재 공간(latent space)을 학습하고 그 공간에서 샘플을 생성하는 데 사용
  - VAE는 입력 데이터를 잠재 공간(latent space)으로 인코딩하고, 이를 다시 복원하는 과정을 통해 학습하는 모델로 잠재 공간에서 샘플링하여 새로운 데이터 생성 가능
  - 생성된 이미지가 GAN에 비해 다소 덜 사실적일 수 있지만, 잠재 공간을 활용하여 이미지를 조작하거나 새로운 스타일의 이미지를 생성하는 데 유용

VAE

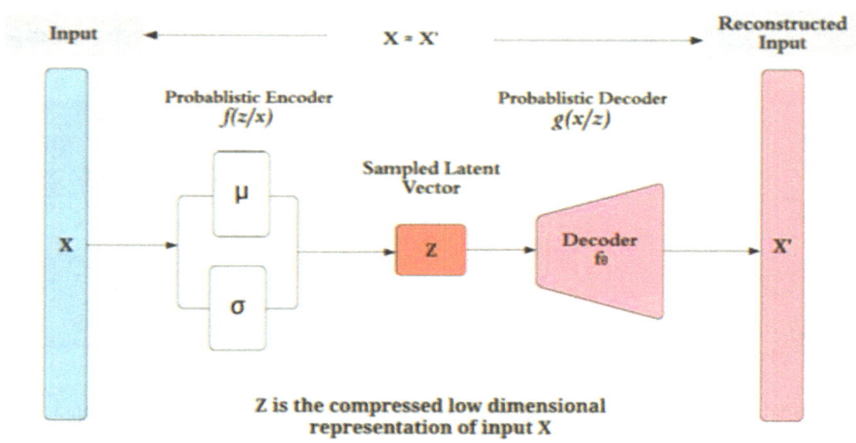


[그림 Ⅲ-46] VAE 구조

출처: https://www.researchgate.net/figure/The-basic-architecture-of-variational-autoencoder-VAE_fig3_359471754

## 2.4 ViT (Vision Transformer)

- 이미지 처리에 Transformer 모델을 적용한 혁신적인 방법론으로 기존의 CNN을 이미지 처리의 표준으로 사용해왔던 것과는 달리, ViT는 이미지 데이터를 처리할 때 Transformer 구조를 그대로 활용함
  - ViT는 Transformer 모델이 이미지 처리에 적용될 수 있다는 중요한 전환점을 제시한 모델

**ViT**

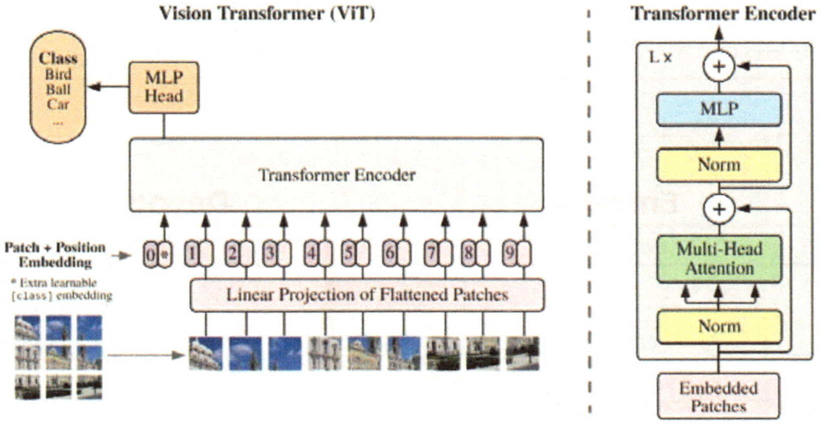


[그림 Ⅲ-47] ViT 아키텍처

출처: https://arxiv.org/abs/2010.11929

## 2.5 SegFormer

- 비전 트랜스포머(Vision Transformer, ViT)를 기반으로 하여 이미지 분할(Semantic Segmentation) 작업을 위해 설계된 간단하고 효율적인 모델로 기존의 복잡한 구조를 가진 세그멘테이션 모델들과 달리, SegFormer는 비교적 간단한 구조로도 우수한 성능을 보여주는 기술
  - 간단한 구조: 복잡한 모듈 없이 Transformer Encoder를 기반으로 구성되어 있어 구현이 간단
  - 효율성: 계산량이 적어 실시간 처리에 유리
  - 높은 정확도: 다양한 데이터셋에서 SOTA(State-Of-The-Art) 성능을 발휘
  - 유연성: 다양한 분할 작업에 적용 가능

**SegFormer**

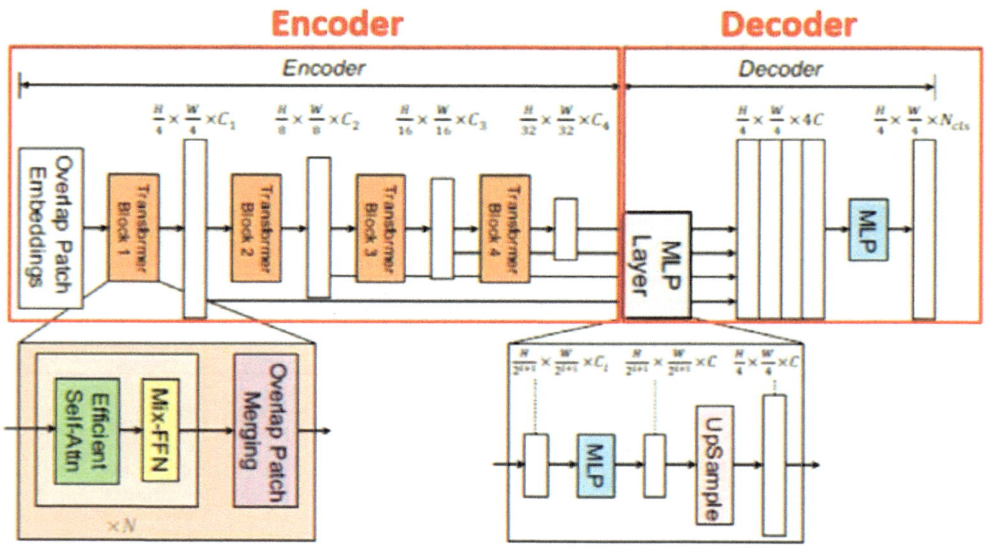


[그림 Ⅲ-48] SegFormer 아키텍처

출처: https://huggingface.co/docs/transformers/model_doc/segformer

## 2.6 InceptionV3

- Google에서 공개한 상업용으로 사용 가능한 오픈소스 모델로, 약 2500만 개의 매개변수로 구성된 이미지 분류와 객체 감지를 위한 고성능의 합성곱신경망(CNN) 아키텍처
  - 이미지 인식 분야에서 널리 사용되며, 학습된 모델을 이용해 이미지 분류, 객체 감지, 세분화 등의 작업을 수행할 수 있어 의료 영상분석에도 사용 가능

**InceptionV3**

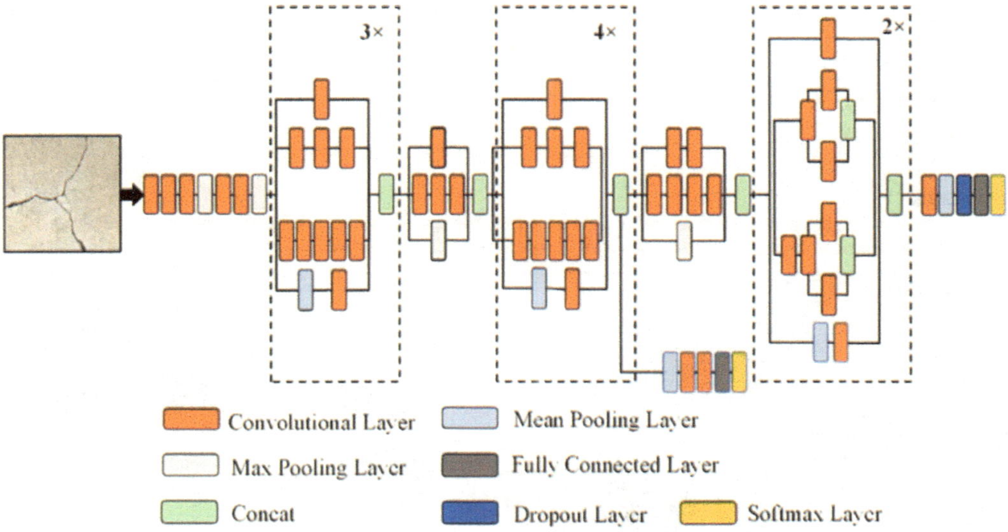


[그림 Ⅲ-49] InceptionV3 구조

출처: https://www.researchgate.net/figure/The-architecture-of-Inception-V3-model_fig5_349717475

# 3 멀티모달 분야 기술

## 3.1 GPT-4V

- 딥러닝과 컴퓨터 비전을 결합한 OpenAI의 획기적인 발전 모델로, 시각적 입력으로 주어진 쿼리에 대한 출력을 생성하도록 설계된 대형 멀티모달 모델
  - 주어진 이미지를 사용하여 분석하고 질문에 답하고 이미지의 수학적 문제를 해결 가능하며, 입력으로 제공할 이미지에 시각적 포인터를 추가하면 보다 효율적인 출력획득을 보장
    - GPT-4V 특징: 다국어 지원, 시각적 참조 프롬프트, 시각적 포인터, 장면 텍스트 및 차트 추론, 감정 감지

**GPT-4V**

**Prompt:**
Imagine that you are a home robot, and is asked to go to the kitchen to fetch something from the fridge. The image below shows your current position. Please plan your next action.

**GPT-4V:**
My next action would be turn right and move forward towards the hallway, as I can see that the kitchen is likely located in that direction. I would then continue to navigate through the hallway until I reach the kitchen and locate the fridge.

[그림 Ⅲ-50] GPT-4V 시뮬레이션 예시

출처: https://meetcody.ai/ko/ https://textcortex.com/ko/post/what-is-gpt-4v-ision#2c

## 3.2 ExpansionNet v2

- 주어진 이미지를 설명하는 텍스트를 생성하는 오픈소스 모델로 이미지 캡셔닝에 많이 사용
  - Block Static Expansion이라는 기술을 사용하여 입력값을 여러 블록으로 나누고, 각 블록을 병렬로 처리하기 때문에 기존보다 6배 정도 속도와 성능을 향상

**ExpansionNet v2**

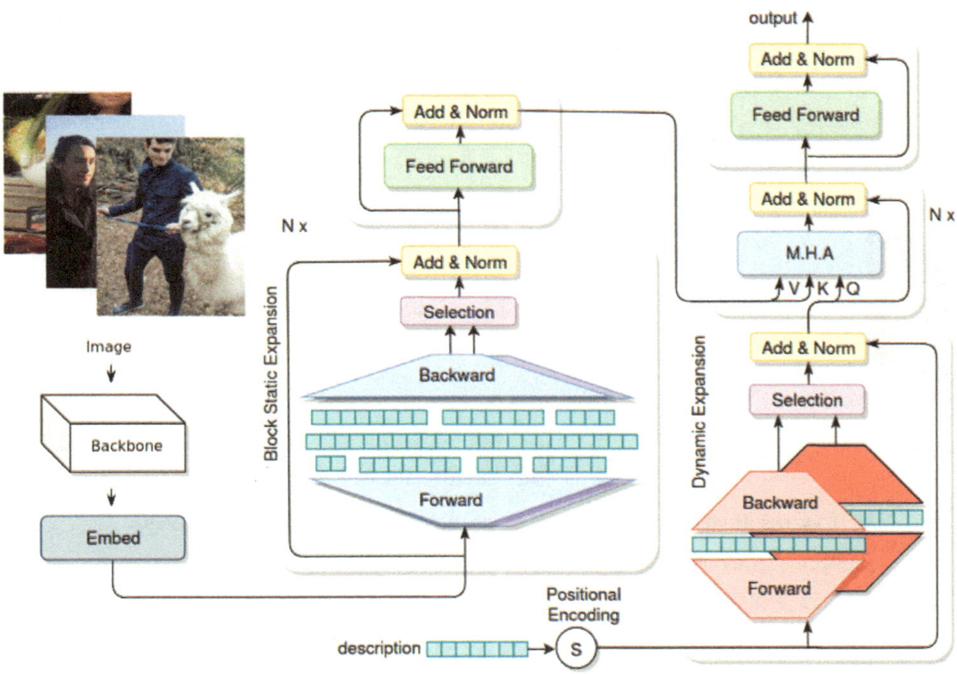


[그림 Ⅲ-51] ExpansionNet v2 구조

출처: Hu. Cheng. Jia. et al. "Exploiting Multiple Sequence Lengths in Fast End to End Training for Image Captioning." (arXiv preprint arXiv:2208.06551)

# 4 도메인 특화 기술

## 4.1 Faster R-CNN

- 높은 정확도와 속도를 제공하는 대표적인 Object Detection 딥러닝 모델 중 하나로, 이 모델은 Region Proposal Network(RPN)를 통해 후보 영역을 생성하고, 이를 기반으로 객체를 감지
  - 이 모델은 정확한 위치 정보를 제공하며, 의료 영상 분석(주요 임상 증상을 정확하게 감지) 이외에도 자율주행, 로봇 공학, 보안 등에 도움이 될 수 있음

**Faster R-CNN**

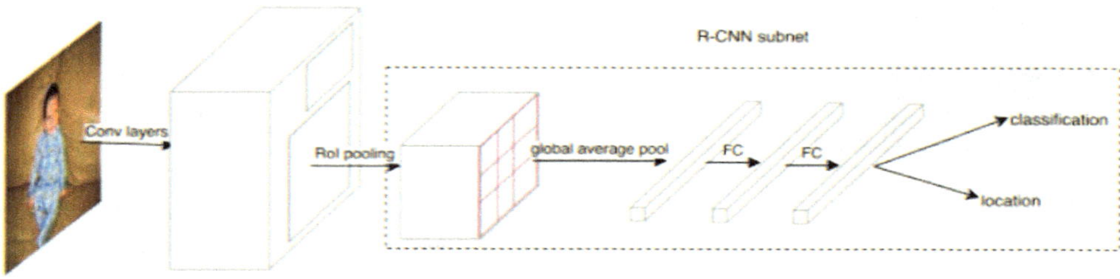


[그림 Ⅲ-52] Faster R-CNN 구조

출처: Towards Real-Time Object Detection with Region Proposal Networks
https://arxiv.org/pdf/1506.01497v3,
https://hugrypiggykim.com/2019/04/19/light-head-r-cnn/

## 4.2 nnU-Net

- nnU-Net(no-new-U-Net)은 체적(3D) 및 공간(2D) 의료 이미지 분할을 위한 딥 러닝 모델개발을 간소화하도록 설계된 자체 구성 프레임워크로 다양한 데이터 세트에 자동으로 조정되어 일반적으로 광범위한 수동 작업이 필요한 모델 설정 및 데이터 처리에 대한 선택을 진행
  - 기존의 UNet 아키텍처를 확장하고 개선한 모델로, 의료 영상 분할 작업에 특화된 네트워크
  - 다양한 의료 영상 분할 데이터셋에서 성능을 향상시키기 위해 다양한 기법을 적용하고, 하이퍼 파라미터 최적화 및 데이터 증강을 포함한 여러 최신 기술을 적용
  - 다양한 분할 작업을 위한 사전 훈련된 모델을 제공하여 의료 영상 분할 작업의 신속한 구현을 지원함으로써 nnU-Net은 의료 영상 분할 분야에서 높은 성능과 신뢰성을 제공하는 강력한 도구로 활용

**nnU-Net**

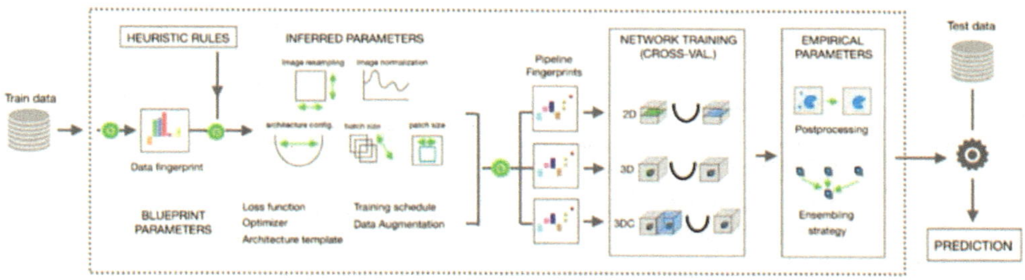


[그림 Ⅲ-53] nn-UNet 구조

출처: https://keemsir.github.io/posts/nnUNet-tutorial/

## 4.3 TransUNet

- TransUNet은 U-Net 모델을 개선하여 특히 Vision Transformer(ViT)인 트랜스포머 인코더를 통합한 혁신적인 아키텍처
  - TransUNet은 CNN과 Transformer 기술을 결합한 하이브리드 아키텍처로, CNN의 고해상도 공간 정보와 Vision Transformers(ViT)의 글로벌 맥락적 통찰력을 모두 활용
  - 정밀한 이미지 분할이 가능하며, 특히 의료 영상에 유용

**TransUNet**

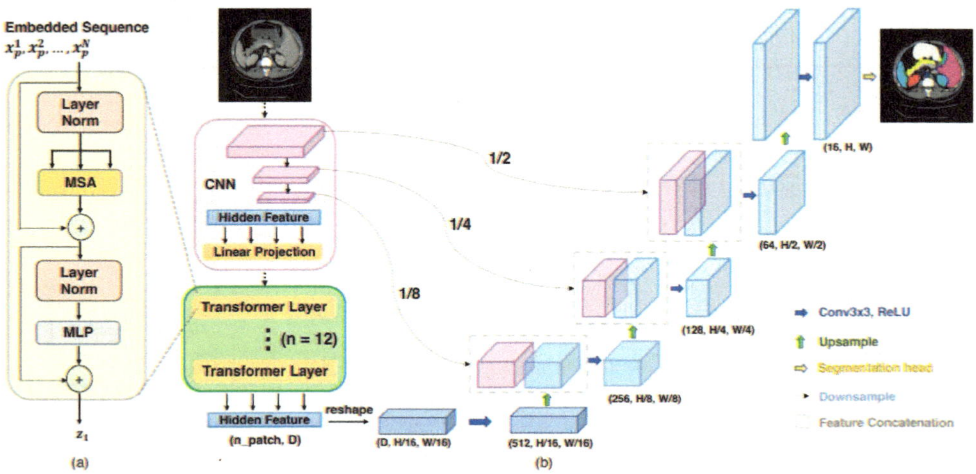


[그림 Ⅲ-54] TransUNet 구조

출처 : https://arxiv.org/pdf/2102.04306
https://medium.com/@maknimariem11/transunet-transformers-make-strong-encoders-for-medical-image-segmentation-2646419be4bb

# IV

# 부 록

부록 1. 품질관리 지표 기준

부록 2. 품질지표 설정 가이드

# 부록 1. 품질관리 지표 기준

## 1 품질관리 지표

### 1.1 품질관리 지표 정의

- **생성형AI 데이터 품질관리 지표**
  - 데이터 품질 수준을 측정하기 위한 관점을 항목화한 것으로, 데이터의 품질을 정량적으로 수치화하기 위해 '무엇을 측정할 것인가'에 대한 기준
  - 생성형AI 데이터 구축목적에 따라 요구사항을 정의하고, 데이터 구축 생애주기에 따라 최적의 품질을 확보하도록 검사와 개선을 수행하기 위해 생성형AI 데이터 품질관리 지표를 정의
- **품질관리 지표의 제공 목적**
  - 'AI 데이터 품질관리 가이드라인 v3.5'의 제1권에서 정의한 'AI 데이터 품질관리 가이드'와 AI-Hub를 통해 서비스하는 학습데이터 전반의 품질관리를 위한 기준을 준수하되, '생성형AI 데이터'의 특성을 반영하여 품질관리를 강화하기 위해 지표 기준 설정 사례 제공
  - 추후 구축된 데이터를 활용할 사용자의 요구사항을 만족하기 위해, 필요한 요소가 잘 갖추어졌는지 확인하며 객관적인 품질 수준을 제시하는데 활용
- **품질관리 지표 활용 시 유의사항**
  - 생성형AI를 위한 기술의 발전 속도 및 관련 연구의 새로운 방안이 매우 빠르게 제시되고 있고, 이와 더불어 학습에 이용되는 생성형AI 데이터의 형태 및 수준도 발전하고 있음
  - 본 가이드라인에서 제시하고 있는 품질관리 지표는 '2024년 초거대AI 확산 생태계 조성사업' 의 초거대AI 학습용 데이터 구축 과제를 통해 작성된 사례를 중심으로 공통사항을 재정리하였으며 향후 기술의 변화 및 과제별 구축목적에 따라 개선 및 변경이 가능하므로 참고기준으로 사용
- **데이터 품질관리 지표는 검사기준에 따라 "품질특성, 검사 항목, 측정지표"로 정의**

## 1.2 품질관리 지표 구성

- 생성형AI 데이터 품질관리 지표는 데이터 생애주기 분석, 데이터 구축 및 품질 관점의 일치성 분석, 데이터 품질관리 기준 분석을 통해 구축 및 활용 관점을 반영한 13가지 품질특성* 으로 구성

<table>
<tr><th>버전</th><th>초거대AI 데이터<br>품질관리 가이드라인 v1.0<br>12가지 품질특성</th><th>생성형AI 데이터<br>품질관리 가이드 v2.0<br>*13가지 품질특성</th></tr>
<tr><td rowspan="14">품질특성</td><td>준비성</td><td>준비성</td></tr>
<tr><td>완전성</td><td>완전성</td></tr>
<tr><td>유용성</td><td>유용성</td></tr>
<tr><td>기준 적합성</td><td>기준 적합성</td></tr>
<tr><td>기술 적합성</td><td>-</td></tr>
<tr><td>다양성</td><td>다양성</td></tr>
<tr><td>유사성</td><td>유사성</td></tr>
<tr><td>편향성</td><td>편향성</td></tr>
<tr><td>-</td><td>합성데이터 유용성</td></tr>
<tr><td>-</td><td>합성데이터 안전성</td></tr>
<tr><td>구문 정확성</td><td>구문 정확성</td></tr>
<tr><td>의미 정확성</td><td>의미 정확성</td></tr>
<tr><td>알고리즘 적정성</td><td>알고리즘 적정성</td></tr>
<tr><td>유효성</td><td>유효성</td></tr>
<tr><td>v2.0<br>추가<br>품질특성</td><td>-</td><td>유사성 : LLM 유사성 추가<br>편향성 : LLM 유해성 추가<br>합성데이터 : 안전성, 유용성 추가<br>의미 정확성 : LMM 일치성, 정렬성 추가</td></tr>
</table>

〈표 Ⅳ-1〉 품질관리 지표 구성

- **본 가이드가 제시하는 사항을 참고하여 구축하고자 하는 데이터의 목적에 따라 최적의 품질지표 선정 필요**

※ 품질지표 및 산출물 작성 예시는 최신의 구축사업 사례 또는 논문 등을 이용하여 제시하고 있음 제시한 사례를 기반으로 더 우수한 논문/모델이 있는지 확인하고 최적의 방안을 수립하여 수행할 것을 권고

| 구 분 | 품질특성 | 설 명 |
|---|---|---|
| 구축 공정 적정성 | 준비성 | • 생성형AI 데이터 품질관리를 위해 기본적으로 관리해야 하는 정책, 규정(저작권, 초상권, 개인정보보호 및 정보보호 등에 대한 검토 결과를 포함), 조직, 절차 등을 마련하고, 최신의 내용으로 충실하게 관리되는지를 검사 |
| | 완전성 | • 생성형AI 데이터를 구축과정에 물리적인 구조를 갖추고, 정의한 데이터 형식 및 입력값 범위에 맞게 데이터가 저장되도록 설계·구축되었는지를 검사 |
| | 유용성 | • 발주기관(수요자)의 요구사항이 충분히 반영되었는지, 임무 정의에 적합한 생성형AI 데이터의 범위와 상세화 정도를 충족시키는지를 검사 |
| 데이터 적합성 | 기준 적합성 | • 구축 데이터가 생성형AI 학습용으로 적합한지 기준을 선정하기 위해, 분류 다양성, 신뢰성, 충분성, 균일성, 사실성, 형식성 등을 측정 |
| | 다양성 | • 데이터의 편향성 방지를 위한 문어체/구어체, 수집처별 분포, 문장 길이, 어휘 개수 등을 측정<br>※ 생성형AI 특성상 편향성 방지가 중요하여 주제 분류별 다양성이 골고루 분포되는지 확인 |
| | 유사성 (중복성) | • 데이터의 중복, 유사 정도 및 내용적인 유사도를 측정<br>※ 생성형AI 데이터의 특성상 유사한 문장이 많을 수 있으며, 증강기법 사용 시 유사도 높아짐<br>• 24년 생성형AI LLM데이터의 품질특성으로 내용 보강<br>• 문서 내용에 대해 전체 문서 내용 중 중복된 텍스트가 얼마나 있는지 그 비율을 확인 |
| | 편향성 (유해성) | • 특정 성별, 인종, 나이 등에 대한 경향성 및 사회적으로 부정적 의미에 해당하는 데이터 또는 혐오 표현 등의 포함 여부 확인<br>• 24년 생성형AI LLM 유해성 품질특성으로 내용 보강<br>• 텍스트 말뭉치 데이터 내 차별 및 혐오 등 유해표현이 포함된 문장 확인 |
| | 합성데이터 유용성 | • 합성데이터와 원본데이터가 얼마나 유사한지, 동일한 목표를 달성할 수 있는지 등을 검증<br>• 24년 생성형AI 합성데이터의 품질특성으로 신규 추가 |
| | 합성데이터 안전성 | • 생성된 합성데이터를 통해 원본데이터 내 개인이 식별·추론될 가능성이 있는지 등을 검증<br>• 24년 생성형AI 합성데이터의 품질특성으로 신규 추가 |
| 가공 데이터 정확성 | 구문 정확성 | • 기본적인 데이터 구조 및 형식 정확성을 측정하는 품질특성 |
| | 의미 정확성 (전달성) | • 구축목적에 대한 의미 적정성과 데이터의 의미가 명료하고 표현이 자연스러운 의미 전달성 측정<br>• 생성형AI 데이터의 내용 전달성, 질의 적정성, 바운딩 박스 정확성, 3D모델링 정확성, 분류 정확성, 일치성, 정렬성 등을 측정 |

| 구 분 | 품질특성 | 설 명 |
|---|---|---|
| | | • 24년 생성형AI LMM데이터의 품질지표 추가 (일치성, 정렬성)<br>- 일치성 : 멀티모달 원천데이터의 모달리티간 내용이 서로 일치하는지 검사<br>- 정렬성 : 시계열 특성을 포함하는 멀티모달 간 시간적 요소 정렬 여부 확인 |
| 학습모델 적합성 | 알고리즘 적정성 | • 학습모델의 Task가 적정한지 판단<br>※ 생성형AI 학습을 위한 파운데이션 모델 및 미세조정, 지시학습 방식의 적정성 판단 필요 |
| | 유효성 | • AI모델을 학습용 데이터로 훈련 후 측정된 성능이 유효한지 측정하는 품질특성<br>※ 생성형AI의 유효성 지표는 PPL, BLEU, ROUGE 등의 정량적 지표와 사람이 판단하는 정성적 지표로 구분 |

※ LLM데이터 지표, LMM데이터 지표, 합성데이터 지표는 구축하는 데이터 특성에 따라 선택

〈표 Ⅳ-2〉 생성형AI 데이터 품질관리 지표 구성

## 1.3 품질관리 지표 검사

### 1.3.1 생성형AI 데이터 품질검사방법

- 데이터 품질검사 방법은 검사 항목을 기준으로 검사대상별로 정량적 검사와 정성적 검사를 수행하며, 품질특성과 검사 항목 간 매핑을 통해 해당 품질특성별 검사대상과 방법을 사용
- 생성형AI 데이터의 특성상 데이터 특성에 따라 다양한 유형의 학습용 데이터를 반복해서 획득/수집, 정제, 가공, 학습을 수행하므로 품질관리 지표 설정 시 정확히 어떤 데이터에 대한 검사 지표인지 명확하게 구분하여 정의하여야 함
- 구축하는 데이터 특성(LLM, LMM, 합성데이터)에 따라, 품질특성과 유형에 맞는 검사 항목을 선택하여 검증

| 구분 | 품질특성 | | 검사 항목 | 데이터 종류 | | | 검사시점 (구축공정) | | | | | | 검사 방법 | |
|---|---|---|---|---|---|---|---|---|---|---|---|---|---|---|
| | | | | 구축 절차 | 데이터 | 학습 모델 | 임무 정의 | 구축 계획 | 데이터 획득/수집 | 데이터 정제 | 데이터 가공 | 데이터 학습 | 정량적 검사 | 정성적 검사 |
| 구축 공정 적정성 | 준비성 | 계획 수립성 | 절차준비 | ● | | | ● | ● | ● | ● | ● | | | √ |
| | | | 조직준비 | ● | | | ● | ● | ● | ● | ● | | | √ |
| | | | 도구준비 | ● | | | | ● | ● | ● | ● | | | √ |
| | | | 위험관리 | ● | | | ● | ● | ● | ● | ● | | | √ |
| | | 체계 준수성 | 보안준수 | ● | | | ● | ● | ● | ● | ● | | | √ |
| | | | 법·제도 준수 | ● | | | ● | ● | ● | ● | ● | | | √ |
| | 완전성 | | 수집 완전성 | ● | | | | | ● | | | | | √ |
| | | | 정제 완전성 | ● | | | | | | ● | | | | √ |
| | | | 가공 완전성 | ● | | | | | | | ● | | | √ |
| | 유용성 | | 사용 편의성 | ● | | | ● | | | | | ● | | √ |
| | | | 유연성 | ● | | | ● | | | | | ● | | √ |

| 구분 | 품질특성 | 검사 항목 | 데이터 종류 | | | 검사시점 (구축공정) | | | | | | 검사 방법 | |
|---|---|---|---|---|---|---|---|---|---|---|---|---|---|
| | | | 구축 절차 | 데이터 | 학습 모델 | 임무 정의 | 구축 계획 | 데이터 획득/수집 | 데이터 정제 | 데이터 가공 | 데이터 학습 | 정량적 검사 | 정성적 검사 |
| 데이터 적합성 | 기준 적합성 | 분류 다양성 | ● | ● | | | ● | ● | | | | | √ |
| | | 신뢰성 | ● | ● | | | ● | ● | | | | | √ |
| | | 충분성 | ● | ● | | | ● | ● | | | | | √ |
| | | 균일성 | ● | ● | | | ● | ● | | | | | √ |
| | | 사실성 | ● | ● | | | ● | ● | | | | | √ |
| | | 공평성 | ● | ● | | | ● | ● | | | | | √ |
| | | 형식성 | | ● | | | | ● | ● | | | √ | |
| | 다양성 | 데이터별 분포 | | ● | | | | | ● | ● | | √ | |
| | | 데이터별 수 | | ● | | | | | ● | ● | | √ | |
| | | 토큰 수 | | ● | | | | | ● | ● | | √ | |
| | 유사성 (중복성) | 내용 중복성 | | ● | | | | ● | ● | ● | | | |
| | | 내용 유사성 | | ● | | | | ● | ● | ● | | √ | |
| | | 도메인 유사성 | | ● | | | | ● | ● | ● | | √ | |
| | 편향성 | 경향성 | | ● | | | | ● | ● | ● | | √ | |
| | | 유해성 | | ● | | | | ● | ● | ● | | √ | |
| | 합성 데이터 유용성 | 모델성능비교 | | ● | | | | ● | ● | | | √ | |
| | | 이미지생성 성능 | | ● | | | | ● | ● | | | √ | |
| | 합성 데이터 안전성 | 구조적 유사성 | | ● | | | | ● | ● | | | √ | |
| | | 지각적 유사성 | | ● | | | | ● | ● | | | √ | |
| | | 주관적 검증 | | ● | | | | ● | ● | | | | √ |
| 가공 데이터 정확성 | 구문 정확성 | 구조 정확성 | | ● | | | | | | ● | | √ | |
| | | 형식 정확성 | | ● | | | | | | ● | | √ | |
| | 의미 정확성 (전달성) | 내용 전달성 | | ● | | | | | | ● | | √ | |
| | | 질의 적정성 | | ● | | | | | | ● | | √ | |
| | | 바운딩 박스 정확성 | | ● | | | | | | ● | | √ | |
| | | 3D모델링 정확성 | | ● | | | | | | ● | | √ | |
| | | 분류 정확성 | | ● | | | | | | ● | | √ | |
| | | 일치성 | | ● | | | | | | ● | | √ | |
| | | 정렬성 | | ● | | | | | | ● | | √ | |
| | | ※ 그 외 데이터 종류 및 목적에 따라 적합하게 선정 | | ● | | | | | | ● | | √ | |
| 학습 모델 적합성 | 알고리즘 적정성 | ※ 데이터 종류별 알고리즘 Task 분야 | | | ● | | | | | | ● | √ | √ |
| | 유효성 | ※ 과업 목표에 따라 적합한 품질지표 선정 필요 | | | ● | | | | | | ● | √ | √ |

※ LLM데이터, LMM데이터, 합성데이터 품질특성은 구축하는 데이터 특성에 따라 선택

〈표 Ⅳ-3〉 품질특성별 검사대상 및 검사 방법

## 1.4 품질관리계획서 작성 요령

〈작성 요령〉

1. 아래 [표]를 참고하여, 각 품질관리 검사기준 및 방법 작성

〈작성 예시〉

| 구분 | 품질특성 | | 검사항목 | 검사대상 산출물 | 검사방법 |
|---|---|---|---|---|---|
| 구축 공정 적정성 | 준비성 | 계획 수립성 | 절차준비 | 사업수행계획서/ 구축계획서/ 품질관리계획서 | 체크리스트 |
| | | | 조직준비 | | |
| | | | 도구준비 | | |
| | | | 위험관리 | | |
| | | 체계 준수성 | 보안준수 | | |
| | | | 법·제도 준수 | | |
| | 완전성 | | 수집 완전성 | 구축계획서/ 구축 가이드라인 | 체크리스트 |
| | | | 정제 완전성 | | |
| | | | 가공 완전성 | | |
| | 유용성 | | 사용 편의성 | 구축계획서 | 체크리스트 |
| | | | 유연성 | | |
| 데이터 적합성 | 기준 적합성 | | 분류 다양성 | 구축 가이드라인/ 원시데이터 | 체크리스트/ 전수검사 |
| | | | 신뢰성 | | 체크리스트 |
| | | | 충분성 | | |
| | | | 균일성 | | |
| | | | 사실성 | | |
| | | | 공평성 | | |
| | | | 형식성 | 원시데이터 원천데이터 | 전수검사 |
| | 다양성 | | 다양성(요건) | 원천데이터 가공데이터 | 전수검사 |
| | | | 다양성(통계) | | |
| | 유사성 (중복성) | | 내용 중복성 | 원천데이터 가공데이터 | 문장 중복성 검증 |
| | | | 내용 유사성 | | 전수검사 |
| | | | 도메인 유사성 | | |
| | 편향성 | | 경향성 | 테스트 코드 | Know comment API 기반 테스트 |
| | | | 유해성 | 원시데이터 원천데이터 | 레퍼런스 데이터셋 기반 유해표현 검출 |
| | 합성데이터 유용성 | | 모델성능비교 | 원천데이터 (합성데이터) | 원본과 합성데이터 간의 학습모델 성능 비교 평가 |
| | | | 이미지 생성 성능 | 원천데이터 (합성데이터) | VTT : ·관계자를 대상으로 샘플 Pair 중 합성데이터를 구분하는 테스트를 수행하여 정답률 측정<br>FID : 원본과 합성 데이터셋의 특징을 추출하여 수치화한 뒤, FID를 계산 |

| 구분 | 품질특성 | 검사항목 | 검사대상 산출물 | 검사방법 |
|---|---|---|---|---|
| | 합성데이터 안전성 | 구조적 유사성 | 원천데이터<br>(합성데이터) | 원본-합성 이미지 간<br>형태적 유사성을<br>컴퓨터 지표로 검증 |
| | | 지각적 유사성 | 원천데이터<br>(합성데이터) | 원본-합성 이미지 간<br>시각적 유사성을<br>컴퓨터 지표로 검증 |
| | | 주관적 검증 | 원천데이터<br>(합성데이터) | 개인정보, 민감정보 식별성을<br>주관적으로 검증 |
| 가공데이터<br>정확성 | 구문 정확성 | 구조 정확성 | 가공데이터 | 표본검사 |
| | | 형식 정확성 | | |
| | 의미 정확성<br>(전달성) | 내용 전달성 | 가공데이터 | 표본검사 |
| | | 질의 적정성 | | |
| | | 바운딩 박스 정확성 | | |
| | | 3D모델링 정확성 | | |
| | | 분류 정확성 | | |
| | | 일치성 | | 모달리티 간 내용이 서로<br>일치하는지 검사 |
| | | 정렬성 | | 시계열 특성을 포함하는 멀티모달<br>간 시간적 요소 정렬 여부 확인 |
| 학습모델<br>적합성 | 알고리즘 적정성 | AI모델 알고리즘<br>작성 | 알고리즘 구조도 | 임무별 알고리즘 적정성 평가 |
| | 유효성 | 사전학습모델<br>PPL | • 사전학습모델<br>weight 파일<br>• 사전학습모델 알고리즘<br>소스코드<br>• 사전학습모델<br>테스트 코드 | 테스트셋 (구축 데이터 10%)<br>테스트<br>(기구축 데이터 훈련 모델과 비교) |
| | | SFT모델<br>Likert 척도 | • SFT모델 weight 파일<br>• SFT모델 알고리즘<br>소스코드<br>• SFT모델 테스트 코드 | Likert 테스트 작업자가<br>선호도 평가<br>(사전학습 모델과 비교) |
| | | SFT모델<br>자연어 추론 | | KLUE-NLI 벤치마크<br>테스트 |
| | | RM모델<br>정확도 | • RM모델 weight 파일<br>• RM모델 알고리즘<br>소스코드<br>• RM모델 테스트 코드 | 테스트셋<br>(구축 데이터 10%) 테스트 |
| | | PPO모델<br>Likert 척도 | • PPO모델 weight 파일<br>• PPO모델 알고리즘<br>소스코드<br>• PPO모델 테스트 코드 | Likert 테스트 작업자가<br>선호도 평가<br>(사전학습 모델과 비교) |
| | | PPO모델<br>자연어 추론 | | KLUE-NLI 벤치마크<br>테스트 |

# 2 구축공정 적정성 품질관리 지표

※ 구축공정 품질관리 지표는 『제1권 AI 데이터 품질관리 가이드』 기준으로 작성됨

## 2.1 준비성

### 2.1.1 개요

- 생성형AI 데이터 품질관리를 위해 기본적으로 관리해야 하는 정책, 규정 (저작권, 초상권, 개인정보보호 및 정보보호 등) 조직, 절차 등을 마련하고, 최신의 내용으로 충실하게 관리되는지를 검사하는 품질특성

### 2.1.2 준비성 검사 항목

- '준비성'은 '계획 수립성'과 '체계 준수성'으로 구성되며, 검사 항목은 계획 수립성의 경우 절차준비, 조직준비, 도구준비, 위험관리의 4개 항목으로 구성되며, 체계 준수성의 경우 보안준수, 법·제도 준수의 2개 항목으로 구성

| 품질특성 | | 검사 항목 |
|---|---|---|
| 준비성 | 계획 수립성 | 절차준비 |
| | | 조직준비 |
| | | 도구준비 |
| | | 위험관리 |
| | 체계 준수성 | 보안준수 |
| | | 법·제도 준수 |

〈표 Ⅳ-4〉 준비성 검사 항목 구성

### 2.1.3 준비성 검사기준 및 방법

#### 2.1.3.1 계획 수립성

| 항목명 | • 계획 수립성 |
|---|---|
| 설명 | • 절차준비: 데이터 구축을 위한 절차가 체계적으로 수립하여 관리 및 수행하고 있는지 확인<br>• 조직준비: 데이터 구축을 위한 조직구성, 역할 및 책임을 체계적으로 수립하여 관리 및 운영하고 있는지 확인<br>• 도구준비: 데이터 구축을 위한 도구와 환경 구성 계획을 수립하여 관리 및 운영하고 있는지 확인<br>• 위험관리: 데이터 구축을 위한 위험관리체계를 수립하여 관리 및 수행하고 있는지 확인 |
| 검사대상 | • 절차준비: 임무정의, 구축계획수립, 데이터 획득/수집, 데이터 정제, 데이터 가공<br>• 조직준비: 구축계획수립, 데이터 획득/수집, 데이터 정제, 데이터 가공<br>• 도구준비: 구축계획수립, 데이터 획득/수집, 데이터 정제, 데이터 가공<br>• 위험관리: 구축계획수립, 데이터 획득/수집, 데이터 정제, 데이터 가공 |

| 검사 방법 | • 체크리스트<br>※ 각 항목별 체크리스트는 『제1권 AI 데이터 품질관리 가이드』- 부록1. 품질관리 기준참고 |
|---|---|

〈표 Ⅳ-5〉 계획 수립성 검사기준 및 방법

### 2.1.3.2 체계 준수성

| 항목명 | • 체계 준수성 |
|---|---|
| 설명 | • 보안준수: 개인정보보호, 비식별화 조치 등 민감정보 보호와 인공지능 학습용 데이터 보안관리를 위한 절차와 규정을 수립하여 관리 및 수행하고 있는지 확인<br>• 법·제도 준수: 데이터 구축 시 관련 법·제도(개인정보, 초상권, 저작권 등)에 대한 충분한 검토와 해결방안이 제시되었는지 검사 |
| 검사대상 | • 보안준수: 구축계획수립, 데이터 획득/수집, 데이터 정제, 데이터 가공<br>• 법·제도 준수: 구축계획수립, 데이터 획득/수집, 데이터 정제, 데이터 가공 |
| 검사방법 | • 체크리스트<br>※ 각 항목별 체크리스트는 『제1권 AI 데이터 품질관리 가이드』- 부록1. 품질관리 기준 참고 |

〈표 Ⅳ-6〉 체계 준수성 검사기준 및 방법

## 2.1.4 준비성 품질관리 계획서 작성 요령

〈작성 요령〉

- 제1권의 구축공정 및 데이터 검사(체크리스트)를 참고하여, 사업특성을 고려한 검사대상 항목 수의 내용 작성
- 전체 항목 중 제외되는 항목이 있는 경우 비고란에 내용 작성

〈작성 예시〉

| 품질특성 | | 검사 항목 | 전체 항목 (체크리스트) | 검사대상 항목 (체크리스트) | 비고 |
|---|---|---|---|---|---|
| 준비성 | 계획 수립성 | 절차준비 | 10 | 8 | 데이터 라벨링 해당 없음 |
| | | 조직준비 | 8 | 6 | |
| | | 도구준비 | 8 | 6 | |
| | | 위험관리 | 4 | 3 | |
| | 체계 준수성 | 보안준수 | 7 | 6 | |
| | | 법·제도 준수 | 11 | 10 | |
| 합계 | | | 48 | 39 | - |

※ 적용 검사대상 항목(체크리스트)은 『제1권 AI 데이터 품질관리 가이드』- 부록1. 품질관리 기준 참고

## 2.2 완전성

### 2.2.1 개요

- 생성형AI 데이터를 구축함에 있어 물리적인 구조를 갖추고, 정의한 데이터 형식 및 입력값 범위에 맞게 데이터가 저장되도록 설계·구축되었는지를 검사하는 품질특성

### 2.2.2 완전성 검사 항목

- '완전성'에 대한 검사 항목은 '수집 완전성', '정제 완전성', '가공 완전성'으로 구성

| 품질특성 | 검사 항목 |
|---|---|
| 완전성 | 수집 완전성 |
| | 정제 완전성 |
| | 가공 완전성 |

〈표 Ⅳ-7〉 완전성 검사 항목 구성

### 2.2.3 완전성 검사기준 및 방법

| 항목명 | • 완전성 |
|---|---|
| 설명 | • 수집 완전성<br>- 데이터의 편향성 방지방안을 수립하여 관리 및 수행하고 있는지 확인<br>- 데이터 획득/수집 방법 및 기준, 교육, 검수에 대한 체계를 수립하여 관리 및 수행하고 있는지 확인<br>- 데이터 획득/수집 기준변경을 위한 체계를 수립하여 관리 및 수행하고 있는지 확인<br>• 정제 완전성<br>- 개인정보보호를 위한 비식별화 조치 등 민감정보 보호를 위한 절차와 규정을 수립하여 관리 및 수행하고 있는지 확인<br>- 데이터 정제 방법 및 기준, 교육, 검수에 대한 체계를 수립하여 관리 및 수행하고 있는지 확인<br>- 데이터 정제 기준변경을 위한 체계를 수립하여 관리 및 수행하고 있는지 확인<br>• 가공 완전성<br>- 데이터 가공 방법 및 기준, 교육, 검수에 대한 체계를 수립하여 관리 및 수행하고 있는지 확인<br>- 데이터 가공 기준 변경을 위한 체계를 수립하여 관리 및 수행하고 있는지 확인 |
| 검사대상 | • 수집 완전성: 데이터 획득/수집<br>• 정제 완전성: 데이터 정제<br>• 가공 완전성: 데이터 가공 |
| 검사방법 | • 체크리스트<br>※ 각 항목별 체크리스트는 『제1권 AI 데이터 품질관리 가이드』- 부록1. 품질관리 기준 참고 |

〈표 Ⅳ-8〉 완전성 검사기준 및 방법

### 2.2.4 완전성 품질관리 계획서 작성 요령

〈작성 요령〉

- 제1권의 구축공정 및 데이터 검사(체크리스트)를 참고하여, 사업특성을 고려한 검사대상 항목 수의 내용 작성
- 전체 항목 중 제외되는 항목이 있는 경우 비고란에 내용 작성

〈작성 예시〉

| 품질특성 | 검사 항목 | 전체 항목<br>(체크리스트) | 검사대상 항목<br>(체크리스트) | 비고 |
|---|---|---|---|---|
| 완전성 | 수집 완전성 | 8 | 8 | - |
| | 정제 완전성 | 8 | 8 | - |
| | 가공 완전성 | 7 | 7 | - |
| 합계 | | 23 | 23 | - |

※ 적용 검사대상 항목(체크리스트)은 『제1권 AI 데이터 품질관리 가이드』- 부록1. 품질관리 기준 참고

## 2.3 유용성

### 2.3.1 개요

- 발주기관(수요자)의 요구사항이 충분히 반영되었는지, 임무 정의에 적합한 생성형AI 데이터의 범위와 상세화 정도를 충족시키는지를 검사

### 2.3.2 유용성 검사 항목

- '유용성'에 대한 검사 항목은 '사용 편의성', '유연성'으로 구성

| 품질특성 | 검사 항목 |
|---|---|
| 유용성 | 사용 편의성 |
| | 유연성 |

〈표 Ⅳ-9〉 유용성 검사 항목 구성

### 2.3.3 유용성 검사기준 및 방법

| 항목명 | • 유용성 |
|---|---|
| 설명 | • 사용 편의성<br>- 사용자의 요구사항을 만족시킬 수 있는 학습모델과 학습용 데이터셋이 제공되고 있는지 확인<br><br>• 유연성<br>- 사용자 요구사항을 수용할 수 있는 학습모델 선정 및 적용이 유연한지 확인 |
| 검사대상 | • 사용 편의성: 데이터 학습<br>• 유연성: 데이터 학습 |
| 검사방법 | • 체크리스트<br>※ 참고: 적용 검사대상 항목(체크리스트)은 『제1권 AI 데이터 품질관리 가이드』- 부록1. 품질관리 기준 |

〈표 Ⅳ-10〉 유용성 검사기준 및 방법

### 2.3.4 유용성 품질관리 계획서 작성 요령

〈작성 요령〉

- 제1권의 구축공정 및 데이터 검사(체크리스트)를 참고하여, 사업특성을 고려한 검사대상 항목 수의 내용 작성
- 전체 항목 중 제외되는 항목이 있는 경우 비고란에 내용 작성

〈작성 예시〉

| 품질특성 | 검사 항목 | 전체 항목 (체크리스트) | 검사대상 항목 (체크리스트) | 비고 |
|---|---|---|---|---|
| 유용성 | 사용 편의성 | 5 | 5 | - |
| | 유연성 | 2 | 2 | - |
| 합계 | | 7 | 7 | - |

※참고: 적용 검사대상 항목(체크리스트)은 『제1권 AI 데이터 품질관리 가이드』- 부록1. 품질관리 기준

# 3 데이터 적합성 품질관리 지표

## 3.1 기준 적합성

### 3.1.1 개요

- 구축 데이터가 생성형AI 학습용으로 적합한지 기준을 선정하기 위한 항목을 측정

### 3.1.2 기준 적합성 검사 항목

- '기준 적합성'에 대한 검사 항목은 '분류 다양성', '신뢰성', '충분성', '균일성', '사실성', '공평성', '형식성'으로 구성

| 품질특성 | 검사 항목 |
|---|---|
| 기준 적합성 | 분류 다양성 |
| | 신뢰성 |
| | 충분성 |
| | 균일성 |
| | 사실성 |
| | 공평성 |
| | 형식성 |

〈표 Ⅳ-11〉 기준 적합성 검사 항목

### 3.1.3 기준 적합성 검사기준 및 방법

- 검사기준 및 방법

| 항목명 | • 기준 적합성 : 분류 다양성, 신뢰성, 충분성, 균일성, 사실성, 공평성, 형식성 |
|---|---|
| 설명 | • 분류 다양성: 공간, 시간 등 환경조건 및 대상 객체 종류와 속성의 변화 정도를 확인<br>• 신뢰성: 데이터가 신뢰할 수 있는 사람, 기관, 기업으로부터 수집되었는지를 확인<br>• 충분성: 카테고리(분류체계) 및 인스턴스(분류체계별 특성을 갖고 있는 데이터) 등이 학습에 유용한 수량인지를 확인<br>• 균일성: 분류/탐지/인식/이해/예측 카테고리(분류체계)별 인스턴스(분류체계별 특성을 갖고 있는 데이터) 수량의 균일성 및 비율이 고려되었는지 확인<br>• 사실성: 분류/탐지/인식/이해/예측 카테고리(분류체계)별 인스턴스구축을 위한 실제 환경 및 특성을 반영하였는지 확인<br>• 공평성 : 데이터 속에 포함될 수 있는 편향된 데이터를 제거하였는지 확인<br>• 형식성 : 원시데이터, 원천데이터의 파일 단위에서 학습 용도로 적합한지 판단하기 위해 파일 유효성, 파일 포맷 적합성, 파일 속성 적합성을 확인 |

| 검사대상 | • 구축 가이드라인, 원시데이터, 원천데이터 |
|---|---|
| 검사 방법 | • 체크리스트, 전수검사<br>※ 참고: 적용 검사대상 항목(체크리스트)은『제1권 AI 데이터 품질관리 가이드』- 부록1. 품질관리 기준 |

〈표 Ⅳ-12〉 기준 적합성 검사기준 및 방법

## 3.2 다양성

### 3.2.1 개요

- 데이터의 충분성과 균일성 확보 및 편향성 방지를 위해 데이터의 수량, 구성비, 등을 측정하는 품질특성
- 생성형AI 데이터는 학습에 유용한 모든 특성 정보*를 포함하는 포괄성이 있어야 하며, 특성 정보가 학습에 유용한 범위에서 다양하게 변화하는 변동성이 있어야 하고, 학습에 지역적 편견, 사회적 편견, 인종적 편견 등의 의도가 없도록 편향성을 방지해야 함

| 〈특성 정보〉 |
|---|
| • 특성 정보란 데이터에 포함된 내용 중 학습에 활용되는 속성으로 다음과 같은 종류가 있음<br>- 사물, 지역, 사람(성별, 연령대 등), 장소, 시간(오전, 오후, 야간 등), 환경(실외, 실내, 날씨 등), 언어 특성(방언, 외국어 등) |

〈표 Ⅳ-13〉 다양성 항목 특성 정보

- 생성형AI 데이터 구축에서 다양성 항목 정의 시 사업 목표(임무), 데이터 유형, 어노테이션 대상 등을 고려하여 다양성을 정의해야 하며, 메타데이터와 관련된 항목의 경우 사전 계획을 수립하기 비교적 용이하기 때문에 달성 가능한 명확한 목표 수치를 설정
- 단, 어노테이션과 관련된 항목의 경우 사업 목표(임무)를 정의 시 사전 정의가 어렵기 때문에 구축 결과에 대한 주요 통계 정보를 제공하는 목적을 가지고 정의
- '다양성' 항목은 검사 유형에 따라 '다양성 요건', '다양성 통계'로 구분

| 검사 유형 | 상세 내용 |
|---|---|
| 다양성(요건) | • 다양성(요건)은 인공지능 데이터 구축계획 수립 시 설정된 목표(충분성 및 균등성 기준)를 충족하는지 검증하는 지표<br>• 데이터의 수량, 클래스 및 인스턴스별 수량, 클래스 및 인스턴스별 구성비, 연령 별 구성비, 문장길이(어절 수, 음절 수), 어휘 빈도 수 등의 기준을 설정하고, 목표대비 구축된 결과물의 충족 여부를 평가<br>• 목표대비 데이터 수량과 구성비가 적절한지 확인하며, 구축된 결과물이 설정된 기준을 만족하는지 검증<br>• 데이터 편향을 방지하고, 특정 클래스나 속성이 과소/과대 대표되는 현상을 막기 위해 구성비 중첩률을 활용하여 목표대비 달성도를 측정 |
| 다양성(통계) | • 다양성(통계)은 인공지능 데이터의 충분성과 균등성을 확인할 수 있도록 학습데이터의 특성을 통계적으로 분석한 결과 확인하는 지표<br>• 데이터의 클래스 및 인스턴스별 구성비, 연령 별 구성비 등을 산출하여 실제 데이터의 분포를 확인<br>• 데이터를 직접 평가하는 것이 아니라, 객관적인 수치로 데이터의 구성과 분포를 통계적으로 분석하여 제공<br>• 다양한 통계적 방법을 활용하여 데이터의 균형성과 편향 여부를 확인할 수 있도록 정보를 제공 |

〈표 Ⅳ-14〉 다양성 요건, 통계 상세 내용

### 3.2.2 다양성 검사 항목

- '다양성'에 대한 검사 항목은 데이터의 종류 및 목적에 따라 검사 항목을 적합하게 선정

| 품질특성 | 검사 항목 |
|---|---|
| 다양성 | 데이터별 분포<br>※ 검사 항목은 데이터의 유형 및 활용 목적에 따라 주제분류/클래스/인스턴스 분포, 문장/어절 길이 분포 등으로 적절하게 선정하여 적용 |
| | 데이터 수<br>※ 검사 항목은 데이터의 유형 및 활용 목적에 따라 원시데이터 수, 원천데이터 수, 주제분류별/클래스별/인스턴스별 데이터 수 등으로 적절하게 선정하여 적용 |
| | 토큰 수<br>※ 검사 항목은 문장/어절 길이, 어휘 수 등으로 적절하게 선정하여 적용 |

〈표 Ⅳ-15〉 다양성 검사 항목 구성 예시

## 3.2.3 다양성 검사기준 및 방법

### 3.2.3.1 데이터별 분포(주제분류/클래스 분포)

- 검사기준 및 방법

| 항목명 | • 데이터별 분포(주제분류/클래스 분포) |
| --- | --- |
| 설명 | • 학습에 유용한 분류체계(카테고리)별 클래스 유형 및 요건이 다양하게 분포되어 있는지 검사 |
| 검사대상 | • 원천데이터, 가공데이터 |
| 검사 방법 | • 데이터 구축 시 정의한 분류체계(카테고리)를 기준으로 어노테이션 데이터에 포함된 클래스 정보를 추출하여 통계값 산출<br><br>※ 클래스/인스턴스 분포 최소 기준은 전문가 자문 또는 품질검증기관 협의를 통해 결정<br>※ 예시) 충분성 최소 기준: 클래스별 최소 1,000개 인스턴스 수집 |

〈표 Ⅳ-16〉 클래스 분포 검사기준 및 방법

### 3.2.3.2 데이터 수(어휘 개수)

- 검사기준 및 방법

| 항목명 | • 데이터 수(어휘 개수) |
| --- | --- |
| 설명 | • 텍스트 및 오디오 데이터의 어휘 개수가 학습에 유용한 수량과 수량의 균일성 및 비율이 고려되었는지 확인 |
| 검사대상 | • 원천데이터, 가공데이터 |
| 검사방법 | • 인공지능 학습용 데이터 구축 시 정의한 어휘 개수를 기준으로 어노테이션 데이터에 포함된 어휘 개수 정보를 추출하여 통계값 산출<br><br>※ 학습에 유용한 수량, 비율 등의 최소 기준에 대한 전문가 자문 필요 |

〈표 Ⅳ-17〉 어휘 개수 검사기준 및 방법

### 3.2.3.3 토큰 수(문장 길이)

- 검사기준 및 방법

| | |
|---|---|
| 항목명 | • 토큰 수(문장 길이) |
| 설명 | • 텍스트 및 오디오 데이터의 문장 길이가 학습에 유용한 수량과 수량의 균일성 및 비율이 고려되었는지 확인 |
| 검사대상 | • 원천데이터, 가공데이터 |
| 검사방법 | • 인공지능 학습용 데이터 구축 시 정의한 문장 길이를 기준으로 어노테이션 데이터에 포함된 문장 길이 정보를 추출하여 통계값 산출<br><br>※ 학습에 유용한 수량, 비율 등의 최소 기준에 대한 전문가 자문 필요 |

〈표 Ⅳ-18〉 문장 길이 검사기준 및 방법

※ 분포도 중첩률: 분포도 중첩률은 두 개 이상의 분포가 얼마나 겹쳐 있는지를 수치적으로 나타내는 지표로 구성비 중첩률로 검사하여 도출한 속성의 목표 구성비 막대그래프와 결과 구성비 막대그래프 간의 길이 중첩 비율을 계산

※ 구성비 중첩률: 데이터의 실제 분포와 목표 분포를 막대그래프로 표현하였을 때 중첩되는 부분의 막대길이를 측정하여 비율로 나타낸 것으로, 본 사업을 위해 도입된 지표

- 다양성 측정지표는 『제1권 AI 데이터 품질관리 가이드』- 부록1. 품질관리 기준 참고

## 3.2.4 다양성 품질관리 계획서 작성 요령

### 3.2.4.1 다양성(요건)

〈작성 요령〉

- 생성형AI 데이터 주요 학습 요건을 충족되는 다양성을 갖도록 내용 작성
- 아래 [표]를 참고하여, 다양성(요건)의 검사항목별 정량 목표, 검사대상 및 검사 방법, 지표 설정 근거에 대해서 작성
- [참고] 『제3권 생성형AI 데이터 품질관리 가이드』- 부록2. 품질지표 설정 가이드

〈작성 예시〉

| 품질 특성 | 검사 항목 | 측정 지표 | 정량목표 | 검사대상 | | | 검사 방법 | 지표설정 근거 |
|---|---|---|---|---|---|---|---|---|
| | | | | 산출물 | 데이터 종류 | 내용 | | |
| 다양성(요건) | 인스턴스 분포(요건) | 인스턴스 분포 계산 | 일상어 비율 40% 이상 60% 미만<br><br>전문어 비율 40% 이상 60% 미만 | 원천 데이터 | 텍스트 | 메타 데이터 | 인공지능 학습용 데이터 구축 시 대분류(일상어/전문어)가 목표치만큼 다양한지 메타데이터 정보를 추출하여 통계치 산출 | 우리말샘의 범주별 통계 분포(23년 4월 기준)를 참고 |
| | | | 중분류 당 전체 데이터의 10% 이하 | 원천 데이터 | 텍스트 | 메타 데이터 | 인공지능 학습용 데이터 구축 시 중분류(인문/사회/방언 등)가 목표치만큼 다양한지 메타데이터 정보를 추출하여 통계치 산출 | 우리말샘의 범주별 통계 분포(23년 4월 기준)를 참고 |
| | 원천 데이터 별 어절 수 분포 | 원천 데이터 별 어절 수 분포 계산 | 50어절 이하 10% 미만<br><br>10어절 이하 0% | 원천 데이터 | 텍스트 | 메타 데이터 | 어절 수가 너무 적은 원천데이터가 많으면 학습에 악영향을 줄 수 있으므로, 원천데이터의 메타데이터에서 어절 수 정보를 추출하여 통계치를 산출 | LLaMA 논문[1]에서 사용한 데이터셋을 표본 추출하여 한국어 번역하였을 때 어절 수 분포를 참고 |
| | 데이터 증강기법 분포 | 데이터 증강기법 분포 계산 | 데이터 증강기법 1개당 생성한 데이터 비율이 전체의 50% 이하 | 원천 데이터 | 텍스트 | 메타 데이터 | 데이터 증강 단계에서 다양한 증강기법이 사용되었는지 데이터에 포함된 메타데이터 정보를 추출하여 통계치 산출 | 여러 종류의 증강기법이 다양하게 쓰였는지 분포를 확인 |

1) Touvron, H., Lavril, T., Izacard, G., Martinet, X., Lachaux, M. A., Lacroix, T., ... & Lample, G. (2023). Llama: Open and efficient foundation language models. arXiv preprint arXiv:2302.13971.

### 3.2.4.2 다양성(통계)

〈작성 요령〉

- 관심객체, 카테고리, 수집 환경 등 생성형AI 데이터의 주요특성이 다양성을 갖도록 내용 작성
- 아래 [표]를 참고하여, 다양성(통계)의 검사항목별 정량목표, 검사대상 및 검사방법에 대해서 작성
- [참고] 『제3권 생성형AI 데이터 품질관리 가이드』 부록2. 품질지표 설정 가이드

〈작성 예시〉

| 품질 특성 | 검사 항목 | 측정 지표 | 정량 목표 | 검사대상 | | | 검사 방법 | 지표설정 근거 |
|---|---|---|---|---|---|---|---|---|
| | | | | 산출물 | 데이터 종류 | 내용 | | |
| 다양성(통계) | 원시데이터 출처 분포 | 원시데이터 출처 분포 계산 | 분포 확인 | 원시 데이터 | 텍스트/음성 | 메타 데이터 | 원시데이터가 다양한 출처에서 수집되었는지 확인하기 위해 데이터의 메타데이터에 저장된 원시데이터 출처 정보를 추출하여 통계치 산출 | 데이터의 다양성을 위해 원시데이터 출처가 다양해야 함 |
| | 인스턴스 분포(통계) | 인스턴스 분포 계산 | 분포 확인 | 원천 데이터 | 텍스트 | 메타 데이터 | 인공지능 학습용 데이터 구축 시 중분류(인문/사회/방언 등)가 다양하게 수집되었는지 데이터에 포함된 클래스 정보를 추출하여 통계치 산출 | 우리말샘의 범주별 통계 분포(23년 4월 기준)를 참고 |

## 3.3 유사성(중복성)

### 3.3.1 개요

- **데이터의 중복 및 내용적인 유사도를 측정**
  - 생성형AI 데이터의 특성상 유사한 문장이 많을 수 있으며, 증강기법 사용 시 유사도 높아짐
- **텍스트(말뭉치 데이터)에 대해 전체 문장 중 중복된 문장이 얼마나 있는지 그 비율을 확인**
  - 중복된 문장이 몇 회씩 중복되었는지 중복횟수를 확인(중복문장 비율 1% 이하)
- **24년 생성형AI 데이터 LLM 내용 중복성 항목 추가**
  - 생성형AI LLM데이터의 검사 항목으로 LLM 과제의 경우, 품질특성 선정

### 3.3.2 유사성(중복성) 검사 항목

- **유사성'에 대한 검사 항목은 '내용 중복성', '내용 유사성', '도메인 유사성'으로 구성**

| 품질특성 | 검사 항목 | |
|---|---|---|
| 유사성 | 내용 중복성<br>(LLM) | 텍스트 데이터 내 중복된 문장의 개수(비율) 및 중복횟수 확인<br>(데이터 특성에 따라 중복 판정 기준이 문장에서 변경될 수 있음)<br>※ 24년도 LLM데이터 품질특성 |
| | 내용 유사성 | 대상 데이터셋의 데이터들의 의미 또는 단위에 따른 내용 유사 정도<br>(데이터셋 자체의 유사성) |
| | 도메인 유사성 | 다른 도메인의 데이터셋과 대상 데이터셋의 유사(또는 중복)한 정도<br>(외부 데이터셋과의 중복성) |

〈표 Ⅳ-19〉 유사성 검사 항목 구성

## 3.3.3 유사성(중복성) 검사기준 및 방법

### 3.3.3.1 내용 중복성(LLM)

- 검사기준 및 방법

<table>
<tr><th>항목명</th><td>• 내용 중복성</td></tr>
<tr><th>설명</th><td>• 문서 내용에 대해 전체 문서 내용 중 중복된 텍스트가 얼마나 있는지 그 비율을 확인<br>※ 24년도 LLM데이터 검사 항목</td></tr>
<tr><th>검사대상</th><td>• 데이터 특성에 따라 검사대상 및 단위 결정<br>• 단위 선정 기준<br>- 기본적으로 검사대상 단위는 문장으로 결정<br>- 글 내 문장이 불가피하게 반복되는 데이터의 경우, 검사대상 단위를 문장이 아닌 다른 단위 (예:문단) 협의 후 확정 필요<br>예시) 설문 응답 문장일 경우, 안내원의 “안녕하세요. OOO 리서치 설문입니다”와 같이 특정 반복이 불가피할 경우 협의를 거쳐 문단으로 단위 책정 가능<br><br>• 협의 후 확정 후에는 검사기준을 지표 기준서, 측정조건, 결과보고서 등 동일하게 수정</td></tr>
<tr><th>검사방법</th><td>• $비율 = \frac{검사대상\ 데이터\ 중복횟수}{전체\ 검사대상\ 데이터\ 수} \times 100$<br><br>• 전체 검사대상 데이터 수 대비 검사대상 데이터 중복횟수의 비율을 측정<br><br>• 예시 )<br><table><tr><td></td><td>A A A</td><td>B B</td><td>C</td><td>D D</td></tr><tr><td>중복횟수</td><td>2번</td><td>1번</td><td></td><td>1번</td></tr></table><br>• * 중복 비율 측정 $\frac{중복횟수\ 합}{문장\ 개수} = \frac{2+1+1}{8} \times 100 = 50\%$</td></tr>
</table>

※ 2024년 사례: 생성형AI LLM데이터의 경우, 데이터 특성에 따라 협의를 거쳐 측정 단위선정 후 중복횟수 비율로 판정

〈표 Ⅳ-20〉 내용 중복성 검사기준 및 방법

### 3.3.3.2 내용 유사성

- 검사기준 및 방법

| | |
|---|---|
| 항목명 | • 내용 유사성 |
| 설명 | • 대상 데이터셋의 데이터들의 의미 또는 단위에 따른 내용 유사 정도 |
| 검사대상 | • 데이터셋 자체의 유사성<br>• 데이터 특성에 따라 검사대상 및 단위 결정 |
| 검사 방법 | • (문장) n-gram, TF-IDF BoW 또는 사전학습 언어 모델(BERT 등)에서 얻어진 벡터를 통해 유사 범위 측정<br>• (이미지) VGG Net, ResNet 등에서 얻어진 중간 벡터를 통해 유사 정도 측정<br><br>• 코사인 유사도(Cosine Similarity) 등을 측정하여 특정 한계점 이상인 데이터에 대해 중복으로 정의(2개의 문장 벡터 간 코사인 유사도 구간별 분포 확인)<br>• 코사인 유사도 = $\frac{A \cdot B}{\lVert A \rVert \, \lVert B \rVert} = \frac{\sum_{i=1}^{n} A_i \times B_i}{\sqrt{\sum_{i=1}^{n}(A_i)^2} \times \sqrt{\sum_{i=1}^{n}(B_i)^2}}$<br><br>※ 2023년 사례: 초거대AI 데이터의 경우 대규모 데이터의 특성에 따라 코사인 유사도 검사 시 너무 많은 시간이 소요되어 단순하게 8단어 중복 확인 등으로 수행하거나 특정 수준 이상의 데이터 샘플을 검토하여 최종 판정 |

〈표 Ⅳ-21〉 내용 유사성 검사기준 및 방법

### 3.3.3.3 도메인 유사성

- 검사기준 및 방법

| | |
|---|---|
| 항목명 | • 도메인 유사성 |
| 설명 | • 다른 도메인의 데이터셋과 대상 데이터셋의 유사(또는 중복)한 정도 (외부 데이터셋과의 중복성) |
| 검사대상 | • 대상 데이터셋의 데이터들의 의미 또는 단위에 따른 내용 유사 정도 |
| 검사 방법 | • (문장) n-gram, TF-IDF BoW 또는 사전학습 언어 모델(BERT 등)에서 얻어진 벡터를 통해 유사성 측정<br>• (이미지) VGG Net, ResNet 등에서 얻어진 중간 벡터를 통해 중복성 측정 |

〈표 Ⅳ-22〉 도메인 유사성 검사기준 및 방법

### 3.3.4 유사성(내용 중복성) 품질관리 계획서 작성 요령

〈작성 요령〉

- 유사성은 가공데이터의 내용 중복성 검토를 위한 내용 작성
  대상 데이터셋의 데이터들의 의미 또는 단위에 따른 내용 중복 정도
- 아래 [표]를 참고하여 측정지표, 정량 목표 및 검사대상 및 검사 방법, 지표설정 근거에 대해서 작성
- [참고] 『제3권 생성형AI 데이터 품질관리 가이드』- 부록2. 품질지표 설정 가이드

〈작성 예시〉

| 품질 특성 | 검사 항목 | 측정 지표 | 정량 목표 | 검사대상 | | | 검사 방법 | 지표 설정 근거 |
|---|---|---|---|---|---|---|---|---|
| | | | | 산출물 | 데이터 종류 | 내용 | | |
| 유사성 | 내용 중복성 | 비율 | 1% 이내 | 가공 데이터 | 텍스트 | 값 | 연속 8단어 이상 중복 확인 | NIA 권고사항 |

※ 2024년 LLM 유사성 항목 기준

## 3.4 편향성

### 3.4.1 개요

- 특정 성별, 인종, 나이 등에 대한 경향성 및 사회적으로 부정적 의미에 해당하는 데이터 또는 혐오 표현 등의 포함 여부 확인

### 3.4.2 편향성 검사 항목

- '편향성'에 대한 검사 항목은 '경향성', '유해성'으로 구성

※ '경향성'은 실제 구축한 데이터 내의 특정 성별, 인종, 나이 등의 편견이 존재하는지 확인하기 위한 항목으로 계획단계의 기준 적합성 '공평성'과 함께 데이터의 지역, 사회, 인종 등에 대한 무결성을 확보하기 위한 항목

| 품질특성 | 검사 항목 | |
|---|---|---|
| 편향성 | 경향성(Bias) | 특정 성별, 인종, 나이 등 사회적 편견 |
| | 유해성(Toxicity) | 욕설이나 혐오단어 등 특정 단어와의 통계적 상관성<br>텍스트 말뭉치 데이터 내 차별 및 혐오 등 유해 표현이 포함된 문장 확인 |

〈표 Ⅳ-23〉 편향성 검사 항목 구성

## 3.4.4 편향성 검사기준 및 방법

### 3.4.4.1 경향성

- 검사기준 및 방법

| 항목명 | • 경향성 |
|---|---|
| 설명 | • 특정 성별, 인종, 나이 등 사회적 편견에 해당하는 데이터가 존재하는지 측정 |
| 검사대상 | • 텍스트/오디오/이미지 |
| 검사방법 | • 검증 대상 표현 간 편견에 대한 연관성 분석<br>(데이터 출처 확인, 벤치마크 데이터셋 이용, 외부 전문가 검토 등)<br><br>※ 전문가 자문 또는 품질검증 기관과 협의하여 데이터 구축목적을 충족하는 계산(측정) 방법 수립 |

〈표 Ⅳ-24〉 경향성 검사기준 및 방법

### 3.4.4.2 유해성

- 검사기준 및 방법

| 항목명 | • 유해성 |
|---|---|
| 설명 | • 욕설이나 혐오 단어 등 특정 단어와의 통계적 상관성을 통해 측정 |
| 검사대상 | • 텍스트/오디오/이미지 |
| 검사방법 | • 레퍼런스 데이터셋 기반 유해표현 검출<br>- https://github.com/ Unsmile 데이터셋<br>- https://open.selectstar.ai/ko/tunib 혐오 표현 분류 데이터셋<br>- 네이버 KoSBi 데이터셋 등 유해성 검증<br><br>• 구축하는 데이터 특성에 따라 전문가 자문 또는 품질검증 기관과 협의하여 데이터 구축목적을 충족하는 계산(측정) 방법 수립 필요 |

〈표 Ⅳ-25〉 유해성 검사기준 및 방법

## 3.5 합성데이터 유용성

### 3.5.1 개요

- 합성데이터와 원본데이터가 얼마나 유사한지, 동일한 목표를 달성할 수 있는지 등을 검증
- 합성데이터로 생성한 모델과 원본데이터로 생성한 모델의 성능 차이 비교
- 원본데이터와 합성데이터를 무작위로 선별하여 합성데이터를 구별하는 검사를 수행하여 합성데이터를 구별한 비율을 계산
- 원본 데이터셋과 합성 데이터셋의 특징을 추출하여 수치 비교

### 3.5.2 합성데이터 유용성 검사 항목

- '합성데이터'에 대한 유용성의 검사 항목은 '모델 성능 비교', '이미지 생성 성능'으로 구성

| 품질특성 | 검사 항목 | |
|---|---|---|
| 합성데이터 유용성 | 모델 성능 비교 | |
| | 이미지 생성 성능 | VTT(Visual Turing Test) |
| | | FID(Fréhet Inception Distance) |

〈표 Ⅳ-26〉 합성데이터 유용성 검사 항목 구성

### 3.5.3 합성데이터 유용성 검사기준 및 방법

#### 3.5.3.1 모델 성능 비교

- 검사기준 및 방법

| 항목명 | • 모델 성능 비교 |
|---|---|
| 설명 | • 합성데이터로 학습한 모델과 원본데이터로 학습한 모델의 성능 차이 비교 |
| 측정지표 | • 정확도(Accuracy), 재현율(Recall), 정밀도(Precision), F1 Score 등<br>데이터 특성에 따라 지표 선정 후 측정 |
| 검사방법 | • 성능 차이 = 합성데이터 학습모델 정확도 - 원본데이터 학습모델 정확도<br><br>• 목표 달성 조건-두 모델의 성능 차이가, 임계값보다 작으면 만족<br>• 동일한 수의 원본/합성데이터로 학습한 판별모델을 구성하고, 학습에 사용되지 않은 테스트 데이터셋으로 성능 측정 |

〈표 Ⅳ-27〉 모델 성능 비교 검사기준 및 방법

### 3.5.3.2 이미지 생성 성능

① VTT(Visual Turing Test)

- 검사기준 및 방법

| 항목명 | • VTT |
|---|---|
| 설명 | • 원본데이터에 대한 사전지식이 없는 도메인 전문가를 대상으로 원본과 합성을 동일수로 무작위로 선별하여 원본-합성 Pair로 구성된 세트를 구성한 후, 도메인 전문가가 합성데이터를 구분하는 테스트를 수행하여 정답률 측정 |
| 측정지표 | • 정성 평가 |
| 검사방법 | • $정답률 = \frac{올바르게\ 예측한\ 샘플\ 수}{전체\ 샘플\ 수}$<br>• 목표 달성 조건- 데이터의 특성에 따라 협의를 거쳐 수립 필요<br>• 상기 수치는 예시이며 상세 목표는 협의 필요<br>• 정답률 50%가 가장 이상적인 정답률 수치 |

〈표 Ⅳ-28〉 VTT 검사기준 및 방법

② 이미지 품질검증 FID

- 검사기준 및 방법

| 항목명 | • 이미지 품질검증 |
|---|---|
| 설명 | • 품질 평가 지표(이미지의 경우 FID)를 이용하여 원본과 합성데이터 간 품질을 정량적 점수를 측정 |
| 측정지표 | • FID(Fréhet Inception Distance) |
| 검사방법 | • $FID(x,g) = \parallel \mu_x - \mu_g \parallel_2^2 + Tr(\Sigma_x + \Sigma_g - 2(\Sigma_x \Sigma_g)^{\frac{1}{2}})$<br>* x=Original, g=synthetic<br>μx, μg: 각각 실제 이미지와 생성된 이미지의 특징 벡터 평균<br>Σ_x, Σ_g: 각각 실제 이미지와 생성된 이미지의 특징 벡터 공분산 행렬<br>\|\|·\|\|: 다차원 공간에서 벡터의 크기를 측정하는 방법<br>Tr[·]: 대각 합(trace)<br>출처: https://www.pipc.go.kr/np/cop/bbs/selectBoardArticle.do?bbsId=BS217&mCode=D010030000&nttId=10201 합성데이터 생성 참조모델, 개인정보보호위원회<br>• 원본과 합성 이미지의 데이터셋의 특징을 추출하여 수치화한 뒤 FID 계산<br>• 측정값이 낮을수록 합성 이미지와 원본 이미지가 유사하다는 의미로 임계값과 비교하여 더 낮으면 목표 달성 |

〈표 Ⅳ-29〉 FID 검사기준 및 방법

### 3.5.4 합성데이터 유용성 품질관리 계획서 작성요령

〈작성 요령〉

- 작성 시, 개인정보보호위원회의 '합성데이터 생성 참조모델 가이드라인'을 참조
- 아래 [표]를 참고하여 측정지표, 정량목표 및 검사대상 및 검사 방법, 지표설정 근거에 대해서 작성
- [참고] 『제3권 생성형AI 데이터 품질관리 가이드』- 부록2. 품질지표 설정 가이드

〈작성 예시〉

<table>
<tr><th rowspan="2">품질 특성</th><th rowspan="2">검사 항목</th><th rowspan="2">측정 지표</th><th rowspan="2">정량 목표</th><th colspan="3">검사대상</th><th rowspan="2">검사 방법</th><th rowspan="2">지표 설정 근거</th></tr>
<tr><th>산출물</th><th>데이터 종류</th><th>내용</th></tr>
<tr><td rowspan="3">유용성</td><td>모델 성능 비교</td><td>정확도</td><td>임계값 이내</td><td>원천 데이터</td><td>합성 데이터</td><td>값</td><td>• 동일한 수의 원본/합성데이터로 학습한 판별모델을 구성하고, 학습에 사용되지 않는 테스트 데이터셋으로 성능을 측정</td><td rowspan="3">생성형AI 데이터 품질관리 가이드 v2.0<br><br>합성데이터 생성 참조모델 개인정보 보호위원회</td></tr>
<tr><td rowspan="2">이미지 생성성능</td><td>VTT</td><td>임계값 이내</td><td>원천 데이터</td><td>합성 데이터</td><td>값</td><td>• 전문가·관계자를 대상으로 샘플 Pair 중 합성데이터를 구분하는 테스트를 수행하여 정답률* 측정<br><br>* 올바르게 예측한 샘플수/ 전체 샘플수</td></tr>
<tr><td>FID</td><td>임계값 이내</td><td>원천 데이터</td><td>합성 데이터</td><td>값</td><td>• 원본과 합성 데이터셋의 특징을 추출하여 수치화한 뒤, FID를 계산</td></tr>
</table>

## 3.6 합성데이터 안전성

### 3.6.1 개요

- 생성된 합성데이터를 통해 원본데이터 내 개인이 식별·추론될 위험이 있는지 등을 검증
- 합성데이터 생성 체크리스트 작성을 통한 절차 검토
- 원본데이터와 합성데이터 간 구조적, 지각적 유사성 전수 검사
- 특이값에 대한 전문가/관계자 주관적 검증

※ 합성데이터 특성에 따라, 합성데이터 검사 항목 선택 검증이 가능하며, 연구 논문 및 최신 기술을 바탕으로 유연하게 지표를 설정할 수 있음

### 3.6.2 합성데이터 안전성 검사 항목

- '합성데이터'에 대한 안전성의 검사 항목은 '구조적 유사성', '지각적 유사성', '주관적 검증'으로 구성

| 품질특성 | 검사 항목 |
|---|---|
| 합성데이터 안전성 | 구조적 유사성 |
| | 지각적 유사성 |
| | 주관적 검증 |

〈표 Ⅳ-30〉 합성데이터 안전성 검사 항목 구성

### 3.6.3 합성데이터 안전성 검사기준 및 방법

#### 3.6.3.1 구조적 유사성

- 검사기준 및 방법

| | |
|---|---|
| **항목명** | • 구조적 유사성 |
| **설명** | • 원본-합성 이미지 간 형태적 유사성(휘도, 대조, 구조 등)을 기반으로 형태적 유사성을 측정 |
| **측정지표** | • SSIM(Structural Similarity Index Measure)<br>- 데이터 특성과 목적에 따라 지표를 선택적으로 적용 |
| **검사 방법** | $SSIM(x,y) = \frac{(2\mu_x\mu_y + C_1)(2\sigma_{xy} + C_2)}{(\mu_x^2 + \mu_y^2 + C_1)(\sigma_x^2 + \sigma_y^2 + C_2)}$<br>* x=Original, y=synthetic |

| | |
|---|---|
| | μx, μ_y: 각 이미지의 평균 밝기<br>σx, σy: 각 이미지의 표준편차 (대비)<br>σxy: 두 이미지 간의 공분산 (구조적 유사성)<br>C1, C2: 안전성을 위한 작은 상수<br>(2μxμ_y + C1):두 이미지의 밝기 유사성을 나타냄<br>(2σxy + C2):두 이미지의 대비 유사성과 구조적 유사성을 나타냄<br><br>출처: https://medium.com/srm-mic/all-about-structural-similarity-index-ssim-theory-code-in-pytorch-6551b455541e<br><br>• 원본과 과도하게 비슷하게 생성된 이미지를 탐지하는 것이 목표<br>• 측정값이 임계값 이하일 경우 안전한 데이터로 판정(목표 달성)<br>• 임계값보다 높게 측정된 이미지는 안전성에 대해 주관적 검증 진행 |

〈표 Ⅳ-31〉 구조적 유사성 검사기준 및 방법

### 3.6.3.2 지각적 유사성

- 검사기준 및 방법

| | |
|---|---|
| **항목명** | • 지각적 유사성 |
| **설명** | • 원본-합성 이미지 간 시각적 인지능력 측면에서 원본-합성 이미지의 시각적 유사성을 측정 |
| **검사대상** | • LPIPS(Learned Perceptual Image Patch Similarity)<br> - 데이터 특성과 목적에 따라 지표를 선택적으로 적용 |
| **검사방법** | • $LPIPS = \sum_{l} \frac{1}{H_l W_l} \sum_{h,w} \| w^l \odot (\hat{y}^l_{hw} - \hat{y}^l_{0hw}) \|_2^2$<br><br>* h=height, w=width, l : Layer<br>⊙: element-wise product를 의미, 두 벡터의 같은 위치에 있는 원소끼리 곱셈<br>yhw, y0hw : 각각 두 이미지에서 (h, w) 위치의 특징 벡터를 의미<br><br>출처: https://arxiv.org/pdf/1801.03924<br><br>• 원본과 과도하게 비슷하게 생성된 이미지를 탐지하는 것이 목표<br>• 지각적 유사도 (1-LPIPS)값이 임계값 이하일 경우 안전한 데이터로 판정 (목표 달성)<br>• 임계값보다 높게 측정된 이미지는 안전성에 대해 주관적 검증 진행 |

〈표 Ⅳ-32〉 지각적 유사성 검사기준 및 방법

#### 3.6.3.3 주관적 검증

- 검사기준 및 방법

| 항목명 | • 주관적 검증 |
|---|---|
| 설명 | • 유사성 비교의 한계를 보완하기 위해 전문가·관계자가 합성 이미지의 원본 유사성, 개인식별성 등을 직접 육안 검수 |
| 검사대상 | • 주관적 평가 |
| 검사방법 | • 지각적 유사도 또는 시각적 유사도 측정값이 임계값(목표값)보다 높게 측정된 합성 이미지에 대해 원본 유사성, 개인 식별성 관점에서 주관적 검증 진행<br>• 합성 이미지로부터 원본 이미지의 개인정보, 민감정보 식별이 가능하거나 적절하지 않다고 판단되는 이미지는 삭제 처리 |

〈표 Ⅳ-33〉 주관적 검증 검사기준 및 방법

### 3.6.4 합성데이터 안전성 품질관리 계획서 작성요령

〈작성 요령〉

- 작성 시, 개인정보보호위원회의 '합성데이터 생성 참조모델 가이드라인'을 참조
- 아래 [표]를 참고하여 측정지표, 정량목표 및 검사대상 및 검사 방법, 지표설정 근거에 대해서 작성
- [참고] 『제3권 생성형AI 데이터 품질관리 가이드』- 부록2. 품질지표 설정 가이드

〈작성 예시〉

| 품질 특성 | 검사 항목 | 측정 지표 | 정량 목표 | 검사대상 | | | 검사 방법 | 지표 설정 근거 |
|---|---|---|---|---|---|---|---|---|
| | | | | 산출물 | 데이터 종류 | 내용 | | |
| 안전성 | 구조적 유사성 | SSIM | 임계값 이내 | 원천 데이터 | 합성 데이터 | 값 | • 원본-합성 이미지 간 형태적 유사성을 컴퓨터 지표로 측정 | 생성형AI 데이터 품질관리 가이드 v2.0 |
| | 지각적 유사성 | LPIPS | 임계값 이내 | 원천 데이터 | 합성 데이터 | 값 | • 원본-합성 이미지 간 시각적 유사성을 컴퓨터 지표로 측정 | |
| | 주관적 검증 | 관능적 육안 비교 | 정성 | 원천 데이터 | 합성 데이터 | 값 | • 원본 유사성, 개인정보, 민감정보 식별성 등 주관적 판단 | 합성데이터 생성 참조모델 개인정보보호 위원회 |

### 3.6.5 합성데이터 임계값

〈합성데이터 임계값 산정〉

- 원본과 합성데이터를 정량적 수치로 비교하여 적정성 검증 시, 다음과 같은 방법으로 임계값을 도출
- 구축하는 합성데이터 특성이 유용성 우선인지, 안전성 우선인지 여부에 따라 산출 방법 선택

| | |
|---|---|
| **임계값 산출 방법①**<br><br>**유용성 우선** | 01. 원본데이터를 50%, 50% 크기로 임의분할하여 A, B 데이터셋 생성<br>02. A를 원본, B를 합성데이터로 가정한 후 유용성, 안전성 지표를 측정<br>03. 위 과정을 100% 이상 반복하여 유용성, 안전성 지표 측정값을 누적하고, 누적된 지표의 적정 분위 수( 90%, 95%, 99% 등)를 구해 임계값 도출<br>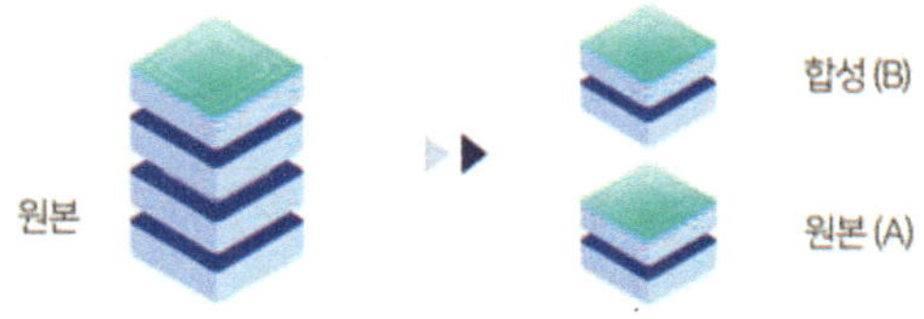 |
| **임계값 산출 방법②**<br><br>**안전성 우선** | 01. 원본데이터를 34%, 33%, 33% 크기로 임의 분할하여 A, B, C 데이터셋을 생성<br>02. A를 원본, B+C를 합성데이터로 가정한 후, B+C에서 식별 위험도가 큰 데이터를 삭제하고 유용성이 높은 레코드를 우선 선택하여 B'를 구성<br>03. 원본 A와 같은 크기의 데이터셋 B'를 합성데이터로 가정<br>04. 위 과정을 100% 이상 반복하여 유용성, 안전성 지표 측정값을 누적하고, 누적된 지표의 적정 분위 수( 90%, 95%, 99% 등)를 구해 임계값 도출<br> |
| **산출 방법 원리** | 01. 합성데이터가 완벽하게 생성되었을 때, 지표의 분포를 구하고 실제 생성된 합성데이터의 지표가 이 분포에서 얼마나 벗어나 있는가를 측정하는 방법 (통계학 가설 검정과 유사 원리)<br>02. 완벽한 합성데이터 생성은 어려우므로, 원본데이터의 일부분을 완벽한 합성데이터로 간주하고 여러번 계산하여 지표분포를 측정<br>03. 합성데이터로 간주된 데이터가 원본데이터의 일부분이기 때문에 임계값을 만족한다는 것은 원본데이터에 준하는 지표를 충족한다고 판단 |

출처: 개인정보보호위원회 합성데이터 생성 참조모델 ('24.05)

### 3.6.6 합성데이터 생성 체크리스트

〈합성데이터 생성 체크리스트〉

- 합성데이터의 생성과정과 전처리 과정을 확인하기 위한 체크리스트를 구성
- 합성데이터 생성 진행 시 필수 체크 항목으로 사전 확인 필요

| 절차 | 세부 절차 | 체크리스트 및 검토 항목 |
|---|---|---|
| ① 사전 준비 | 활용 목적 및 범위 설정 | □ 합성데이터 생성 전, 합성데이터가 활용되는 목적·범위 정의가 필요한 경우 이를 미리 식별/정의하였는가? |
| | 원본데이터 특성 | □ 합성데이터에 그대로 생성되거나 관련 특성이 과도하게 보존될 시 개인식별·추론 위험성이 있는 개인정보가 포함되어 있는가? |
| | 관련 법률 검토 | □ 원본데이터 처리·활용 시 적용되는 관련 법률 및 조항이 있고 적정하게 검토하였는가?<br>□ 개인정보 보호법 / □ 생명윤리법<br>□ 신용정보법 / □ 기타 : |
| ② 합성 데이터 생성 | 합성데이터 생성모델 | * (검토 대상) 합성데이터 생성시 사용되는 생성 모형(Modeling), 생성 도구(Tool), 사용 함수(Method), 함수에서 인수로 들어갈 매개변수(Parameter) 등 |
| | | □ 합성데이터 생성 시 생성방식 및 생성모형(Modeling)<br>□ 통계기반의 합성데이터 생성 (모수적, 비모수적 기법 등)<br>□ AI 기반의 합성데이터 생성 (딥러닝 기법 등)<br>□ 기타 방식의 합성데이터 생성 (신기술 등) |
| | | □ 합성데이터 활용목적·범위 및 원본데이터의 특성이 고려되었는가?<br>□ 원본데이터와 완전히 동일한 데이터가 생성될 가능성 등, 생성모델의 장·단점, 한계, 개인식별 위험성이 검토되었는가?<br>□ 모델 등이 적용 후 별도의 전처리·후처리 필요한 경우, 적절하게 처리되었는가? |
| | 데이터 전처리 수행 | □ 합성데이터 생성에 필요한 데이터를, 생성목적과 범위를 적절하게 고려하여 원천 시스템으로부터 선별/추출하였는가?<br>□ 추출한 데이터를 합성데이터 생성에 적합하도록 적절하게 전처리하였는가? |
| | 개인 식별자, 특이값 처리 | □ 원본데이터에 개인 식별자 또는 특이값(극단값)이 포함된 경우, 정보 내 개인 식별자 및 특이값을 정의 및 제거 여부, 처리방식은 적절하게 처리되었는가?<br>□ 개인 식별자나 특이값이 합성데이터 생성에 필요한 경우, 활용목적과 관련 위험성을 점검하고 적절하게 후처리 되었는가?<br>□ 개인 식별자나 특이값이 합성데이터 생성에 필요하지 않은 경우, 적절하게 삭제 또는 전처리 되었는가? |
| | 합성데이터 생성 및 검토 | □ 생성한 합성데이터가 목표한 개수(레코드 수). 형식 등, 설정한 활용 목적에 적합하도록 합성데이터셋을 생성하였는가?<br>□ 생성된 합성데이터가 논리적 제한 등이 존재하는 경우 등 검토하였고, 문제가 있는 경우 적절한 조치(재생성, 추가처리)를 수행하였는가? |

| 절차 | 세부 절차 | 체크리스트 및 검토 항목 |
|---|---|---|
| ③ 유용성 및 안전성 검증 | 합성데이터 유용성 검토 | □ 합성데이터가 원본데이터의 특징(분포, 각 컬럼의 상관관계 등)이 유사한가?<br>□ 원본데이터와 합성데이터를 사람이 또는 AI가 잘 구분해내지 못하는가?<br>□ 합성데이터를 학습한 AI모델이 원본을 학습한 모델과 유사한 성능을 내는가? |
| | 합성데이터 안전성 검토 | □ 합성데이터에 원본데이터와 동일한 레코드 또는 항목이 존재하는가?<br>□ 합성데이터에 원본과 비슷한 특징이 과도하게 재현되거나 특이값(극단값) 등이 그대로 반영되어 원본데이터 내 개인을 쉽게 추론해낼 가능성이 있는가?<br>□ 합성데이터 생성모델이 무차별 매개변수 탐색 공격, 모델 공격 등 고도화된 적대적 공격(Adversarial Attack)을 통한 원본 유추 위험이 없는가? |
| ④ 활용 | 적정성 심의 | * 합성데이터 생성과정 및 결과에 대해 보다 객관적·전문적인 검토가 필요하다고 판단되어 전문가 등의 적정성 심의를 받은 경우<br>□ 심의위원회는 관련 분야 합성데이터 전문가, 법률 전문가, 정보보호 전문가 등의 적절한 인원으로 구성되었는가?<br>□ 검토내용과 결과는 적정하였는가? |
| | 안전한 관리 | □ 이용계약 등으로 인해 활용에 제약이 있는 합성데이터의 경우, 허가된 목적·범위·대상 내에서만 활용되도록 관리체계 마련되었는가?<br>□ 유용성을 우선적으로 고려하여 비교적으로 안전성이 낮도록 생성된 합성데이터의 경우, 활용 시 접근제어, 안전조치 등 일정한 통제장치가 적절하게 마련되었는가? |

출처: 개인정보보호위원회, 합성데이터 생성 참조모델 24.05

# 4 가공데이터 정확성 품질관리 지표

## 4.1 구문 정확성

### 4.1.1 개요

- 어노테이션 데이터를 구성하는 속성값들과 원래 정의한 데이터 형식 및 입력값 범위와의 일치성을 측정하는 지표
- 생성형AI 데이터 구축사업에서 구문 정확성의 대상은 가공데이터로, 기존 인공지능과 달리 유연하면서도 의미론적으로 정합한 방식으로 구성하고 데이터의 구조, 입력값 범위 및 형식은 정의된 속성을 따라야 함

### 4.1.2 구문 정확성 검사 항목

- '구문 정확성'에 대한 검사 항목은 '구조 정확성', '형식 정확성'으로 구성

| 품질특성 | 검사 항목 |
|---|---|
| 구문 정확성 | 구조 정확성 |
| | 형식 정확성 |

〈표 Ⅳ-34〉 구문 정확성 검사 항목 구성

### 4.1.3 구문 정확성 검사기준 및 방법

#### 4.1.3.1 구조 정확성

- 검사기준 및 방법

| 항목명 | • 구조 정확성 |
|---|---|
| 설명 | • 어노테이션 데이터 구조를 준수하는지 확인 |
| 검사대상 | • 가공데이터 |
| 검사방법 | • 데이터 구축 시 정의한 데이터 구조에 적합하지 않은 데이터가 있는지 확인<br>• 정확도(%) = $\frac{(\text{전체속성수} - \text{오류건수}_{\text{구조}})}{\text{전체속성수}} \times 100$<br>※ 데이터 구조에 대한 표준화가 필요<br>※ 속성: 요구되는 데이터 필드(컬럼, 속성 등)가 적절하게 포함되어 있는지, 각 필드가 미리 정의된 형식(숫자, 문자열, 날짜 등)을 정확히 따르는지, 그리고 필수 필드의 누락 없이 데이터 구조가 올바르게 구성되어 있는지를 평가하는 요소 |

〈표 Ⅳ-35〉 데이터 구조 검사기준 및 방법

### 4.1.3.2 형식 정확성

- 검사기준 및 방법

| 항목명 | • 데이터 형식 |
|---|---|
| 설명 | • 어노테이션 데이터를 구성하는 데이터가 형식 및 데이터를 구성하는 속성의 값이 입력 유효값 내에 존재하는지 확인 |
| 검사대상 | • 가공데이터 |
| 검사방법 | • 데이터 구축 시 정의한 데이터 형식에 적합하지 않은 데이터가 있는지 확인<br>• 데이터 구축 시 정의한 데이터를 구성하는 속성의 값이 입력 유효값을 벗어나는 속성을 포함하고 있는 데이터가 존재하는지 확인<br><br>• 정확도(%) = $\frac{(\text{전체속성수} - \text{오류건수}_{\text{형식}})}{\text{전체속성수}} \times 100$<br><br>※ 메타데이터에 대한 표준화가 필요<br>※ 텍스트, 오디오는 ETRI 전사규칙을 준수<br>※ 속성: 특정 데이터 필드 또는 요소가 요구된 형식(예: 날짜, 숫자, 텍스트 등) 및 데이터 값 범위를 정확히 준수하고 있는지를 평가하는 데이터 형식의 특성 |

〈표 Ⅳ-36〉 데이터 형식 검사기준 및 방법

※ ETRI 전사 규칙: 한국전자통신연구원(ETRI)에서 음성 데이터를 텍스트로 변환하는 과정에서 일관성 있고 정확한 결과를 얻기 위해 마련한 규칙
(https://github.com/etri/kmsav/tree/main/trans_guide)

**〈구문 정확성 오류 예시〉**

- JSON 스키마 기준 구문 정확성 오류 항목 예시

| 타입 | 설명 |
|---|---|
| array | • array를 구성하는 아이템의 최소 개수에 미달 |
| | • array를 구성하는 아이템의 최대 개수를 넘음 |
| string | • 문자열 최소 길이보다 짧음 |
| | • 문자열 최대 길이보다 길음 |
| | • 문자열 허용 포맷 외 포맷이 사용<br>• format 항목: date(날짜), regExp(정규 표현식), email(이메일), ipv4(ip주소), ipv6(ip주소), url(URL) |
| | • date(날짜), regExp(정규 표현식)에 한하여 expression 미작성 |
| | • 허용 가능 문자열 외 문자가 존재 |
| object | • 허용 가능하지 않은 객체 내 속성 |
| number | • 숫자 최소 허용 값에 미달 |
| | • 숫자 최대 허용 값을 초과 |
| | • 숫자 허용 배수를 위배 |
| | • 허용 가능 숫자를 위배 |
| 기타 | • 항목의 값 null 허용 가능하지 않은 값인데 null 표기 |

Ⅳ. 부록

- 구문 정확성에 대한 검사 절차는 가공데이터에 대한 ① 무결성 확인, ② 구조 정확성 검사, ③ 형식 정확성 검사의 단계로 수행

**〈지표 검사 절차〉**

1단계 가공데이터 → 2단계 무결성 → 3단계 구조정확성 → 4단계 형식정확성 → 5단계 검사결과

**[그림 Ⅳ-1]** 지표 검사 절차

① 무결성 확인은 가공데이터가 읽기 실행 시 이상이 없는 경우에만 구조/형식에 대한 정확성 검사를 수행하고, 이상이 있는 경우는 검사를 중지하고 문제점을 확인 및 조치

② 구조 정확성은 라벨링 파일 내 항목에 대한 구조적 문제를 점검하는 것으로 필수항목 누락 여부(구문 규칙(스키마)에 정의된 필수항목(객체, 속성)의 누락 여부)와 유효 항목 여부(구문 규칙(스키마)에 정의되지 않은 항목(객체, 속성)이 라벨링 파일에 있는지 확인)를 검사

③ 형식 정확성은 가공데이터의 항목별 형식을 점검하는 것으로 가공데이터 내 규칙위반 여부(Value 없음, Value Type 에러, 특정 항목의 상세 검증 조건위반 등)를 검사

### 4.1.4 구문 정확성 품질관리 계획서 작성 요령

〈작성 요령〉

- 데이터 가공의 파일 구조, 속성 및 값은 설계 과정에서 정의한 규격에 따라 정확하게 입력되도록 작성
- 아래 [표]를 참고하여, 구문 정확성의 검사항목별 측정지표, 정량목표 및 검사대상 및 검사 방법, 지표설정 근거에 대해서 작성
- [참고] 『제3권 생성형AI 데이터 품질관리 가이드』- 부록2. 품질지표 설정 가이드

〈작성 예시〉

| 품질 특성 | 검사 항목 | 측정 지표 | 정량 목표 | 검사대상 | | | 검사 방법 | 지표설정근거 |
|---|---|---|---|---|---|---|---|---|
| | | | | 산출물 | 데이터 종류 | 내용 | | |
| 구문 정확성 | 구조 정확성 | 정확도 | 99.5 % | 원천데이터 가공데이터 | 텍스트 | 값 | 데이터 파일 내 항목에 대한 구조적 문제를 점검 | 데이터 생성/증강 품질 보장을 위한 정확도 검사 |
| | 형식 정확성 | 정확도 | 99.5 % | | 텍스트 | 값 | 데이터 파일 내 항목별 범위 및 형식 점검 | 데이터 생성/증강 품질 보장을 위한 정확도 검사 |

## 4.2 의미 정확성

### 4.2.1 개요

- 데이터의 참값(Ground Truth)을 확인하기 위해, 정확도, 정밀도, 재현율, IoU, ROUGE, BLEU, Fβ-점수, EM 등을 측정하는 지표
- 구축 목적에 대한 의미 적정성과 데이터의 의미가 명료하고 표현이 자연스러운 의미 전달성 측정 생성형AI 데이터의 내용 전달성, 질의 적정성, 바운딩 박스 정확성, 3D모델링 정확성, 분류 정확성, 일치성(LMM), 정렬성(LMM) 등을 측정

### 4.2.2 의미 정확성 검사 항목

- 의미 정확성의 검사 항목은 데이터 종류 및 목적에 따라 적절하게 선정하여 적용

| 품질특성 | 검사 항목 |
|---|---|
| 의미 정확성 | 내용 전달성 |
| | 질의 적정성 |
| | 바운딩 박스 정확성 |
| | 3D모델링 정확성 |
| | 분류 정확성 |
| | 일치성(LMM) |
| | 정렬성(LMM) |
| | ※ 그 외 검사 항목은 데이터의 유형 및 활용 목적에 따라 적절하게 선정하여 적용 |

〈표 Ⅳ-37〉 의미 정확성 검사 항목 구성

### 4.2.3 의미 정확성 검사기준 및 방법

#### 4.2.3.1 내용 전달성

| 항목명 | • 내용 전달성 |
|---|---|
| 설명 | • 일상적 사용 수준에 맞게 내용 전달 여부, 문법적 오류로 인한 전달성 오류 여부 검사 |
| 검사대상 | • 가공데이터 |
| 검사방법 | • $정확도 = \frac{검사\ 대상\ 중\ Pass\ 총합}{검사\ 총\ 개수} \times 100$<br>• 전체 데이터 수: 문장/문단 총 수량<br>• 오류 데이터 수: 문장/문단 중 문법적 오류가 발견된 문장 또는 해당 언어의 일상적 사용 수준에서 어색한 문장 수량 |

〈표 Ⅳ-38〉 내용 전달성 검사기준 및 방법

### 4.2.3.2 질의 적정성

- 검사기준 및 방법

| 항목명 | • 질의 적정성 |
|---|---|
| 설명 | • 주어진 질의 유형에 따라 질의 문장을 얼마나 정확하게 생성하였는지에 대한 검사<br>• 자연스러운 문장인지 검사<br>• 문장 중 질의에 대한 문법 오류가 발견되었는지 검사 |
| 검사대상 | • 가공데이터 |
| 검사방법 | • $정확도 = \frac{평가척도별\ 평가점수\ 총합}{평가척도\ 수 \times n(Likert\ 척도\ 최대\ 점수)}$<br>• 리커트(Likert) 척도 정의 예시<br>- 5점(매우 적합), 4점(적합), 3점(보통), 2점(부적합), 1점(매우 부적합)<br>- 3점(협조적), 2점(중립적), 1점(비협조적)<br>※ 구축하는 데이터의 특성과 목적에 따라 리커트 척도의 범위 구간을 정의하여야 함 |

〈표 Ⅳ-39〉 질의 적정성 검사기준 및 방법

### 4.2.3.3 바운딩 박스 정확성

- 검사기준 및 방법

| 항목명 | • 바운딩 박스 정확성 |
|---|---|
| 설명 | • 바운딩 박스가 데이터의 텍스트 요소와 시각 요소에 정확히 바운딩 박스 되어있는지 검사 |
| 검사대상 | • 가공데이터 |
| 검사방법 | • $F1-점수(\%) = 2 \times \frac{정밀도 \times 재현율}{정밀도 + 재현율}$<br>• $정밀도 = \frac{전체\ 라벨\ 수 - 분류오류 - 영역오류 - 불필요객체}{전체\ 라벨\ 수}$<br>• $재현율 = \frac{전체\ 라벨수 - 분류오류 - 영역오류 - 불필요\ 객체}{전체\ 라벨\ 수 - 불필요\ 객체 + 객체누락}$<br>• 데이터 가공 요소에 대하여 얼마나 정확하게 바운딩 박스 처리를 했는지 검사<br>• 오류 유형 검사: 분류, 영역, 객체 누락, 불필요 객체 등<br>※ 측정지표의 경우, 데이터 유형에 따라 적절하게 선정 |

〈표 Ⅳ-40〉 바운딩 박스 정확성 검사기준 및 방법

### 4.2.3.4 3D 모델링 정확성

- 검사기준 및 방법

| 항목명 | • 3D 모델링 정확성 |
|---|---|
| 설명 | • 3D 모델이 실제 물체나 환경을 얼마나 정확하게 재현하고 있는지를 평가하는 지표 |
| 검사대상 | • 가공데이터 |
| 검사방법 | • 정확도 = $\frac{\text{(전체 데이터 수- 오류 데이터 수)}}{\text{전체 데이터 수}}$ x100<br><br>• 3D 자세, 노멀 방향, 메쉬, 텍스처 등을 검사<br>• 오류 데이터 수 : 다음 중 한 요소라도 충족하지 않는 3D 모델링 데이터 수<br>- 3차원 자세가 정확해야 함<br>- 노멀 방향이 정확해야 함<br>- 메쉬 내 홀이 존재하지 않아야 함<br>- 메쉬와 텍스처가 존재해야 함<br>• 전체 데이터 수 : 3D 모델링 데이터 전체 수<br><br>※ 측정지표의 경우, 데이터 유형에 따라 적절하게 선정 |

〈표 Ⅳ-41〉 3D 모델링 검사기준 및 방법

### 4.2.3.5 분류 정확성

- 검사기준 및 방법

| 항목명 | • 분류 정확성 |
|---|---|
| 설명 | • 데이터(텍스트, 이미지, 영상 등)에 대해 클래스(Label)를 분류를 평가하는 지표 |
| 검사대상 | • 가공데이터 |
| 검사방법 | • 정확도(%) = 1- $\frac{\text{오류 데이터 수}}{\text{전체 데이터 수}}$ x100<br><br>• 오류 데이터 수 : 분류가 잘못된 데이터 수<br>• 전체 데이터 수 : 전체 데이터 수<br><br>※ 측정지표의 경우, 데이터 유형에 따라 적절하게 선정 |

〈표 Ⅳ-42〉 분류 정확성 검사기준 및 방법

#### 4.2.3.6 일치성(LMM)

- 검사기준 및 방법

| 항목명 | • 일치성 |
|---|---|
| 설명 | • 두가지 이상의 모달리티들 간 대상과 내용이 서로 일맥상통하는지 확인<br>- [시계열 포함 아닌 경우]<br>모달리티 간 식별 대상 및 핵심내용이 서로 일치하는지 확인<br>데이터 간 논리적 연결성과 관련성, 전체적인 맥락에서 구성요소들이 잘 맞물려 있는지를 확인 |
| 검사 대상 | • 모달리티 쌍 정확도 |
| 검사방법 | • $\frac{\text{A와 B모달의 핵심 요소 내용이 일치하는 데이터 수}}{\text{A와 B 모달 중 더 많은 데이터 수}} \times 100$<br><br>**[예시1] 실제 도로-시뮬레이션-캡션 일치성**<br>- 검사 내용: 실제 도로 영상-시뮬레이션 영상-캡션 내용이 일치하는지 검사<br>- 부적절 예시<br>1) 실제 도로 영상-시뮬레이션 영상-캡션 내용이 일치하지 않음<br>2) 실제 도로 영상에 오류가 있음<br>3) 시뮬레이션 영상에 오류가 있음<br>4) 캡션에 문법적 오류(맞춤법 이상, 오탈자 등)가 있음<br><br>• 정확도(%) = $\frac{\text{PASS한 데이터 수}}{\text{전체 데이터 수}} \times 100$<br><br>**[예시2] 이미지-캡션 내용 일치성**<br>- 검사 내용: 이미지와 캡션 간 내용이 일치하는지 검사<br>- Likert 5 Scale<br>1) 문장 내 주요 정보 요소* 중 1개 이상 존재함 (1점)<br>문장 내 주요 정보 요소 하나도 없는 경우 : (0.2점)<br>2) 문장과 이미지 간 묘사 내용이 일치함 (2점)<br>문장과 이미지 간 불일치 요소 1건 : (1.5점)<br>문장과 이미지 간 불일치 요소 2건 이상 : (0.4점)<br>3) 문법적 오류가 없고 자연스러움 (2점)<br>문법적 오류 및 부자연스러운 요소 1건 : (1.5점)<br>문법적 오류 및 부자연스러운 요소 2건 이상 : (0.4점)<br>* ①동작, ②객체, ③장소 및 위치, ④조건, ⑤시간, ⑥의도 및 목적, ⑦수량, ⑧색상<br><br>• 정확도(%) = $\frac{\text{평가척도별 평가점수 종합}}{\text{평가대상 수 x 5점(Likert 5점)}} \times 100$ |

〈표 Ⅳ-43〉 일치성 검사기준 및 방법

### 4.2.3.7 정렬성(LMM)

- 검사기준 및 방법

<table>
<tr><td>항목명</td><td>• 정렬성</td></tr>
<tr><td>설명</td><td>• 시간 및 공간 순서적 요소가 포함된 모달리티의 경우, sequence 정렬이 정확한지 확인하며, 행위, 사건, 범위, 구간 등 시간적 연속성이 있는 데이터를 대상으로 평가함</td></tr>
<tr><td>검사대상</td><td>• 모달리티 쌍</td></tr>
<tr><td>검사방법</td><td>• 정확도(%) = $\frac{\text{A와 B모달의 시간적 순서 및 핵심 요소 내용이 일치하는 데이터 수}}{\text{전체 데이터 수}}$ x100<br><br>[예시1] 시뮬레이션-캡션 시간 정렬성<br>- 시뮬레이션-캡션 쌍 시간 정렬이 일치하는지 검사<br>- 부적절 예시<br>1) 캡션 내용이 시뮬레이션 영상 시간 순서에 따라 기입되어 있지 않음<br><br>• 정확도(%) = $\frac{\text{PASS 데이터 수}}{\text{전체 데이터 수}}$ x100<br>2) 스크립트 생성 시작 시간(start_time)부터 끝 시간(end_time)까지의 스크립트 시간 정렬이 영상 시간 정렬과 일치하지 않는 경우<br>3) 문제 생성 시작 시간(audio_start_tim5)부터 끝 시간(audio_end_time)까지의 문제 시간 정렬이 영상-스크립트 시간 정렬과 일치하지 않는 경우<br><br>[예시2] 영상 -이미지 프레임추출 시간 정렬성<br>- 동영상과 추출된 이미지 간 시간적 요소가 일치하는지 검사<br>- Pass/Fail<br>1) Pass: 동영상의 타임 코드와 이미지의 프레임추출 시간이 일치함<br>2) Fail: 동영상의 타임 코드와 이미지의 프레임추출 시간이 불일치함<br>• 정확도(%) = $\frac{\text{PASS 데이터 수}}{\text{전체 데이터 수}}$ x100<br><br>- Pass 문항 수: 평가결과가 Pass인 데이터의 수<br>- 평가 문항 수: 평가를 진행한 전체 데이터의 수</td></tr>
</table>

〈표 Ⅳ-44〉 정렬성 검사기준 및 방법

### 4.2.4 의미 정확성 측정지표

- 생성형AI '의미 정확성'에 대한 측정지표는 데이터 종류와 어노테이션 방식에 따라서 '정확도', '리커트 척도', '정밀도', '재현율' 등 다양한 지표를 필요에 따라 구성

| 품질특성 | 측정지표 |
|---|---|
| 의미 정확성 | 정확도 |
| | 리커트 척도 |
| | 정밀도 |
| | 재현율 |

〈표 Ⅳ-45〉 의미 정확성 측정지표 구성

#### 4.2.4.1 정확도

- 검사기준 및 방법

| | |
|---|---|
| 항목명 | • 정확도 |
| 설명 | • 어노테이션과 참값 간의 중첩률을 확인 |
| 검사대상 | • 가공데이터 |
| 검사방법 | • 데이터 종류의 분류를 참조하여 데이터 종류별에 해당하는 어노테이션과 참값 간의 중첩률을 계산하여 의미 정확성의 정확도를 확인 |

〈표 Ⅳ-46〉 정확도 검사기준 및 방법

#### 4.2.4.2 리커트 척도

- 검사기준 및 방법

| | |
|---|---|
| 항목명 | • 리커트 척도 |
| 설명 | • 주어진 질의/답변/추론/분류 등 유형에 따라 얼마나 정확하게 생성하였는지 결과 판단 검사 |
| 검사대상 | • 가공데이터 |
| 검사방법 | • 어노테이션 결과값의 정확도를 수치화하여 등급으로 확인<br>(일반적으로 5단계, 7단계 리커트 척도 적용) |

〈표 Ⅳ-47〉 리커트 척도 검사기준 및 방법

#### 4.2.4.3 정밀도

- 검사기준 및 방법

| 항목명 | • 정밀도 |
|---|---|
| 설명 | • 생성된 어노테이션 중 참값 어노테이션 비율을 확인 |
| 검사대상 | • 가공데이터 |
| 검사방법 | • 데이터 종류의 분류를 참조하여 데이터 종류별로 생성된 어노테이션 중 참값 어노테이션 비율을 계산하여 의미 정확성의 정밀도를 확인 |

〈표 Ⅳ-48〉 정밀도 검사기준 및 방법

#### 4.2.4.4 재현율

- 검사기준 및 방법

| 항목명 | • 재현율 |
|---|---|
| 설명 | • 모든 가능한 어노테이션 중 참값 어노테이션 비율을 확인 |
| 검사대상 | • 가공데이터 |
| 검사 방법 | • 데이터 종류의 분류를 참조하여 데이터 종류별로 모든 가능한 어노테이션 중 참값 어노테이션 비율을 계산하여 의미 정확성의 재현율을 확인 |

〈표 Ⅳ-49〉 재현율 검사기준 및 방법

- 그 외 측정지표는 '5.2 유효성'의 측정지표 참고

### 4.2.5 의미 정확성 품질관리 계획서 작성요령

〈작성 요령〉

- 아래 [표]를 참고하여, 의미 정확성의 검사항목별 측정지표, 정량목표 및 검사대상 및 검사 방법, 지표설정 근거에 대해서 작성
- LMM의 경우 모달리티 간 시간적 요소 포함 여부에 따라 일치성, 정렬성을 분류하여 작성
- 일치성: 모달리티 간 내용 일치성을 확인
- 정렬성: 모달리티 간 시간적 요소의 정렬 일치성을 확인
- 일치성, 정렬성은 의미 정확성 세부지표에 포함하여 작성
- [참고] 『제3권 생성형AI 데이터 품질관리 가이드』- 부록2. 품질지표 설정 가이드

〈작성 예시〉

| 품질 특성 | 검사 항목 | 측정 지표 | 정량 목표 | 검사대상 | | | 검사 방법 | 지표설정 근거 |
|---|---|---|---|---|---|---|---|---|
| | | | | 산출물 | 데이터 종류 | 내용 | | |
| 의미 정확성 | 문법적 정확성 | 정확도 | 95% | 가공 데이터 | 텍스트 | 값 | 인공지능 학습용 데이터 구축 시 문장의 문법적 정확성을 검사 | 텍스트의 품질을 보장하기 위해 정확도를 검사함 |
| | 답변 문장 품질 | 정확도 | 99% | 가공 데이터 | 텍스트 | 값 | 인공지능 학습용 데이터 구축 시 생성된 답변 문장의 정확도 검사 | |
| | 질의 문장 품질 | 정확도 | 99% | 가공 데이터 | 텍스트 | 값 | 인공지능 학습용 데이터 구축 시 생성된 질의 문장의 정확도 검사 | |
| | 분야-질의-응답 간 내용 일치성 | 정확도 | 99% | 가공 데이터 | 텍스트 | 값 | 인공지능 학습용 데이터 구축 시 생성된 질의-응답 내용이 메타데이터의 분야와 일치하는지 정확도 검사 | |
| | 일치성 | 정확도 | 95% | 원천 데이터 가공 데이터 | 이미지-캡션 쌍 | 값 | 두가지 이상의 모달리티들 간 대상과 내용이 서로 일맥상통하는지 확인 | 생성형AI 데이터 품질관리 가이드 v2.0 |
| | 정렬성 | 정확도 | 95% | 원천 데이터 가공 데이터 | 시뮬레이션-캡션 쌍 | 값 | 시간 및 공간 순서적 요소가 존재하는 모달리티를 대상으로 sequence 정렬 | 생성형AI 데이터 품질관리 가이드 v2.0 |

# 5 학습모델 적합성 품질관리 지표

※ 학습모델 품질관리 지표는『제1권 AI 데이터 품질관리 가이드』기준으로 작성됨

## 5.1 알고리즘 적정성

### 5.1.1 개요

- 알고리즘을 Task 단위로 구분하여, 사업수행기관이 제시하는 학습모델의 Task가 적정한지 판단하는 지표
- '알고리즘 적정성'에 대한 검사 항목은 데이터 유형 별로 구성되며, 각각의 데이터 유형별 관련 알고리즘을 임무(Task)별로 구분하여 '알고리즘 적정성'을 평가
  - 제시하는 Task는 '2024년 초거대AI 확산 생태계 조성 사업'의 사례를 기반으로 널리 활용되는 Task 분야를 정리한 것으로, 데이터 유형별 Task의 종류는 제시하는 것 외에도 매우 다양하므로 데이터 구축목적에 따라 별도의 Task를 정의해야 함

### 5.1.2 알고리즘 선정

#### 5.1.2.1 Task별 데이터 유형 구성

※ 검은색 표기(●)는 학습모델에 직접적으로 적용되는 데이터 유형을 표시함
※ 하얀색 표기(○)는 원시데이터에서 정제 작업을 거친 후 학습모델에 적용되는 데이터 유형을 표시함

| 분류 | 알고리즘 Task 분야 | | 데이터 유형 | | | | |
|---|---|---|---|---|---|---|---|
| | 한글명 | 영문명 | 텍스트 | 이미지 | 비디오 | 오디오 | 3D |
| 언어 이해 | 광학 문자 인식 | Optical Character Recognition | ● | ● | | | |
| | 순차적 레이블링 | Sequence Labeling | ● | | | | |
| | 텍스트 분류 | Text Classification | ● | | | ○ | |
| | 정보추출 | Information Extraction | ● | | | ○ | |
| | 질의응답 | Question Answering | ● | | | ○ | |
| | 음성인식 | Speech Recognition | ● | | | ● | |
| | 오디오 분류 | Audio Classification | ● | ● | | ● | |
| | 텍스트 추천 | Text Extraction | ● | | | ○ | |
| | 텍스트 예측 | Text Prediction | ● | | | ○ | |
| | 음성 분리 | Speech Separation | ● | | | ● | |
| | 관계 추출 | Relation Extraction | ● | | | ○ | |

| 분류 | 알고리즘 Task 분야 | | 데이터 유형 | | | | |
|---|---|---|---|---|---|---|---|
| | 한글명 | 영문명 | 텍스트 | 이미지 | 비디오 | 오디오 | 3D |
| 언어 생성 | 텍스트 요약 | Text Summary | ● | | | ○ | |
| | 텍스트 생성 | Text Generation | ● | | | | |
| | 기계 번역 | Machine Translation | ● | | | ○ | |
| | 음성 합성 | Speech Synthesis | ● | | | ● | |
| | 텍스트 교정 | Text Reconstruction | ● | | | | |
| 시각 인지 | 이미지 분류 | Image Classification | | ● | ○ | | |
| | 이미지 캡셔닝 | Image Captioning | | ● | | | |
| | 3D 포인트 클라우드 분류 | 3D Point Cloud Detection | | | | | ● |
| | 객체 인식 | Object Detection | | ● | ○ | | |
| | 3D 객체 인식 | 3D Object Detection | | ○ | ○ | | ● |
| | 얼굴 인식 | Face Recognition | | ● | | | |
| | 키포인트 검출 | Keypoint Detection | | ● | ○ | | |
| | 3D 키포인트 검출 | 3D Keypoint Detection | | | | | ○ |
| | 행동 인식 | Action Recognition | | ● | ○ | | |
| | 자세 추정 | Pose Estimation | | ● | ○ | | |
| 시각 생성 | 이미지 생성 | Image Generation | | ● | | | |
| | 이미지 합성 | Image Synthesis | | ● | | | |
| | 3D 객체 복원 | 3D Object Reconstruction | | ○ | ○ | | ○ |
| | 2D 이미지를 통한 시점 합성 | 2D View Synthetic | | ○ | | | ○ |
| | 해상도 개선 | Super Resolution | | ● | ○ | | |

〈표 Ⅳ-50〉 Task별 데이터 유형 구성 예시

### 5.1.2.2 학습모델 선정 기준

- 학습모델 임무의 의미를 파악하고 RFP기준을 만족하도록 목표 정의
- 임무 정의 및 개념을 기반으로 임무 유형을 선정하고 선정 사유를 파악

※ 학습모델 주요 알고리즘은 『제3권 생성형AI 데이터 품질관리 가이드』- Ⅲ. 생성형AI 주요 모델 및 기술 참조

## 5.1.3 알고리즘 적정성 품질관리계획서 작성요령

### 5.1.3.1 선정된 학습모델 임무(TASK) 개념 및 적정성 작성요령 및 예시

〈작성 요령〉

- 본 사업에서 정의하는 학습모델 임무의 의미를 파악하고, RFP 기준을 만족하도록 목표를 정의하여 [표] 형식으로 작성
- 임무 정의 및 개념
  - 학습모델에 대한 임무정의는 대표성을 갖는 임무 작성
  - 임무는 '검사 항목'에 해당하나, 세부 임무로 분류될 수 있음
    (예시) 임무: 텍스트 분류 / 세부 임무(검사 항목): 감정 분류
  - 정의된 임무에 대한 세부적인 설명 작성
- 임무 유형 선정
  - 아래의 임무 유형 중 해당하는 유형을 선택하고, 없을 경우 기타 항목에 표시 후 세부내용 작성

| ① 분류 | ② 탐지 | ③ 추정 | ④ 이해 | ⑤ 합성 | ⑥ 기타 |
|---|---|---|---|---|---|
| □ | □ | □ | □ | □ | □ |

| ① 분류 | ② 탐지 | ③ 추정 | ④ 이해 | ⑤ 합성 | ⑥ 기타 |
|---|---|---|---|---|---|
| □ | □ | □ | □ | □ | □ |

- 임무 선정 사유
  - 학습모델 임무를 선정한 사유를 상세하게 작성

〈작성 예시〉

<table>
<tr><th>구분</th><th>내 용</th></tr>
<tr><td>임무 정의 및 개념</td><td>• 임무 : 자연어 추론(Natural language inference)<br>• 개념 : 주어진 문장의 참/거짓을 판별하는 작업</td></tr>
<tr><td>임무 유형 선정</td><td>① 분류 ■ | ② 탐지 □ | ③ 추정 □ | ④ 이해 □ | ⑤ 합성 □ | ⑥ 기타 □<br>• 기타 임무 유형(                                        )</td></tr>
<tr><td>임무 선정 사유</td><td>• 구축한 데이터를 활용한 학습모델의 성능을 평가하기 위해, 최신 언어 모델의 평가에 사용된 task로 성능을 비교함<br>• 모델 학습에 사용되는 데이터는 구축한 데이터를 포함하며, 데이터의 분류 구성이 구축한 데이터와 동일하기 때문에 본 task를 통해 데이터 다양성을 평가함</td></tr>
</table>

<table>
<tr><th>구분</th><th colspan="6">내 용</th></tr>
<tr><td>임무 정의 및 개념</td><td colspan="6">• 임무 : 모델 추론에 대한 보상<br>• 개념 : Reward Model (RM)에 대한 임무로, 언어모델에 보상 모델 기반의 강화 학습을 수행함</td></tr>
<tr><td rowspan="3">임무 유형 선정</td><td>① 분류</td><td>② 탐지</td><td>③ 추정</td><td>④ 이해</td><td>⑤ 합성</td><td>⑥ 기타</td></tr>
<tr><td>☐</td><td>☐</td><td>☐</td><td>☐</td><td>☐</td><td>■</td></tr>
<tr><td colspan="6">• 기타 임무 유형(                                        )</td></tr>
<tr><td>임무 선정 사유</td><td colspan="6">• 언어 모델이 한국인 선호도에 대한 이해를 높이기 위하여, 보상모델 기반의 강화 학습을 수행함<br>• RLHF 논문은 6B GPT-3 모델에 대해 ARC, BoolQ, CoQA 등의 데이터셋으로 파인 튜닝하여 보상모델을 구축하였으며, 6B 보상모델이 다양한 학습률에서 가장 안정적이며 좋은 성능의 PPO 모델을 만들 수 있음을 보임</td></tr>
</table>

### 5.1.3.2 학습모델 후보군 품질관리 계획서 작성 요령

〈작성 요령〉

- 본 사업에서 정의하는 학습모델 임무의 의미를 파악하고, RFP 기준을 만족하도록 목표를 정의하여 작성
- 학습모델 후보는 최소 2개에서 최대 5개까지 작성
- [참고] 『제3권 생성형AI 데이터 품질관리 가이드』 - III. 제2장 생성형AI 주요 모델 및 기술

※ 학습모델 임무 개수가 2개 이상인 경우, 학습모델 후보군도 각각의 임무별로 나누어 작성해야 함

〈작성 예시〉

<table>
<tr><th>구분</th><th colspan="2">내 용</th></tr>
<tr><td rowspan="3">질의응답 (Question Answering)</td><td>알고리즘</td><td>• Llama-3 8B</td></tr>
<tr><td>선정사유</td><td>• Meta AI에서 개발한 최신 대규모 언어 모델로, 80억 개의 매개변수를 갖추고 있어 효율적인 성능, 다국어 지원, 오픈소스 접근성을 갖춰 질의응답 학습에 적합</td></tr>
<tr><td>선행연구</td><td>• Llama-3 8B 모델은 Stanford 질문 응답 데이터셋(SQuAD)에서 F1 점수 92.1을 달성하여, 질의응답 능력의 우수함을 보임</td></tr>
<tr><td rowspan="3">자연어 추론 (Natural Language Inference)</td><td>알고리즘</td><td>• GPT-3</td></tr>
<tr><td>선정사유</td><td>• 2020년 6월에 OpenAI가 개발한 언어모델이며, 1,750억 개의 많은 매개변수를 사용하며 다양한 task에 대해 높은 성능을 보임</td></tr>
<tr><td>선행연구</td><td>• GPT-3 1)에 따르면, RTE 데이터셋에 대해 큰 버전의 GPT-3만 정확도 50% 이상의 성능을 달성함. 이는 자연어 추론이 어려운 임무이기 때문</td></tr>
</table>

| 구분 | | 내 용 |
|---|---|---|
| 텍스트 분류 (Text Classification) | 알고리즘 | • LLaMA |
| | 선정사유 | • Transformer 기반의 LLaMA는 Meta AI에서 개발한 비영리 라이선스 언어모델로, GPT3 모델의 학습 안전성 및 성능 개선을 위해 Pre-normalization, SwiGLU activation function, Rotary Embeddings을 적용하였으며, 모델 크기를 축소하면서도 높은 성능을 보임 |
| | 선행연구 | • Transformer 기반의 RLHF 논문에서 Stanford Sentiment Treebank (SST-2)에 대해 정확도 91.3%를 달성 |
| 문장 유사성 (Sentence Similarity) | 알고리즘 | • LLaMA |
| | 선정사유 | • Transformer 기반의 LLaMA는 Meta AI에서 개발한 비영리 라이센스 언어모델로, GPT3 모델의 학습 안전성 및 성능 개선을 위해 Pre-normalization, SwiGLU activation function, Rotary Embeddings을 적용하였으며, 모델 크기를 축소하면서도 높은 성능을 보임 |
| | 선행연구 | • Transformer 기반의 RLHF 논문에서 Microsoft Paraphrase corpus (MRPC) 4)에 대해 F1 score 82.3을 달성 |
| 질의응답 (Question Answering) | 알고리즘 | • LLaMA |
| | 선정사유 | • Transformer 기반의 LLaMA는 Meta AI에서 개발한 비영리 라이센스 언어모델로, GPT3 모델의 학습 안전성 및 성능 개선을 위해 Pre-normalization, SwiGLU activation function, Rotary Embeddings을 적용하였으며, 모델 크기를 축소하면서도 높은 성능을 보임 |
| | 선행연구 | • Transformer 기반의 RLHF 논문에서 SNLI 5)에 대해 89.9%의 정확도를 달성함 |

1) Brown, T., Mann, B., Ryder, N., Subbiah, M., Kaplan, J. D., Dhariwal, P., ... & Amodei, D. (2020). Language models are few-shot learners. Advances in neural information processing systems, 33,
2) Radford, Alec, et al. "Improving language understanding by generative pre-training." (2018).
3) R. Socher, A. Perelygin, J. Wu, J. Chuang, C. D. Manning, A. Ng, and C. Potts. Recursive deep models for semantic compositionality over a sentiment treebank. In Proceedings of the 2013 conference on empirical methods in natural language processing, pages 1631-1642, 2013.
4) W. B. Dolan and C. Brockett. Automatically constructing a corpus of sentential paraphrases. In Proceedings of the Third International Workshop on Paraphrasing (IWP2005), 2005.
5) S. R. Bowman, G. Angeli, C. Potts, and C. D. Manning. A large annotated corpus for learning natural language inference. EMNLP, 2015.

## 5.2 유효성

### 5.2.1 개요

- **학습용 데이터로 학습시키는데 적합한 인공지능 알고리즘의 유효성을 측정하는 지표**
  - 본 『제3권 생성형AI 데이터 품질관리 가이드』에서 제시하는 유효성 측정지표는 '2024년도 초거대AI 데이터 구축사업'의 구축사례들을 기반으로 자주 활용되는 측정지표를 정리한 것으로 이외 매우 다양한 측정 방법 및 지표가 존재하므로 데이터 구축목적에 따라 적절한 측정지표 및 목표를 정의하는 것이 중요함
  - 알고리즘 Task 분야별 '유효성 측정지표'의 경우, '2024년도 초거대AI 데이터 구축사업'의 사례 기반으로 작성되었기 때문에 일반적으로 초거대AI 분야에서 통용되는 품질기준과 상이할 수 있음

### 5.2.2 유효성 검사 항목

- **구축한 데이터에 기반하여 유효성을 측정하는 방법은 크게 벤치마킹 데이터셋 이용, 기계적인 측정, 사람의 선호도 측정, 타 AI모델의 측정하는 방법으로 구분할 수 있음**
- **기계적 측정지표 사례**
  - 유효성의 기계적 측정지표 사례인 PPL(Perplexity), BLEU(Bilingual Evaluation Understudy Score), EM(Exact Matching)은 『제1권 AI 데이터 품질관리 가이드』-부록1. 품질관리 기준 참조
- **인간 측정지표 사례**
  - 유효성의 인간 측정지표 사례인 SSA(Sensibleness and Specificity Average)는 『제1권 AI 데이터 품질관리 가이드』-부록1. 품질관리 기준 참조

| 구분 | 사 례 | 장 단 점 |
|---|---|---|
| 기계적 측정 | • PPL(Perplexity)<br>• BLEU(Bilingual Evaluation Understudy Score)<br>• ROUGE(Recall-Oriented Understudy for Gisting Evaluation) | • 정량적인 수치로 명확히 확인 가능하며 언제든 재현 가능함<br>• 실제적인 모델 성능을 대표할 수 있는 지표인지 논란<br>• 대조군이 있는 요약/번역 등 일부 Task에 한정됨 |
| 사람이 측정 | • SSA(Sensibleness and Specificity Average)<br>• VTT(Visual Turing Test)<br>• 패널 평가 | • 모델의 실질적인 성능 측정<br>• 측정자 및 질의에 따라 점수 변동 가능<br>• 패널 평가 시 측정지표 항목의 세부적인 설계가 매우 중요함 |
| AI가 측정 | • GPT-4 등의 기존모델을 통해 답변의 품질에 대해 평가하도록 요청 | • 사람의 주관성은 낮출 수 있으나, 평가 모델에 대한 의존성이 높아짐 |

| 구분 | 사 례 | 장 단 점 |
|---|---|---|
| 벤치마킹 데이터셋 활용 | • 벤치마킹 데이터셋을 활용하여 정량적인 점수를 채점 | • 정량적인 측정이 가능하나 실제 구축한 데이터셋의 내용이 아니어서 객관적인 근거가 부족함 |

※ 2024년 초거대AI 확산 생태계 조성사업에서는 다른 AI를 활용한 측정 방법은 사용하지 않음

〈표 Ⅳ-51〉 모델 검사 방법

### 5.2.3 생성형AI 유효성 품질측정 항목 및 목표(예시)

- 데이터 특성, 인공지능 학습데이터 구축목표, 의미 정확성의 데이터에 해당하는 학습 Task를 참조하여 적합한 유효성 측정지표를 선택할 수 있음
- 유효성 측정지표는 기존 3.1 버전의 제2권 초거대AI 품질관리 가이드라인에 명시된 측정지표를 기준으로 초거대AI 학습용 데이터 구축사업의 거대 언어모델 (LLM), 거대 멀티모달 모델(LMM), 합성데이터(Synthetic Data)의 각 데이터 특성에 따라 추가 반영함
  - 유효성 측정지표는 각 데이터 특성에 따라 학습 Task를 참조하여 적합한 유효성 측정지표를 선택할 수 있음

#### 5.2.3.1 거대 언어모델(LLM) 유효성

- LLM(Large Language Model)은 자연어처리 분야에서 사용되는 모델로, 대규모의 텍스트 데이터를 학습하여 언어 이해와 생성 능력을 갖춘 AI모델을 의미함
  - 많은 양의 데이터를 기반으로 학습되기 때문에 다양한 주제와 문맥에서 자연스러운 언어 생성이 가능하며, 이는 대화 시스템, 기계번역, 요약, 질의응답 등 다양한 자연어처리 작업에 유용하게 사용되고 있음
  - 초거대 규모로 자연어를 학습시킨 인공지능 언어모델로, 학습에 필요한 매개변수(파라미터)의 규모가 수십억(1Billion, 10억 개) 정도
  - 대규모 텍스트 데이터로 사전 훈련되지만, 실제 작업에 특화되지 않아서 특정 도메인의 언어 이해가 부족하거나 새로운 데이터에 대해서 잘못된 정보를 제공하는 등 일반화 성능이 낮고, 편향적 결과를 생성하는 문제가 발생할 수 있음

※ 제시한 정량목표범주(예시)는 과제 특성에 따라 다르게 적용될 수 있으므로 참고용으로 활용

| Task 분야 | 측정지표 | 학습모델 (알고리즘 예시) | 정량목표범주 (예시) |
|---|---|---|---|
| 질의응답 (Question Answering) | ACC | LLaMA2-7B (JCommonSenseQA) | 55.52% 이상 |
| | BLEU/ROUGE | polyglot-ko-1.3b | 추가 사전학습모델의 성능 기존 사전학습모델의 성능 비교 |
| | F1 점수 | BERT(KoBERT, KcBERT), RoBERTa, ELECTRA | 0.7 |
| | | GPT-2 | 0.73 |
| | ROUGE-L | Polyglot-Ko, LLaMA | 60% 이상 |
| | 평가순위 | LLaMA, BLOOMZ | 3위 이상 |
| | Rouge-1 | LLaMA3 | 43.1 이상 |
| | | openchat-3.5-0106 (mistral) | 50% 이상 |
| | Accuracy | Llama-3 70B | 0.4 이상 |
| 텍스트 분류 (Text Classification) | F1-Score | Llama-3 70B | 0.83% 이상 |
| | Recall@1 | openchat-3.5-0106(mistral) | 50% 이상 |
| | | gemma-2-9b-it | 50% 이상 |
| | | Meta-Llama-3-8B-Instruct | 50% 이상 |
| | Rouge-1/Rouge-L | openchat-3.5-0106(mistral) | 50% 이상 |
| | | gemma-2-9b-it | 50% 이상 |
| | | Meta-Llama-3-8B-Instruct | 50% 이상 |
| 텍스트 질의응답 (Text Question Answering) | Accuracy | HCX-003 | 62% 이상 |
| | Likert 척도 5점 | HCX-003 | 평균 3.5 이상 |
| | context precision | LLaMa 7B | 55 이상 |
| 텍스트 생성 (Text Generation) | Likert 척도 | LLaMA-13B(PPO) | 학습 전후 33% 이상 증가 |
| | perplexity | LLaMA-13B | 학습 전후 10% 이상 감소 |
| | | LLaMa3.1 8B | 학습 전후 10% 이상 감소 |
| | | LLaMa 7B | 학습 전후 10% 이상 감소 |
| | PPO 모델 자연어 추론 | LLaMA-13B(PPO) | 76.32 이상 |
| | SSA | GPT-NeoX 3.8b, LLaMa | 60% 이상 |
| | F1-Score | Klue roberta Large | 0.7 이상 |
| | kappa | Klue roberta Large | 0.791 이상 |
| | ROUGE-L | KoLLaVa 7B | 0.6 |
| | G-Eval | davidkim205/ komt-mistral-7b-instruct | 3.5 이상 |
| 기계 번역 (Machine Translation) | BLEU*100 | Meta-Llama-3.1-8B-Instruct | 8.19 이상 |
| 텍스트 자동완성 (Text Autocompletion) | Accuracy | Llama3.1 | 80% 이상 |
| | ROUGE-1 | Llama3.1 | 0.5 이상 |

〈표 Ⅳ-52〉 거대 언어 모델(LLM) Task 분야별 유효성 측정지표

### 5.2.3.2 거대 멀티모달 모델(LMM) 유효성

- LMM(Large Multimodal Model)은 단순히 텍스트 기반으로 답변하는 전통적인 LLM의 한계를 넘어, 텍스트와 이미지 등 다양한 형태의 데이터를 동시에 입력받아 학습하고 이를 통해 여러 모달리티 간의 상호작용을 고려하여, 더 풍부하고 정확한 통찰과 답변을 제공하는 AI모델

※ 제시한 정량목표범주(예시)는 과제 특성에 따라 다르게 적용될 수 있으므로 참고용으로 활용

| Task 분야 | 측정지표 | 학습모델<br>(알고리즘 예시) | 정량목표범주<br>(예시) |
|---|---|---|---|
| 질의응답<br>(Question Answering) | ACC | LLaMA2-7B<br>(JCommonSenseQA) | 55.52% 이상 |
| | | LLaVa | 80% 이상 |
| | | RAG | 92% 이상 |
| | Recall@100 | LLaMA 2 | 75 이상 |
| | F1 점수 | BERT(KoBERT, KcBERT),<br>RoBERTa, ELECTRA | 0.7 |
| | | GPT-2 | 0.73 |
| | ROUGE-L | Polyglot-Ko, LLaMA | 60% 이상 |
| | 평가순위 | LLaMA, BLOOMZ | 3위 이상 |
| | CER | EEVE-Korean-Instruct-<br>10.8B-v1.0 | 15% 이하 |
| | ROUNG-1 | LLaVA | 0.54 |
| | Contextual<br>Understanding | PLLaVA 34b | 3.0 |
| | ROUNG-1 | BART | 45% 이상 |
| 텍스트 생성<br>(Text Generation) | Likert 척도 | LLaMA-13B(PPO) | 학습 전후 33% 이상 증가 |
| | PPO 모델 자연어<br>추론 | LLaMA-13B(PPO) | 76.32 이상 |
| | BERTScore | InternLMXComposer2 | 0.5 |
| | ROUGE-1 | InternLMXComposer2 | 0.3 |
| | SSA | GPT-NeoX 3.8b, LLaMa | 60% 이상 |
| | Appropriation | LLaMA 2 | 55% 이상 |
| | BLUE score | T5(Text-to-Text Transfer<br>Transformer) | 30 |
| | perplexity | LLaMA-13B | 학습 전후 10% 이상 감소 |

| Task 분야 | 측정지표 | 학습모델 (알고리즘 예시) | 정량목표범주 (예시) |
|---|---|---|---|
| 이미지 분류 (Image Classification) | Map | Faster R-CNN | 80% 이상 |
| 음성인식 (Speech Recognition) | Context Precision | Whisper-large-v3 | 60% 이상 |
| 이미지 검출 (Image Detection) | Sensitivity | Faster R-CNN | 80% 이상 |
| | mIoU | LAVT | 80 |
| | ACC@0.5 | UNINEXT | 90 |
| | mAP | GroundingDINO | 70 |
| 음성 전사 | CER | Whisper | 11% 이하 |
| 3D 포즈 생성 (3D Pose Generation) | Top-5 acc | EMAGE | 50% 이상 |
| 3D 객체 복원 (3D Object Reconstruction) | PSNR | neuralangelo | 20 이상 |
| PCD 정제 (PCD Refinement) | | VET | 20 이하 |
| 영상 검색 | Recall@5 | VAST | 81.80% |
| 객체 분류 (Object Classification) | Accuracy | Vision Transformer | 80 |
| 이미지 캡셔닝 (Image Captioning) | CIDEr | ExpansionNet-v2 | 120 |
| 이미지 예측 (Image Prediction) | R2 | DLinear | 80% 이하 |
| | MAPE | Segformer | 15% 이하 |

〈표 Ⅳ-53〉 거대 멀티모달 모델(LMM) Task 분야별 유효성 측정지표

#### 5.2.3.3 이미지(합성데이터) 유효성

- 합성데이터(Synthetic data)란 실제데이터(Real data)와 통계적 특성이 유사하여, 실제데이터 분석결과와 유사한 결과를 얻을 수 있도록 새롭게 생성해낸 가상의 데이터
  - 개인정보보호 등의 사유로 실제 데이터의 활용이 어렵거나, 활용할 수 있는 데이터의 양이 부족한 경우에 주로 활용되며, 실제데이터와 유사할수록 활용
  - 합성데이터는 실제데이터와 같은 분포를 가지고 있기 때문에 실제 자료와 비슷한 결과를 얻을 수 있어 AI모델 학습 시 사용
  - AI모델 고도화를 위한 실제 데이터가 부족한 경우, 합성데이터를 통해 가치 있는 학습 데이터셋을 대량으로 구축 가능

- 데이터를 합성한 정도에 따라 완전 합성데이터, 부분 합성데이터로 분류

| 분류 | 설명 |
|---|---|
| 완전 합성데이터 (Fully synthetic data) | • 공개하려고 하는 데이터에 측정된 실제 데이터가 하나도 없이 모두 가상으로 생성된 데이터 |
| 부분 합성데이터 (Partially synthetic data) | • 공개하려는 변수 중 일부만을 선택하여 합성데이터로 대체한 데이터 |

〈표 Ⅳ-54〉 이미지(합성데이터) 분류

※ 제시한 정량목표범주(예시)는 과제 특성에 따라 다르게 적용될 수 있으므로 참고용으로 활용

| Task 분야 | 측정지표 | 학습모델 (알고리즘 예시) | 정량목표범주 (예시) |
|---|---|---|---|
| 이미지 생성 (Image Generation) | FID | Denoising Diffusion Probabilistic Model | 87 이하 |
| | | Stable Diffusion XL | 70 이하 |
| | | ViT Adapter | 50 이하 |
| | Inception Score | Denoising Diffusion Probabilistic Model | 10 이상 |
| | mAP | ViT Adapter | 0.1 이하 |
| | 민감도 | ViT Adapter | 0.5 이상 |
| | 정확도 | SwinViT | 0.1 이하 |
| 이미지 분류 (Image Classification) | F1-Score | efficientNet V2 XL | 85% 이상 |
| | F1-Score | Segmenter | 80% 이상 |
| | Top-1 Accuracy | ResNet EfficientNet | 65% 이상 |
| | Top-3 Accuracy | ResNet EfficientNet | 80% 이상 |
| | AUROC | DenseNet EffcientNet | 0.83 |
| | Accuracy | VisionTransformer | 80 이상 |
| | AUC-PR(Area under the precision-Recall Curve) | Vision Transformer | 0.8 이상 |
| | Precision/Recall | Vision Transformer | 0.8 이상 |
| 이미지 분할 (Image Segmentation) | DSC (Dice Similarity Coefficie) | HoverNet | 80% 이상 |
| 이미지 탐지(검출) (Image Detection) | mAP | Faster R-CNN | 0.7 이상 |
| | IoU | DeepLabv3+ U-Net | 0.7 이상 |
| | Sensitivity | Faster R-CNN | 80% |
| 이미지 합성 (Image Synthesis) | FID | YOLOv8 | 70 이하 |
| | mAP | YOLOv8 | 0.25 이하 |
| | 민감도 | YOLOv8 | 0.6 이하 |
| | PSNR | Stable Diffusion-v2 Inpainting | 25 이상 |
| | PSNR | SytleGAN2 StarGAN2 | 25 이상 |
| | FID | SytleGAN2 StarGAN2 | 100 이하 |
| | blue@1 | MaxVit-LSTM | 80% 이상 |
| | BLEU-1 | MaxVit-LSTM | 80% 이상 |
| | Accuracy | VIT ConvNeXt ResNet | 85% 이상 |
| 이미지 캡셔닝 (Image Captioning) | CIDEr | ExpansionNet-v2 | 120 |

〈표 Ⅳ-55〉 이미지(합성데이터) Task 분야별 유효성 측정지표

### 5.2.4 유효성 품질관리 계획서 작성 요령

〈작성 요령〉

- 본 사업에서 정의하는 유효성 평가의 의미를 파악하고, RFP의 기준을 만족하도록 목표를 정의하여 작성
- 학습모델 후보는 최소 2개에서 최대 5개까지 측정지표, 정량목표, 지표 설정 근거 등에 대해 작성
- [참고] 『제3권 생성형AI 데이터 품질관리 가이드』- 부록2. 품질지표 설정 가이드

〈작성 예시〉

| 구분 | 품질 | 내 용 | 지표 설정근거 |
|---|---|---|---|
| LLaMA3 (Pre-trained Model) | 측정지표 | • F1 Score | RLHF 논문의 성능평가와 동일한 지표를 사용<br><br>각 단계별 KLUE 벤치마크별로 목표치를 설정 |
| | 지표설명 | • KLUE-TC 및 KLUE-STS 임무에 대한 성능을 평가하기 위한 지표<br>• 정밀도와 재현율의 곱을 정밀도와 재현율의 합으로 나눈 산술기하 평균 값 | |
| | 계산식 | • $F1 = \frac{presion \times recall}{presion + recall}$ | |
| | 정량목표 | • KLUE-TC 임무 : 78.87<br>• KLUE-STS 임무 : 79.70 | |
| GPT-3 | 측정지표 | • Accuracy | 선행연구 대비 작은 크기의 데이터셋을 사용함에 따라 선행 연구의 약 90% 성능 달성을 목표로 설정 |
| | 지표설명 | • 질의응답 및 자연어 추론 임무에 대한 성능을 평가하기 위한 지표<br>• 전체에서 오류가 발생한 비율을 뺀 값 | |
| | 계산식 | • $ACC = 100 - \frac{\text{오류건수}}{\text{전체 항목수}} \times 100$ | |
| | 정량목표 | • 질의응답 임무 : Accuracy 64% 이상<br>• 자연어 추론 임무 : Accuracy 45% 이상 | |
| ... | 측정지표 | | |
| | 지표설명 | | |
| | 계산식 | | |
| | 정량목표 | | |

# 부록 2. 품질지표 설정 가이드

## 1 다양성 품질지표 설정 가이드

### 1.1 개요

- **다양성 품질특성은 통계와 요건으로 분류**
  - '다양성(통계)' 항목은 구축 데이터의 클래스별 분포를 확인하기 위한 지표로, 인공지능 학습모델에 사용하기에 유의미한 수량을 확보했는지 통계적 충분성을 기준으로 선택
  - '다양성(요건)' 항목은 클래스별 분포 목표가 존재할 경우, 목표와 실제 구성비의 중첩 정도를 확인하여 카테고리별 인스턴스 수량이 적정 비율을 만족하는지 통계적 균일성을 기준으로 선택

### 1.2 다양성 지표설정

#### 1.2.1 다양성 항목 정의 절차

- 다양성 항목을 정의하는 절차는

① 학습에 유용한 모든 특성 정보를 포함하는 포괄성 항목을 정의

- 포괄성 항목 정의 시 학습에 유용한 모든 특성 정보를 고려하여 항목을 정의

〈예〉 사물, 지역, 시간, 날씨, 화자, 도메인
(임무에 따라 지역별 날씨 등과 같이 조합 항목도 가능)

② 포괄성 항목에 대한 범위 및 범주를 고려한 변동성을 검토

- 변동성을 고려하기 위해 포괄성 항목을 범위 구분 후 범주화

〈예〉 사물 세부 범주, 데이터 수집 지역(〈예〉 도심, 산간, 해변),
시간대 범위(〈예〉 오전, 오후, 야간, 새벽), 날씨 종류(〈예〉 맑음, 흐림, 눈, 비),
화자 연령대(〈예〉 유아(~13세), 청소년(14~19세), 청년(20~39세),
장년(40~59세), 노년(60세~)),
도메인(〈예〉 쇼핑, 날씨, 관광) 정의

③ 편향성을 방지하기 위한 데이터 비율 구성 결정의 절차로 수행

- 편향성 방지를 위해 단계 ②에서 도출한 범주별 적정 데이터 비율(%)을 고려하여 다양성 항목에 대한 구성비를 결정

〈다양성 항목 도출 절차〉

| 1단계 | | 2단계 | | 3단계 | | 4단계 | | 5단계 |
|---|---|---|---|---|---|---|---|---|
| 특성 정보 | → | 포괄성 | → | 변동성 | → | 편향성 | → | 항목 결정 |

[그림 Ⅳ-2] 다양성 항목 도출 절차

## 1.2.2 다양성 항목 도출

- 다양성 항목(속성) 도출 시 ① 사업 목표(임무)별, ② 어노테이션 대상별, ③ 데이터 유형별 항목을 참고해서 항목을 도출

  ① 사업 목표(임무)를 정의하고 사업 목표(임무)에 적합한 데이터 유형과 다양성 지표를 선택

〈범례〉 ○ : 원시데이터(획득/수집한 데이터 포맷), ● : 원천데이터(학습 시 활용하는 데이터 포맷)

| 임무 | 텍스트 | 이미지 | 비디오 | 오디오 | 3D | 예시 항목 | 대상 |
|---|---|---|---|---|---|---|---|
| 객체/<br>행위에 대한<br>분류/탐지 | ● | ● | ○ | ○ | ○ | 클래스별 인스턴스(객체/행위) 분포 또는 최소/평균 수 | 어노테이션 |
| | | | | | | 이미지 당 최소/평균 클래스/인스턴스 수<br>※ 이미지 내 여러 클래스/인스턴스를 분류/탐지하는 경우 | |
| | | | | | | 인스턴스 크기(해상도) 범위별 분포 또는 최소/평균 수<br>※ 인스턴스 크기가 중요한 임무이거나 크기 구간별로 분류/탐지 성능 측정하는 경우 | |
| 질환/위험의<br>수준 예측 | | ● | ○ | | | 수준별 인스턴스(객체/행위) 최소/평균 수 | 어노테이션 |
| 이상(질환/위험)<br>유무 예측 | | ● | ○ | | | 정상/이상 분포 | 어노테이션 |
| 자율주행 | ● | ● | ○ | | ○ | 위치 정보(GPS 좌표 등), 시간(주/야간), 도로 종류(도심/고속 도로, 국도 등), 차량 속도(저/중/고속) 등 | 메타데이터 |

| 임무 | 텍스트 | 이미지 | 비디오 | 오디오 | 3D | 예시 항목 | 대상 |
|---|---|---|---|---|---|---|---|
| 생물 성장(생육) 예측 | ● | ● | ○ | | ○ | 환경 정보(공기 질/수질, 기온/수온 등) | 메타데이터 |
| 비디오 요약 | | | ● | | | 비디오 당 범주 수(평균) | 어노테이션 |
| 번역/ 기계독해 | ● | | | ○ | | 주제별, 언어별, 질의유형별 분포 | 어노테이션 |
| 음성인식/ 음성 합성 | ● | | | ● | | 화자 속성 분포, 도메인, 환경 관련 정보 분포 | 메타데이터 |
| 질의응답 | ● | | | | | 질문유형, 답변유형, 질문/답변 쌍 데이터 | 어노테이션 |
| 클래스 분포 확인 | ● | ● | | | | 클래스 분류, 결함 종류, 이미지 캡션 데이터 | 메타데이터 |

〈표 Ⅳ-56〉 사업 목표(임무)별 다양성 항목 도출

② 데이터 유형별로 다양성 지표 결정 시 이미지의 경우는 데이터 수집 도구, 환경, 시점을 고려하고, 음성/텍스트 경우는 화자, 문장, 특성, 매체 등을 고려하여 적합한 다양성 지표를 선택하여 적용함

| 데이터 유형 | 예시 항목 | 대상 |
|---|---|---|
| 이미지 | 촬영 기기 종류(위성, 항공, 드론, CCTV, 블랙박스 등) | 메타데이터 |
| | 촬영 환경(시간대, 날씨, 계절 등), 촬영 장소(행정/지리적 지역), (기타) 촬영 높이, 방향, 각도 등 | |
| | 촬영 시점(일인칭, 삼인칭) | |
| 음성/텍스트 | 화자/저자 특성(연령대, 성별, 출신/거주지역 등) 분포 | 메타데이터 |
| | 문장길이, 핵심어 분포 | |
| | 주제, 도메인, NER(Named Entity Recognition), 질의 유형, 감성 및 감정 종류 | |
| | Device, 매체 종류 | |

〈표 Ⅳ-57〉 데이터 유형별 다양성 항목 도출

③ 어노테이션 대상별로 다양성 지표 결정 시에는 데이터 유형을 고려하여 적합한 다양성 지표를 선택

〈범례〉 ○ : 원시데이터(획득/수집한 데이터 포맷), ● : 원천데이터(학습 시 활용하는 데이터 포맷)

| 대상 | 텍스트 | 이미지 | 비디오 | 오디오 | 3D | 예시 항목 | 대상 |
|---|---|---|---|---|---|---|---|
| 사람<br>(이미지, 음성) | ● | ● | ○ | ● | ○ | 연령대, 성별, 출신 지역(인종) 분포 등 | 메타데이터 |
| 지형<br>(항공/드론<br>촬영) |  | ● | ○ |  | ○ | 촬영 고도<br>[저고도(Fine), 고고도(Coarse)],<br>촬영기기 종류(위성, 항공, 드론) 분포 등 | 메타데이터 |

〈표 Ⅳ-58〉 어노테이션 대상별 다양성 항목 도출

- 단, 다양성 항목 선정 시 다양성에 영향을 주지 않은 항목은 제외함

**〈참고: 다양성 항목 도출 시 제외 대상〉**

- 값이 달라져도 데이터 다양성에 영향을 주지 않는 속성은 다양성 항목으로 도출하지 않음
  〈예〉 촬영 각도(각도 값을 바꾸어도 객체의 특성에 별다른 차이가 없는 경우)
- 데이터 증식(augmentation) 기능의 파라미터에 해당하는 속성(속성의 변화에 따른 데이터를 자동으로 생성할 수 있으므로 데이터 수집 시 별도로 수집할 필요가 없음)
  〈예〉 크기(해상도) 변경, 이동, 회전, 상하 반전, 명암 조절, 회색조(grayscale) 등

〈표 Ⅳ-59〉 다양성 항목 도출 제외 대상

### 1.2.3 다양성 지표설정 및 검사 방법

- 다양성 항목이 단일 값인 경우 지표 기준 및 검사 방법

**〈지표가 단일 값인 경우 지표 설정 및 검사방법〉**

- 예시 1〉 이미지 당 평균 바운딩 박스 수
  - 지표 목표치 설정 기준: MS COCO, Open Images 등 잘 알려진 데이터셋의 통계를 참고하여 임무에 적합하게 설정
  - 검사 방법: 전체 바운딩 박스 수 / 전체 이미지 수
  - 목표 달성 기준: 목표치 대비 결과치가 높을 경우

- 예시 2〉 XX 범주 최소 ~이상
  - 지표 목표치 설정 기준: MS COCO, Open Images 등 잘 알려진 데이터셋의 통계를 참고하여 임무에 적합하게 설정
  - 검사 방법: 최소 구축목표량(예, 경상도 출신 화자음성 최소 1만 건) 이상 구축하였는지 확인
  - 목표 달성 기준: 목표치 대비 결과치가 높을 경우

〈표 Ⅳ-60〉 단일값 지표설정 및 검사방법

### 다양성 항목이 분포도 중첩률인 경우 지표 기준 및 검사 방법

**〈지표가 분포도 중첩률인 경우 지표설정 및 검사 방법〉**

지표 목표치 설정 기준

- 지표 목표치 설정 기준: 분포가 매우 균일할 필요는 없으며, 현실적인 수집 상황 등을 고려해서 설정

〈예〉 반려동물 질병 진단을 위한 영상 데이터(근골격계): 질환 및 정상 이미지의 비율을 크게 차이 나게 설정해도 타당한 근거가 있다면 가능함

〈타당한 근거사유 예시〉

해당 질환에 대해 당 사업 데이터 출처인 중대형 동물병원내원 비율이 낮아지고 유전적 소인 차단 치료 증가 및 실내 생활 비율 증가에 따라 해당 질병 발생률 저하되고 있음

- 검사 방법: 도출한 속성의 목표 구성비 막대그래프와 결과 구성비 막대그래프 간의 길이 중첩 비율을 계산

$$\text{구성비 중첩률(\%)} = \frac{\sum_{k=1}^{n} \text{중첩막대길이}_k}{\sum_{k=1}^{n} \text{최대막대길이}_k} \times 100$$

- 목표 달성 기준 : 목표치 대비 결과치가 높을 경우

〈검사 예시〉

- 다양성 항목 : IoU 50% 이상
- 목표대비 결과 비율

| 구분 | 목표 | 결과 | 중첩률(IoU) |
|---|---|---|---|
| 질환 | 40% | 50% | 81.8% |
| 정상 | 60% | 50% | |

- 검사 결과 구성비 중첩률(%) = (40 + 50) / (50 + 60) * 100 = 81.8

- 구성비 중첩률 표현 그래프 예시

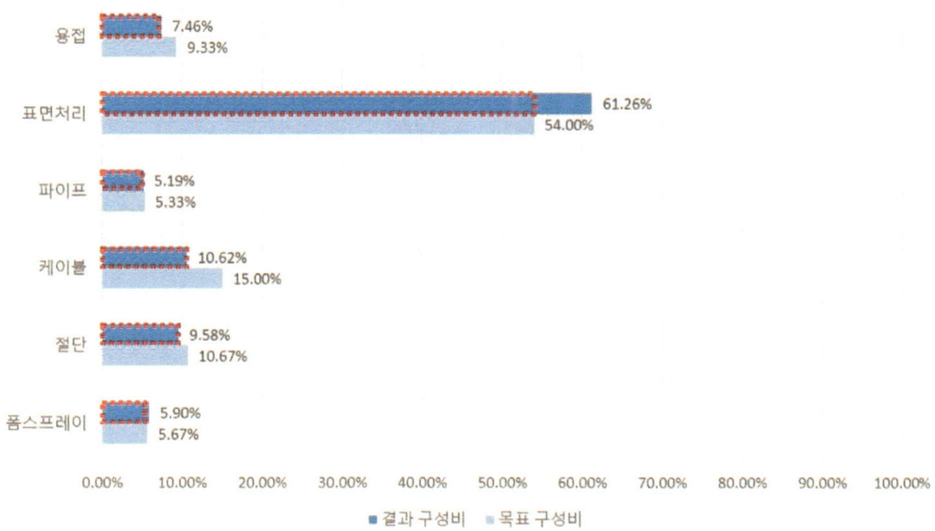


※ '구성비 중첩률'이란, 데이터의 실제 분포와 목표 분포를 막대그래프로 표현하였을 때 중첩되는 부분의 막대길이를 측정하여 비율로 나타낸 것으로, 본 사업을 위해 도입된 지표

〈표 Ⅳ-61〉 중첩률 지표 설정 및 검사 방법

## 1.2.4 다양성 지표설정 예시

**〈지표설정 예시〉**

<table>
<tr><th>품질특성</th><th>항목명</th><th>측정 지표</th><th>정량 목표</th><th>지표 및 목표 설정 근거</th></tr>
<tr><td rowspan="2">다양성<br>(통계)</td><td>파일 형식 분포<br>(원시데이터)</td><td>구성비</td><td>
<table>
<tr><th>포맷 (원시)</th><th>수량</th><th>비율</th></tr>
<tr><td>hwp/hwpx</td><td>TBD</td><td>TBD</td></tr>
<tr><td>ppt/pptx</td><td>TBD</td><td>TBD</td></tr>
<tr><td>pdf</td><td>TBD</td><td>TBD</td></tr>
</table>
</td><td>• 원시데이터가 다양한 파일형식으로 수집되었는지 확인<br>• json의 'format' 항목을 추출하여 통계치 산출</td></tr>
<tr><td>텍스트요소<br>(안내문요소),<br>시각요소 분포</td><td>구성비</td><td>
<table>
<tr><th>요소</th><th>비율</th><th>수량</th></tr>
<tr><td>텍스트 요소<br>/ 안내문요소</td><td>70%</td><td>154,000</td></tr>
<tr><td>시각요소</td><td>30%</td><td>66,000</td></tr>
<tr><td>합계</td><td>100%</td><td>220,000</td></tr>
</table>
</td><td>• 'class_name'을 통해 텍스트 요소 및 시각 요소의 수량을 추출하여 구성비 분포 확인<br>• 각 비율의 오차범위 ±5%</td></tr>
<tr><td rowspan="2">다양성<br>(요건)</td><td>문서 유형 분포<br>(원천데이터)</td><td>구성비<br>중첩률</td><td>
<table>
<tr><th colspan="2">문서유형</th><th>비율</th><th>구축량</th></tr>
<tr><td rowspan="2">보고서</td><td>설명형</td><td rowspan="2">60%</td><td rowspan="2">6,000</td></tr>
<tr><td>목록형</td></tr>
<tr><td rowspan="2">보도자료</td><td>보도자료</td><td rowspan="2">25%</td><td rowspan="2">2,500</td></tr>
<tr><td>뉴스기사</td></tr>
<tr><td>발표자료</td><td>프리젠테이션</td><td>5%</td><td>500</td></tr>
<tr><td>행정문서</td><td>결제형</td><td>10%</td><td>1,000</td></tr>
<tr><td colspan="2">합계</td><td>100%</td><td>10,000</td></tr>
</table>
</td><td>• 원천데이터가 다양한 형태의 문서로 수집되었는지 확인<br>• 'doc_type'을 추출하여 원천데이터 유형 분포 확인<br>• 각 비율의 오차범위 ±5%</td></tr>
<tr><td>클래스 분포</td><td>구성비</td><td>
<table>
<tr><th>구분</th><th>id</th><th>클래스명</th><th>수량</th></tr>
<tr><td rowspan="3">텍스트<br>요소</td><td>T01</td><td>주제목</td><td>TBD</td></tr>
<tr><td>T02</td><td>부제목</td><td>TBD</td></tr>
<tr><td>T03</td><td>본문[1]</td><td>TBD</td></tr>
<tr><td rowspan="2">시각<br>요소</td><td>V01</td><td>표</td><td>TBD</td></tr>
<tr><td>V02</td><td>차트</td><td>TBD</td></tr>
<tr><td>설명문</td><td>D01</td><td>레이아웃 안내문</td><td>TBD</td></tr>
<tr><td colspan="3">합계</td><td>TBD</td></tr>
</table>
</td><td>• 바운딩 박스로 라벨링된 클래스 항목 수의 분포를 확인<br>• 'class_name'이 텍스트 요소와 시각요소에 해당하는 수량을 count 하여 분포 확인</td></tr>
</table>

〈표 Ⅳ-62〉 다양성 지표설정 예시

# 2 구문 정확성 품질지표 설정 가이드

## 2.1 개요

- 구문 정확성은 가공데이터에 대한 무결성, 구조 정확성, 형식 정확성으로 구성되는데, 무결성은 가공데이터가 읽기 실행에 이상이 없어야 되는 것은 필수적인 사항이므로 기준치 설정에서는 제외되며, 구조 정확성과 형식 정확성에 대한 지표설정 기준은 다음과 같음

## 2.2 구문 정확성 지표설정

※ 제시한 정량목표(예시)는 과제 특성에 따라 다르게 적용될 수 있으므로 참고용으로 활용

**〈구문 정확성 지표 설정기준〉**

- 구문 정확성의 지표설정 대상은 구조 정확성과 형식 정확성임

| 검사 항목 | 기준치(예시) | 검사 내용 |
|---|---|---|
| 구조 정확성 | 99.5% | 데이터 구조 |
| 형식 정확성 | 99.5% | 데이터값 범위, 데이터 형식 |

〈표 Ⅳ-63〉 구문 정확성 지표설정 기준

**〈구문 정확성 오류 예시〉**

- JSON 스키마 기준 구문 정확성 오류 항목 예시

| 타입 | 설명 |
|---|---|
| array | • array를 구성하는 아이템의 최소 개수에 미달 |
| | • array를 구성하는 아이템의 최대 개수를 넘음 |
| string | • 문자열 최소 길이보다 짧음 |
| | • 문자열 최대 길이보다 길음 |
| | • 문자열 허용 포맷 외 포맷이 사용<br>• format 항목 : date(날짜), regExp(정규 표현식), email(이메일), ipv4(ip주소), ipv6(ip주소), url(URL) |
| | • date(날짜), regExp(정규 표현식)에 한하여 expression 미작성 |
| | • 허용 가능 문자열 외 문자가 존재 |
| object | • 허용 가능하지 않은 객체 내 속성 |
| number | • 숫자 최소 허용 값에 미달 |
| | • 숫자 최대 허용 값을 초과 |
| | • 숫자 허용 배수를 위배 |
| | • 허용 가능 숫자를 위배 |
| 기타 | • 항목의 값 null 허용 가능하지 않은 값인데 null 표기 |

### 2.2.1 구문 정확성 지표설정 예시

〈지표 설정 예시〉

| 품질특성 | 항목명 | 측정지표 | 정량 목표 | 지표 및 목표 설정 근거 |
|---|---|---|---|---|
| 구문 정확성 | 구조 정확성 | 정확도 | 99.5% 이상 | - TTA 권고<br>- 데이터 구축 계획서 |
| | 형식 정확성 | 정확도 | 99.5% 이상 | |

〈표 Ⅳ-64〉 구문 정확성 지표설정 예시

# 3 의미 정확성 품질지표 설정 가이드

## 3.1 개요

- 생성형AI 데이터는 의미 정확성 지표를 선정하기 위해 구축목표 또는 임무에 적합한 학습 Task를 결정

※ 제시한 학습 TASK는 과제 특성에 따라 다르게 적용될 수 있으므로 참고용으로 활용

| 학습 Task | 개념 |
|---|---|
| 기계 번역<br>(Machine Translation) | • 인공지능을 이용해 인간이 사용하는 자연어를 번역하는 작업<br>• 기계 번역은 인간이 수행하는 번역 작업을 컴퓨터나 프로그램 등의 인공적인 수단으로 대체하여 번역하는 기술<br>• 전통적인 규칙기반 기계 번역과 최신의 딥러닝 기반 기계 번역 분류됨<br>- 전통적인 규칙기반 기계 번역은 소스 언어와 대상 언어를 나란히 비교하여 문법적인 규칙과 용어 사전 등을 이용하여 직접 번역하는 방법<br>- 최신의 딥러닝 기반 기계 번역은 인공 신경망을 이용하여 번역 작업을 수행 |
| 객체 인식<br>(Object Detection) | • 객체 인식은 이미지나 영상 속에서 다양한 물체(객체)를 찾아내고, 각각의 객체가 무엇인지 분류하는 컴퓨터 비전 기술<br>• 이미지 내에서 특정 클래스의 객체 인스턴스를 인식하는 작업<br>• 객체 인식 학습 Task의 목표<br>- 정확한 객체 탐지, 정확한 분류, 다양한 객체 지원, 실시간 처리 |
| 이미지 분류<br>(Image Classification) | • 이미지 분류는 컴퓨터가 이미지를 입력받아 이미지 속에 담긴 주요 대상(객체)이 무엇인지 판별하는 기술<br>• 특정 이미지를 알고리즘에 입력했을 때, 그 이미지가 어떤 클래스에 속하는지 알려주는 작업<br>• 이미지 분류 학습 Task의 목표<br>- 정확한 분류, 다양한 클래스 지원, 변형에 대한 강건성 |
| 이미지 생성<br>(Image Generation) | • 기존의 이미지를 원하는 카테고리 내 새로운 이미지를 생성하는 작업<br>• 이미지 생성 학습 Task의 목표<br>- 텍스트 기반 이미지 생성, 스타일 전이, 초해상도 이미지 생성 이미지 변형, 연속적인 이미지 생성 |
| 이미지 캡셔닝<br>(Image Captioning) | • 컴퓨터가 주어진 이미지를 보고 그 내용을 자연어로 설명하는 기술<br>• 이미지를 캡처하여 이미지에 대한 의미나 특징을 식별하는 작업<br>• 이미지 캡셔닝 학습 Task의 목표<br>- 정확한 내용 파악, 자연스러운 문장생성, 다양한 이미지 유형, 문맥 이해 |
| 질의응답<br>(Question Answering) | • 질문(일반적으로 독해 질문)에 답변하는 작업으로서, 사전 학습된 텍스트를 기반으로 답변 예측 및 제공<br>• 질의응답 학습 Task의 목표<br>- 정확한 답변, 자연스러운 답변, 다양한 질문유형 지원, 지속적인 학습 |

| 학습 Task | 개념 |
|---|---|
| 텍스트 분류<br>(Text Classification) | • 텍스트 분류는 텍스트 데이터를 미리 정의된 카테고리 또는 클래스로 분류하는 작업<br>• 사진이나 문서에서 문자 혹은 문장을 적절한 범주로 지정하는 작업으로, 범주는 선택한 데이터 세트에 따라 다르며 주제 범위가 다양할 수 있음<br>• 텍스트 분류 학습 Task의 목표<br>- 정확한 분류, 효율적인 학습, 다양한 분류 문제 해결 |
| 텍스트 생성<br>(Text Generation) | • 텍스트 생성은 인공지능 모델이 주어진 입력(예: 문장, 단어)을 바탕으로 새로운 텍스트를 생성하는 기술<br>• 글을 작성하고, 이야기를 만들거나 다른 언어로 번역문을 제공하는 작업<br>• 텍스트 생성 학습 Task의 목표<br>- 자연스러운 텍스트 생성, 문맥 이해, 다양한 스타일 구사, 창의성 |
| 텍스트 요약<br>(Text Summary) | • 대량의 텍스트 데이터를 처리하고 중요한 정보를 추출하는 기술<br>• 데이터 분석, 정보 검색, 자연어처리, 기계학습 등 다양한 분야에서 활용<br>• 문장이나 문서를 적절한 범주로 지정하는 작업으로, 범주는 선택한 데이터 세트에 따라 다르며 주제 범위가 다양할 수 있음<br>• 텍스트 요약 학습 Task의 목표<br>- 핵심 내용 추출, 문맥 유지, 다양한 텍스트 유형 지원, 요약 길이 지원 |
| 키포인트 검출<br>(Keypoint Detection) | • 키포인트 검출은 이미지나 영상에서 특징적인 점, 즉 키포인트를 찾아내는 컴퓨터 비전 기술<br>• 동작 인식을 위해 필요한 주요 키포인트를 검출하는 작업<br>• 키포인트 검출 학습 Task의 목표<br>- 정확한 키포인트 검출, 다양한 조건에서의 안정성, 실시간 처리 |

〈표 Ⅳ-65〉 생성형AI 학습 Task(의미 정확성) 예시

## 3.2 의미 정확성 지표설정

- 학습 Task가 결정되면 적합한 가공 유형과 품질측정항목을 참고하여 데이터 품질과 관련된 측정지표 및 목표치를 선택하여 활용

### 3.2.1 텍스트(생성형AI)

※ 제시한 정량목표범주(예시)는 과제 특성에 따라 다르게 적용될 수 있으므로 참고용으로 활용

| TASK 분야 | 라벨 유형 | 측정 지표 | 품질검사 항목(예시) | 정량목표범주 (예시) |
|---|---|---|---|---|
| 기계 번역 (Machine Translation) | Machine Translation | 정확도 | 번역 적정성 | 90 이상 |
| 질의응답 (Question Answering) | Sequence Labeling | 정확도 | 질의 적정성 | 90 ~ 95 |
| | | | 답변 적정성 | 90 이상 |
| | | | 질의응답 적정성 | 90 ~ 95 |
| | | | 말뭉치 문법 적정성 | 95 이상 |
| | | | 서술형 질의응답 정확도 | 90 이상 |
| | | | 객관식 질의응답 정확도 | 90 이상 |
| | Class Labeling | 정확도 | 주제분류 정확성 | 90 이상 |
| | | | 주제분류 적정성 | 95 이상 |
| | | | 유해질의 분류 정확성 | 95 이상 |
| | | | 개체명 태깅 적정성 | 95 이상 |
| | | | 내용 전달성 | 95 이상 |
| | | | 원문 적정성 | 95 이상 |
| | | | 질의응답 멀티턴 문맥 유지 정확성 | 90 이상 |
| | Tagging | 정확도 | 인터뷰 주제 분류 태그 정확성 | 90 이상 |
| 텍스트 분류 (Text Classification) | Class Labeling | 정확도 | 텍스트 분류 정확도 | 90 이상 |
| | | | 주제 분류 정확도 | 90 이상 |
| | | | 주제 분류 태깅 정확성 | 95 이상 |
| 텍스트 요약 (Text Summary) | Text Summary | 정확도 | 요약 적정성 | 95 이상 |
| | | | 요약문 주제 정확도 | 90 이상 |
| 텍스트 생성 (Text Generation) | Tagging | 정확도 | 가공항목(형식) 태깅 정확성 | 95 이상 |
| | | | 가공항목(내용) 태깅 정확성 | 95 이상 |
| | | | 설문 주제 분류 태그 정확성 | 95 이상 |
| | | | 설문 문항 및 선택지 내용 매칭 정확성 | 90 이상 |

〈표 Ⅳ-66〉 생성형AI(텍스트) 학습 Task 분야별 품질측정항목(의미 정확성)

## 3.2.2 이미지(합성데이터)

※ 제시한 정량목표범주(예시)는 과제 특성에 따라 다르게 적용될 수 있으므로 참고용으로 활용

| TASK 분야 | 라벨 유형 | 측정 지표 | 품질검사 항목(예시) | 정량목표범주 (예시) |
|---|---|---|---|---|
| 이미지 캡셔닝 (Image Captioning) | Image Captioning | 정확도 | 이미지 캡션 정확성 | 95 이상 |
| | | | 시각요소와 설명문 일치성 | 95 이상 |
| | | | 시각요소와 참조텍스트 일치성 | 95 이상 |
| | | | 시각요소에 대한 캡션 일치성 | 95 이상 |
| | | | 판독문 일치성 | 90 이상 |
| | | | 논문-포스터 간 내용 일치성 | 90 이상 |
| | | | 이미지-캡션 내용 일치성 | 95 이상 |
| | | 정확도 | 이미지캡션-로봇 행동 일치성 | 95 이상 |
| | | | 이미지캡션-로봇 행동 정렬성 | 95 이상 |
| | | | 로봇 상태 - 캡션 일치성 | 95 이상 |
| | | | 로봇 상태 - 캡션 정렬성 | 95 이상 |
| | | 재현율 | 판독문 포괄성 | 90 이상 |
| | | | 판독문 문체 준수 | 90 이상 |
| | | 정확도 | 캡셔닝 정확도 | 95 이상 |
| 이미지 분류 (Image Classification) | Class Labeling | 정확도 | 피부질환 분류 정확성 | 95 이상 |
| | | | 논문-포스터 구조 적정성 | 90 이상 |
| | | | 이미지-정보 내용 매칭성 | 95 이상 |
| | Tagging | 정확도 | 분류 태그 정확도 | 95 이상 |
| 객체 인식 (Object Detection) | Bounding Box | 정확도 | 바운딩 박스 정확성 | 95 이상 |
| | | Fβ-점수 | 바운딩 박스 정확성 | 95 이상 |
| | | 정밀도 | 바운딩 박스 정밀성 | 95 이상 |
| | | 정확도 | 텍스트 요소 바운딩 박스 정확성 | 90 이상 |
| | | | 시각 요소 바운딩 박스 정확도 | 90 이상 |
| | Polygon | Fβ-점수 | 폴리곤 정확성 | 95 이상 |
| | | 정확도 | 폴리곤 정확성 | 95 이상 |
| | Semantic Segmentation | 정밀도 | 위 병변 바운딩 박스 정확성 | 90 이상 |
| | | | 위 병변 세그멘테이션 정확성 | 90 이상 |
| | | | 대장 병변 바운딩 박스 정확성 | 90 이상 |
| | | | 대장 병변 세그멘테이션 정확성 | 90 이상 |
| | | | 치아 경계 세그멘테이션 정확성 | 90 이상 |
| | | | 위 병변 바운딩 박스 정확성 | 90 이상 |

| TASK 분야 | 라벨 유형 | 측정 지표 | 품질검사 항목(예시) | 정량목표범주 (예시) |
|---|---|---|---|---|
| | | 재현율 | 위 병변 세그멘테이션 정확성 | 90 이상 |
| | | | 대장 병변 바운딩 박스 정확성 | 90 이상 |
| | | | 대장 병변 세그멘테이션 정확성 | 90 이상 |
| | | | 치아 경계 세그멘테이션 정확성 | 90 이상 |
| | | 정밀도 | 세그멘테이션 정확성 | 95 이상 |
| | | 재현율 | 세그멘테이션 정확성 | 95 이상 |
| 텍스트 분류 (Text Classification) | Tagging | 정확도 | 동화 정보 태깅 정확성 | 95 이상 |
| | | | 삽화 정보 태깅 정확성 | 95 이상 |
| 텍스트 요약 (Text Summary) | Text Summary | 정확도 | 이미지 캡션(설명문) 정확성 | 90 이상 |
| 키포인트 검출 (Keypoint Detection) | Keypoint | 정확도 | 키포인트 정확성 | 95 이상 |

〈표 Ⅳ-67〉 생성형AI(이미지) 학습 Task 분야별 품질측정항목(의미 정확성)

### 3.2.3 비디오

※ 제시한 정량목표범주(예시)는 과제 특성에 따라 다르게 적용될 수 있으므로 참고용으로 활용

| TASK 분야 | 라벨 유형 | 측정 지표 | 품질검사 항목(예시) | 정량목표범주 (예시) |
|---|---|---|---|---|
| 비디오 캡셔닝 (Video Captioning) | Video Captioning | 정확도 | 영상-스크립트-문제 시간 정렬성 | 95 이상 |
| | | | 영상-스크립트-문제 내용 일치성 | 95 이상 |
| | | | 영상-이미지 시간 정렬성 | 95 이상 |
| | | | 영상-이미지 내용 일치성 | 95 이상 |
| | | | 프레임 추출 시간 정렬성 | 95 이상 |
| | | | 구간별 캡션 정렬성 | 95 이상 |
| | | | 구간별 캡션 적정성 | 95 이상 |
| | | | 실도로-시뮬레이션-캡션 내용 일치성 | 95 이상 |
| | | | 시뮬레이션 -캡션 시간 정렬성 | 95 이상 |

〈표 Ⅳ-68〉 생성형AI(비디오) 학습 Task 분야별 품질측정항목(의미 정확성)

### 3.2.4 오디오

※ 제시한 정량목표범주(예시)는 과제 특성에 따라 다르게 적용될 수 있으므로 참고용으로 활용

| TASK 분야 | 라벨 유형 | 측정 지표 | 품질검사 항목(예시) | 정량목표범주 (예시) |
|---|---|---|---|---|
| 음성 인식 (Speech Recognition) | Tagging | 정확도 | 전사 정확도 | 90 이상 |
| 텍스트 분류 (Text Classification) | Tagging | 정확도 | 통행경로-음성 발화 일치성 | 95 이상 |

〈표 Ⅳ-69〉 생성형AI(오디오) 학습 Task 분야별 품질측정항목(의미 정확성)

### 3.2.5 3D

※ 제시한 정량목표범주(예시)는 과제 특성에 따라 다르게 적용될 수 있으므로 참고용으로 활용

| TASK 분야 | 라벨 유형 | 측정 지표 | 품질검사 항목(예시) | 정량목표범주 (예시) |
|---|---|---|---|---|
| 3D 객체 복원 (3D Object Reconstruction) | 3D Modelling | 정확도 | 3D 모델링 데이터 정확성 | 95 이상 |

〈표 Ⅳ-70〉 생성형AI(3D) 학습 Task 분야별 품질측정항목(의미 정확성)

## 3.3 의미 정확성 지표설정 예시

〈지표 설정 예시〉

| 품질특성 | 항목명 | 측정지표 | 정량목표 | 지표 및 목표 설정 근거 |
|---|---|---|---|---|
| 의미 정확성 | 바운딩 박스 정확성 | 정확도 | 90% | 바운딩 박스 라벨링이 원천데이터의 텍스트 요소와 시각요소에 정확히 라벨링 되어있는지 검사 |
| 의미 정확성 | 문서 정보 태깅 정확성 | 정확도 | 95% | - 문서별 카테고리(메인, 서브, 세부 카테고리), 추가 정보(관련법, 문서 목적, 문서 사용 예)에 따라 활용이 달라 구분 필요<br>- 소분류(세부 카테고리) 내 포함된 문서들은 관련법, 목적, 활용예시 대부분 동일함<br>정량 목표 수치는 TTA 권고 |

〈표 Ⅳ-71〉 의미 정확성 지표설정 예시

# 4 LLM 품질지표 설정 가이드

## 4.1 개요

- 유사성: 생성형AI 데이터 구축사업에서 유사성 대상은 가공데이터로, 텍스트(말뭉치 데이터)에 대해 전체 문장 중 중복된 문장이 얼마나 있는지 그 비율을 확인 평가하는 항목
- 유해성: 욕설이나 혐오단어 등 특정 단어와의 통계적 상관성 평가항목

## 4.2 LLM 지표설정

- 말뭉치 데이터, Q&A 데이터 등 측정 대상 데이터 특성을 고려하여 각 지표의 측정단위를 선정한 후, 품질지표 목표를 설정

※ 제시한 예시는 과제 특성에 따라 다르게 적용될 수 있으므로 참고용으로 활용

※ 유해성 : 24년 사업 진행 기준, 품질특성 제외 – 유해표현 별도 리포팅(대상 데이터 한정)

## 4.3 LLM 지표설정 예시

〈지표설정 예시〉

| 품질특성 | 항목명 | 측정지표 | 정량목표 | 지표 및 목표 설정 근거 |
|---|---|---|---|---|
| 유사성 | 내용 중복성 | 비율 | 1% 이하 | - TTA 권고사항<br>예외로 처리되는 문장 *예시 참고 |

-제3자 품질검증 기관 협의: 중복 예외로 처리되는 문장 *예시 참고

[예시] 문장 중복성 대상 제외 문장
인터뷰 질문 문항은 원시데이터인 인터뷰 상황의 스크립트 내용에서 그대로 가져오며, 데이터 특성상 중복되는 표준 문항 및 주요 질문이 존재함. 해당 문항들을 제외할 시 사라지는 문항들이 많음에 따라 오히려 멀티턴 내 정보 풍부성이 감소되는 문제가 발생함에 따라 표준 질문 문항 20건을 선정하여 문장 중복성 검증 대상 제외로 지정함

| No. | 예외 문항 예시 |
|---|---|
| 1 | 마케팅 활용에 동의하십니까 |
| 2 | 편의점 이벤트나 프로모션에 참여할 때 주로 어떤 정보를 통해 알게 되시나요? |
| | .... |

〈표 Ⅳ-72〉 LLM 내용 중복성 지표설정 예시

# 5 LMM 품질지표 설정 가이드

## 5.1 개요

- 일치성: 두가지 이상의 모달리티들 간 대상과 내용이 서로 일맥상통하는지 확인
- 정렬성: 시간 및 공간 순서적 요소가 포함된 모달리티의 경우, Sequence 정렬이 정확한지 확인하며, 행위, 사건, 범위, 구간 등 시간적 연속성이 있는 데이터를 대상으로 평가함

## 5.2 LMM 지표설정

- 이미지, 동영상 파일, 동영상 프레임, 음성파일, 음성 발화구간, 문서, 문장 등 모달리티 간 상관관계를 고려하여, 특성에 맞는 지표설정 필요

## 5.3 LMM 지표설정 예시

※ 제시한 정량목표(예시)는 과제 특성에 따라 다르게 적용될 수 있으므로 참고용으로 활용

〈지표 설정 예시〉

| 품질 특성 | 항목명 | | 측정 지표 | 정량 목표 | 지표 및 목표 설정 근거 |
|---|---|---|---|---|---|
| 의미 정확성 | 일치성 | 텍스트 및 시각요소 캡션 일치성 | 정확도 | 90% | • 원천데이터의 텍스트 요소와 시각요소에 대해 캡션이 정확하게 작성되었는지 검사<br><br>(텍스트 요소) plain_text를 추출하여 검사<br>(시각 요소) visual_descripton을 추출하여 검사 |
| | | 레이아웃 안내문 일치성 | 정확도 | 90% | • 원천데이터와 layout_instruction의 내용이 일치하는지 검사<br><br>• 원천데이터의 각 요소 구성과 document_description의 내용이 일치하는지 검사 |
| | 정렬성 | 영상-스크립트-문제 시간 정렬성 | 정확도 | 95% | • 캡션 내용이 시뮬레이션 영상 시간 순서에 따라 작성 여부 검사<br><br>〈예시〉 캡션 순서 불일치<br>시뮬레이션 영상: 제어차량이 1차로에서 주행중이고, 오른쪽 갓길에 세단, 트럭이 순서대로 주차되어있음 |

| 품질 특성 | 항목명 | | 측정 지표 | 정량 목표 | 지표 및 목표 설정 근거 |
|---|---|---|---|---|---|
| | | | | | 캡션 내용:<br>제어차량이 1차로에서 주행중이다<br>오른쪽 갓길에 트럭이 주차되어있다.<br>오른쪽 갓길에 세단이 주차되어있다.<br>➢ 주차되어 있는 트럭과 세단의 순서 불일치<br><br>〈예시〉 캡션 순서 불일치<br>시뮬레이션 영상: 제어차량이 우회전 후 좌회전함<br>캡션 내용:<br>제어차량이 좌회전 한다.<br>제어차량이 우회전 한다.<br>➢ 좌회전과 우회전의 순서 불일치 |

〈표 Ⅳ-73〉 일치성, 정렬성 지표설정 예시

# 6 합성데이터 품질지표 설정 가이드

## 6.1 개요

- **합성데이터 안전성**
  - 합성데이터 생성 체크리스트 작성을 통한 절차 검토
  - 원본데이터와 합성데이터 간 구조적, 지각적 유사성 전수검사
  - 특이값에 대한 전문가/관계자 주관적 검증
- **합성데이터 유용성**
  - 합성데이터로 생성한 모델과 원본데이터로 생성한 모델의 성능 차이 비교
  - 원본데이터와 합성데이터를 무작위로 선별하여 합성데이터를 구별하는 검사를 수행하여 합성데이터를 맞출 비율을 계산
  - 원본 데이터셋과 합성 데이터셋의 특징을 추출하여 수치 비교

## 6.2 합성데이터 지표설정

- **합성으로 생성한 원천데이터의 식별 위험도에 따라 유용성, 안전성 우선순위를 선정하고 각 항목별 측정지표 목표를 설정**
- **합성데이터는 생성과정부터 품질을 점검해야 함에 따라 합성데이터 생성 체크리스트의 항목을 체크하여 생성 진행 필요**

  ※ 제시한 예시는 과제 특성에 따라 다르게 적용될 수 있으므로 참고용으로 활용

## 6.3 합성데이터 지표설정 예시

- **모델 성능 비교: F1 score**
  - 원본 이미지 100장을 임의 선별하여 학습된 병변 분류 모델의 F1-score 95분위 수를 임계값으로 설정
  - 합성 이미지 100장을 임의 선별하여 개발된 병변 분류 모델의 F1-score가 원본 이미지에 산출된 임곗값 이상을 충족하는지 검증
- **이미지 생성 성능: FID**
  - 무작위 선별한 100장의 원본 이미지를 50장씩 임의 분할하여 두 개의 데이터셋을 구성
  - 두 데이터셋에서 FID 측정을 100회 반복한 후 누적 측정값의 95분위 수를 임곗값으로 설정
  - 합성 이미지는 50장씩 나누어 데이터셋을 구성하여 측정

- 이미지 생성 성능 VTT(Visual Turing Test)
  - 원시데이터 100장과 원천데이터 100장의 무작위 혼합 샘플을 구성
  - 전문의가 정해진 시간(60분) 내에 혼합 샘플 중 합성데이터를 찾아내는 방식으로 병리학적 유형별로 각각 4번씩 검사하여 검증
- 구조적 유사성: SSIM
  - 무작위 선별한 100장의 원본 이미지를 50장씩 임의 분할하여 두 개의 데이터셋을 구성
  - 두 데이터셋에서 SSIM 측정을 100회 반복한 후 누적 측정값의 99분위 수를 임곗값으로 설정
  - 합성 이미지 하나와 원본 이미지 전체를 비교하여 평균을 내는 식으로 전수조사 진행
  - 합성 이미지별로 산출된 평균을 이용하여 다시 합성 이미지 전체의 총 평균값을 계산한 후 임계값 이하를 충족하는지 검증
- 지각적 유사도: 1-LPIPS
  - 무작위 선별한 100장의 원본 이미지를 50장씩 임의 분할하여 두 개의 데이터셋을 구성
  - 두 데이터 세트에서 1-LPIPS 측정을 100회 반복한 후 누적 측정값의 99분위 수를 임곗값으로 설정
  - 합성 이미지 하나와 원본 이미지 전체를 비교하여 평균을 내는 식으로 전수조사 진행
  - 합성 이미지별로 산출된 평균을 이용하여 다시 합성 이미지 전체의 총 평균값을 계산한 후 임계값 이하를 충족하는지 검증함

※ 제시한 정량목표(예시)는 과제 특성에 따라 다르게 적용될 수 있으므로 참고용으로 활용

**〈합성데이터 지표설정 예시〉**

| 품질특성 | 항목명 | 측정지표 | 정량목표 | 지표 및 목표 설정 근거 |
|---|---|---|---|---|
| 합성<br>데이터<br>유용성 | 모델 성능<br>비교 | 모델간의 Top-1<br>Accuracy 차이 | 5% 이내 | • 합성데이터 생성 참조모델의 유용성 검증지표 예시 참조해 목표 설정함 |
| | 이미지<br>생성 성능 | FID | 100 이하 | • 선행연구에서 제안한 방법의 평가(FID: 122.4)보다 높은 수준으로 설정함 (PMLR, 2020. p. 155-170) |
| | | VTT | 40 ~ 60% | • 합성데이터 생성 참조모델의 유용성 검증지표 예시 참조해 목표 설정함 |
| 합성<br>데이터<br>안전성 | 구조적<br>유사성 | SSIM | SSIM<br>0.25 이상<br>0.6 이하 | • SSIM 0.25~0.6 범위는 익명화와 이미지 품질을 동시에 고려하여 설정<br>- 익명화 선행연구(미발표)를 근거로 설정 (JAMA Dermatol. 2023;159(11):1223-1231) |
| | 지각적<br>유사성 | LPIPS | LPIPS<br>0.4 이상<br>0.75 이하 | • LPIPS는 딥러닝을 활용해 시각적 유사성을 평가하는 지표로 값이 높을수록 원본과 시각적으로 더 큰 차이가 있음을 의미함<br>- LPIPS 값이 0.75 이하일 때, 익명화는 성공적이면서도 시각적 품질을 유지할 수 있고 0.4 미만일 경우 익명화가 덜 이루어졌다고 볼 수 있음. 따라서, 0.4~0.7 범위는 익명화와 품질의 균형을 맞추는 값으로 설정<br>- 익명화 선행연구(미발표)를 근거로 설정 (JAMA Dermatol. 2023;159(11):1223-1231) |
| | 주관적<br>검증 | Pass/<br>Fail | Pass<br>100% | • 전문가 3인의 교차 검증을 통해 주관적 검증을 진행 |

〈표 Ⅳ-74〉 합성데이터 유용성, 안전성 지표설정 예시

# 7 유효성 품질지표 설정 가이드

## 7.1 개요

- 데이터 유효성이란 학습데이터가 모델학습에 적합하고, 예측 모델이 실제 환경에서 정확하게 작동하도록 하는 데 필요한 품질 기준을 충족하는지를 의미
- 유효성 측정지표는 매우 다양한 측정 방법 및 지표가 존재하므로, 데이터 구축목적에 따라 적절한 측정지표 및 목표를 정의

## 7.2 유효성 지표설정

### 7.2.1 유효성 목표 설정 원칙

- 유효성 목표 설정 시 다음과 같은 유효성 목표 설정 원칙을 준수해야 함

| 〈유효성 목표 설정 원칙〉 |
|---|
| • 최신의 논문, 기고서, 공식 블로그 등에서 공식 보고된 값을 참고하여 유효성 목표치 기준 수립<br>- 해당 구축사업과 가장 유사한 주제의 SoTA(State of The Art) 자료(논문, 기고서 등)에서 공식 보고되는 값을 기준으로 유효성 목표치를 설정하는 것이 원칙<br>※ 단, 지적재산권에 위배됨이 없는 SoTA 모델 선정<br>- 해당 구축사업의 이해관계자 간에 목표치에 대해 논의할 때, 출처를 명확히 제시<br>- 다만, 선행 연구 분야에 해당하는 임무이기 때문에 SoTA의 해당 자료를 참고하기 힘든 경우 이해관계자 및 해당 임무·도메인 관련 전문가 의견을 반영하여 설정 |

〈표 Ⅳ-75〉 유효성 목표 설정 원칙

- 생성형AI 데이터의 유효성 지표는 원칙적으로 사전학습 모델, 미세조정 모델 등을 별도로 검증하거나 구축 데이터 학습결과에 따른 성능의 증감을 비교하는 방식 등을 고려할 수 있으며, 유효성 지표의 대상이 되는 데이터셋을 명확히 정의하여야 함

### 7.2.2 유효성 지표설정 절차

- 구축사업에서는 생성형AI 학습데이터 구축목표 또는 임무로 적합한 유효성 지표를 선택하기 어려움
  따라서 ① 데이터 특성 등에 따라 지표를 선택하는 방법은 다음을 참고

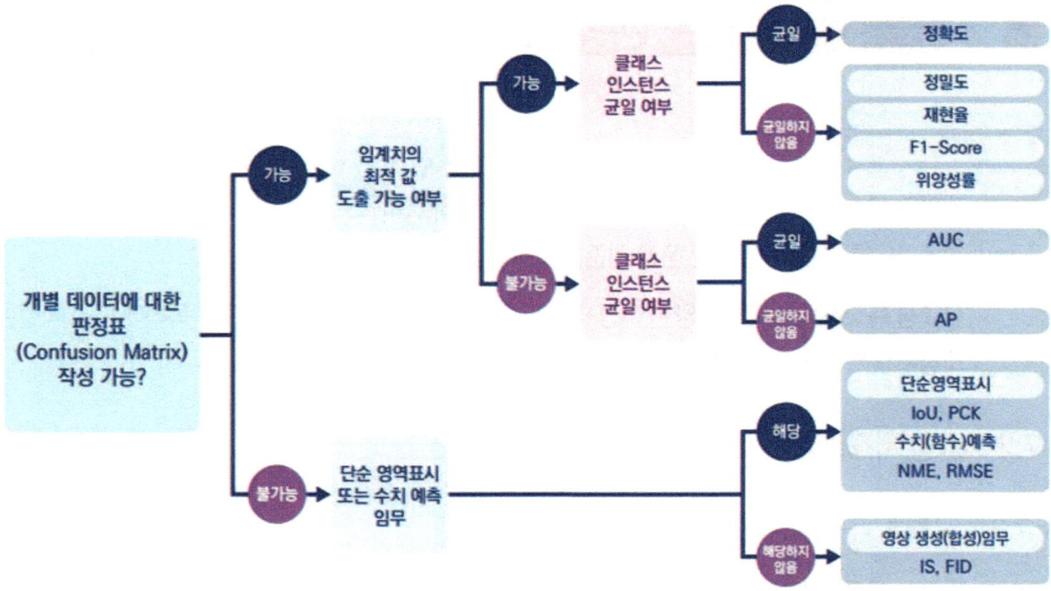


**Confusion Matrix**

| | | Condition | |
|---|---|---|---|
| | | Positive | Negative |
| Prediction | Positive | True Positive (TP) | False Positive (FP) |
| | Negative | False Negative (FN) | True Negative (TN) |

〈표 Ⅳ-76〉 데이터 특성에 따른 유효성 지표 선택

- '데이터 특성에 따른 지표 선택 절차' 중 ② 판정표(Confusion Matrix) 작성이 가능한 경우에 선택할 수 있는 대표적인 유효성 지표는 다음과 같음

| 유효성 지표 선택 기준 | 유효성 지표 | 수식 |
|---|---|---|
| • 클래스별 인스턴스 수의 비율이 균일한 데이터셋을 다룰 때 | 정확도 (Accuracy) | $\frac{TP + TN}{TP + FP + TN + FN}$ |
| • FP가 매우 중요한 경우 선택<br>〈예시〉 스팸메일 여부 판단 모델: 악성 코드는 없는 단순한 스팸메일이라고 가정했을 때, FP는 정상 메일을 스팸으로 분류해서 업무 차질을 초래하므로 반드시 포함 | 정밀도 (Precision) | $\frac{TP}{TP + FP}$ |
| • FN이 매우 중요한 경우 선택<br>〈예시〉 코로나 여부 판단 모델: 진단키트가 아닌 순수 AI모델이 있다고 가정했을 때, FN은 코로나 환자에게 코로나가 아니라고 분류해 방역 문제가 발생하므로 반드시 포함 | 재현율 (Recall) | $\frac{TP}{TP + FN}$ |

| 유효성 지표 선택 기준 | 유효성 지표 | 수식 |
|---|---|---|
| • FP와 TN이 매우 중요한 경우 선택 | 위양성률 | $\frac{FP}{FP + TN}$ |
| • 정밀도와 재현율 중 하나를 선택하기 어려운 경우(두 값의 가중치 조화평균으로, 단순 산술 평균과 달리 어느 하나가 낮은 값을 갖는 것을 비교적 잘 반영함) | Fβ-점수 | $(1+\beta\ 2)\times\frac{정밀도\times재현율}{(\beta\ 2\times정밀도)+재현율}$ |
| • 최적의 임계치을 선택하기 어렵고 균일한 데이터셋의 경우 F1-Score의 대안으로 선택(F1-Score는 특정 판단 기준이 되는 임계치를 설정해 두고 결과 판별)<br>• 단, 양성과 음성 클래스의 비율이 균형을 이룰 경우 선택<br>☞ 탐지에서는 사용하지 않음<br>(탐지에서는 TN이 존재하지 않음) | AUC | ROC 커브 면적 |
| • 최적의 임계치을 선택하기 어렵고 불균일한 데이터셋의 경우 AUC의 대안으로 선택<br>• 양성과 음성 클래스의 비율의 불균형이 클 경우 선택<br>〈예〉 찾고자 하는 양성 클래스의 비율이 매우 작을 경우(예 : fraud detection 문제) AUC 대신 선택 | AP | PR 커브 면적 |

〈표 Ⅳ-77〉 ② 판정표 작성이 가능한 경우 유효성 지표 선택 기준

- 또한, ③ 생성형AI 학습데이터 구축목표 또는 임무별 주요 유효성 지표를 참고하여 적합한 지표를 선택할 수 있음

| 임무 | 세부 임무 | 주요 성능 지표 |
|---|---|---|
| 분류 | 이미지/객체/감정 텍스트 분류 | • 정확도(Accuracy), 정밀도(Precision), 재현율(Recall), Fβ-점수, AUC, F1-Score, MAP, Top-1 Accuracy, Top-3 Accuracy, ROUGE-1/L |
| 탐지, 인식 | 객체 탐지/추적/인식, 공간 탐지, 화자 탐지, 장소/얼굴/표정 인식 이미지 검출, 객체 복원 | • IoU(Intersection over Union)<br>☞ 임무에 따라 최종 지표이거나 개별 데이터 참/거짓 판정의 수단<br>• 정밀도(Precision), 재현율(Recall), Fβ-점수<br>• AP(Average Precision)<br>☞ PR(Precision-Recall) Curve의 면적<br>• Sensitivity, mIoU, ACC@0.5, mAP, PSNR |
| 언어적 이해 | 키워드 추출 | • 정밀도(Precision), 재현율(Recall), Fβ-점수<br>• mAP(mean Average Precision), nDCG(normalized Discounted Cumulative Gain) |
| | 이미지/비디오/음성/상황이해 등 | • Fβ-점수, AP |
| | 기계 독해 질의응답(QA) | • Fβ-점수, EM(Exact Matching), 정확도(Accuracy), Likert 척도(5점), Rouge-1/L, context precision |

Ⅳ. 부록

| 임무 | 세부 임무 | 주요 성능 지표 |
|---|---|---|
| | 번역(기계) | • BLEU(Bilingual Evaluation Understudy), BLEU*100 |
| | OCR, 음성인식 | • WER(Word Error Rate) ☞ 단어 오류율 측정(라틴어 계열에 많이 사용)<br>• CER(Character Error Rate)<br>☞ 글자 오류율 측정(한글과 같이 조사가 있는 언어에 주로 사용)<br>• Fβ-점수, AP<br>• Context Precision |
| | 이미지 캡셔닝 | • CIDEr |
| 요약 | 텍스트 요약, 비디오 요약,<br>대화 요약 등 | • 전문가 평가<br>• ROUGE(Recall Oriented Understudy of Gisting Evaluation) |
| 합성 | 이미지 합성, 분할 | • Accuracy<br>• PSNR<br>• BLEU-1<br>• DSC (Dice Similarity Coefficient)<br>• Fréhet Inception Distance(FID) |
| 생성 | 이미지/비디오/음성텍스트<br>(자동완성)/3D | • 설문 조사<br>• Inception Score(IS)<br>• Pitch Accuracy(PA)<br>• Appropriation<br>• Accuracy<br>• ROUGE-1<br>• F1-Score<br>• BLUE score<br>• PPL(Perplexity)<br>• G-Eval<br>• Kappa<br>• Top-5 acc |
| 예측 | 이미지 예측, 상황 예측 | • Fβ-점수<br>• R2<br>• MAPE |
| 행동/<br>행위<br>분석 | 이미지, 비디오,<br>센서 추출/판단 등 | • PCK(Percentage of Correct Keypoint) ☞ 최종 지표로 사용 가능<br>• OKS(Object Keypoint Similarity), PDJ(Percentage of Detected Joints), MPJPE(Mean Per Joint Position Error)<br>☞ 주로 개별 데이터 참/거짓 판정의 수단 |

〈표 Ⅳ-78〉 임무별 유효성 지표 선택 기준

### 7.2.2 유효성 지표설정 예시

〈지표설정 예시〉

| 품질특성 | 항목명 | 측정지표 | 정량목표 | 지표 및 목표 설정 근거 |
|---|---|---|---|---|
| 유효성 | 계약 법률 문서 서식 자동 생성 성능 | ROUGE-1 | 0.5 이상 | - 2023년 R2GenGPT 논문에 따르면 해당 모델은 방사선과 보고서 작성 ROUGE-L 0.38 달성(Wang, Zhanyu, et al. "R2GenGPT: Radiology Report Generation with Frozen LLMs." arXiv preprint arXiv:2309.09812 (2023). |
| | 질의응답 성능 | Context Precision | 60% 이상 | - 논문 Kim, J., & Min, M. (2024). From RAG to QA-RAG: Integrating Generative AI for Pharmaceutical Regulatory Compliance Process |
| | 음성인식 성능 | CER | 10% 이하 | - 논문 Building robust Korean speech recognition model by fine-tuning large pretrained model (2023, Changhan Oh, Cheongbin Kim, Kiyoung Park)에서는 whisper medium |

〈표 Ⅳ-79〉 유효성 지표설정 예시

**〈작성 참여진〉**

한국지능정보사회진흥원 신신애 본부장
한국지능정보사회진흥원 유호진 팀장
한국지능정보사회진흥원 이창민 수석
한국지능정보사회진흥원 조연제 선임
한국지능정보사회진흥원 윤주미 주임

**〈자문 위원〉**

건양대학교 김종엽 교수
인하대학교 김승환 교수
연세대학교 김현중 교수
경희대학교 홍아름 교수
㈜셀렉트스타 김세엽 대표이사
㈜드위치 이태석 대표이사
국립암센터대학원 강하예진 박사

제3권 **생성형AI 데이터 품질관리 가이드 v2.0**
**-LIM, LMM, 합성데이터를 중심으로-**

초판 인쇄 2025년 09월 08일
초판 발행 2025년 09월 13일

저 자 과학기술정보통신부, 한국지능정보사회진흥원, 한국정보통신기술협회
발행인 김갑용

발행처 진한엠앤비
주소 서울시 서대문구 독립문로 14길 66 205호(냉천동 260)
전화 02) 364 - 8491(대) / 팩스 02) 319 - 3537
홈페이지주소 http://www.jinhanbook.co.kr
등록번호 제25100-2016-000019호 (등록일자 : 1993년 05월 25일)


ISBN 979-11-290-6135-5 (93500) [정가 23,000원]


☞ 본 도서는 [공공데이터 제공 및 이용 활성화에 관한 법률]을 근거로 출판되었습니다.